SUZHOU
SHIQING YANJIU

苏州市情研究
2021—2022

主编 杨 军

图书在版编目(CIP)数据

苏州市情研究. 2021—2022 / 杨军主编. --苏州：苏州大学出版社，2023.11
ISBN 978-7-5672-4567-9

Ⅰ. ①苏… Ⅱ. ①杨… Ⅲ. ①苏州-概况-2021-2022 Ⅳ. ①K925.33

中国国家版本馆 CIP 数据核字(2023)第 199421 号

书　　名：	苏州市情研究 2021—2022
主　　编：	杨　军
责任编辑：	王　娅
装帧设计：	吴　钰
出版发行：	苏州大学出版社(Soochow University Press)
社　　址：	苏州市十梓街1号　邮编：215006
印　　装：	江苏凤凰数码印务有限公司
网　　址：	www.sudapress.com
邮　　箱：	sdcbs@suda.edu.cn
邮购热线：	0512-67480030
销售热线：	0512-67481020
开　　本：	700 mm×1 000 mm　1/16　印张：20.5　字数：347 千
版　　次：	2023 年 11 月第 1 版
印　　次：	2023 年 11 月第 1 次印刷
书　　号：	ISBN 978-7-5672-4567-9
定　　价：	68.00 元

凡购本社图书发现印装错误，请与本社联系调换。服务热线：0512-67481020

目 录

第一篇 动能再造与苏州城市发展战略选择

习近平经济思想指引下的苏州生动实践 …………………………… 2
苏州有必要明确一条清晰的工作主线 ………………………………… 8
塑造苏州竞争优势的十大举措建议 …………………………………… 11
以城市地方学解码城市基因、点亮城市未来
　——关于构建苏州学学科体系的初步思考 ……………………… 16
以"江河湖海溪"重构苏州城市空间战略布局 ……………………… 25
以"现象级"金融科技创新助力苏州"功能性金融中心"建设
　——苏州金融实现高质量发展的战略思考 ……………………… 28
关于推动苏州高质量建设"城市大脑"的建议 ……………………… 35
关于打造娄江科创文化走廊的思考与建议 …………………………… 41
创新金融供给　厚植"苏州制造" …………………………………… 45
关于苏州加快集聚重大平台型企业（机构）的建议 ………………… 52

第二篇 产业创新集群建设与苏州经济高质量发展

以产业创新集群推动苏州发展的几点建议 …………………………… 58
苏州创新集群发展的挑战与建议 ……………………………………… 61

以产业思维的十大转变引领产业创新集群建设 …………………… 64
苏州发展数字经济的优势、短板及突破点 ………………………… 68
加快苏州数字经济核心产业发展的对策建议 ……………………… 72
关于突破苏州制造业"卡脖子"技术的若干建议 ………………… 81
优化"产业链+法律服务"护航苏州"一号产业"高质量发展 … 84
关于加快苏州汽车及零部件产业发展的建议 ……………………… 88
苏州文化产业高质量发展的挑战与策略 …………………………… 92
重庆部分国企申请破产的兆示及思考 ……………………………… 95

第三篇 区域协调发展与长三角一体化示范区建设

聚集长三角一体化发展 打造湿地生态新典范 …………………… 101
深化沪苏同城发展还需处理好"五个关系" ……………………… 105
加快沪苏同城化进程 大力推进苏州"新制造"的发展 ………… 108
从全球港口演进看苏州加强港际联盟的发展思路 ………………… 111
以"五个一"推动苏州和无锡融合发展 …………………………… 116
关于将昆太合作打造成市域一体化先行区的建议 ………………… 121
关于四个维度推进苏州港产城一体化发展的建议 ………………… 124

第四篇 绿色发展与苏州生态文明建设

关于苏州国际湿地城市建设的思考和建议 ………………………… 130
推动全民共创湿地城市 实现大众共享生态福祉 ………………… 136
对标"公园城市"推进苏州高质量建设生态保护利用典范之城和世界
　　一流旅游目的地 ……………………………………………… 140
关于进一步将苏州生态涵养发展实验区打造成碳中和示范区的建议
　　……………………………………………………………………… 144
关于推动大运河苏州段沿线美丽乡村建设的建议 ………………… 146

吴中区城乡有机废弃物处理利用的实践与创新 …………… 151
关于高质量推进吴江汾湖片区滨水空间有机更新的对策建议 …… 156
关于苏盐园区实现碳达峰碳中和的财政政策建议 ………… 161
生态保护红线区如何促进共同富裕
　　——基于吴中区生态保护红线区民生状况的调查 ……… 165

第五篇　苏州城市保护与更新

关于进一步提升苏州文物建筑活化利用成效的建议 ……… 173
关于大力加强我市考古和历史研究工作的建议 …………… 177
苏州古城更新过程中数字经济导入的路径与建议 ………… 182
以街巷为切入点挖掘古城更新的人文价值 ………………… 187
关于强化苏州方言保护传承和推广传播的对策建议 ……… 193
关于姑苏区的战略定位及发展建议 ………………………… 198
高标准打造"运河十景"需进行四大升级 ………………… 203

第六篇　文化发展与苏州城市软实力提升

苏州以"文化+"设计引领创意城市建设的思考与建议 … 207
关于苏州推进古城历史文化资源转化的建议 ……………… 216
"江南廉韵"建设要高度重视冯梦龙廉政文化 …………… 219
关于苏州口袋公园与文化旅游深度融合的几点建议 ……… 223
关于推进长江国家文化公园（苏州段）建设的几点建议 … 227
关于在长江国家文化公园苏州段规划建设中突出"海运"特色的建议
　　………………………………………………………………… 231
重振苏州菜辉煌　打造"江南美食天堂" ………………… 236
把街面店打造成展示江南文化的亮丽风景线 ……………… 241
关于打造"江南文化·自然科普"品牌的建议 …………… 245

第七篇 人才建设与苏州营商环境创新

关于苏州人口发展政策导向的思考与建议 ……………………… 249
关于应对苏州人口净流入和人才净流入双重瓶颈的建议 ……… 255
关于做好疫情后上海高端人才承接准备的几点建议 …………… 260
对苏州市低龄老年人力资源再开发的几点建议 ………………… 264
关于职业院校培养海外技能人才 服务企业"走出去"的建议 … 269
做强技工教育 提升苏州高技能人才培养水平 ………………… 273
加快推进苏州建设高铁新城高品质人才社区的对策建议 ……… 277

第八篇 共同富裕与苏州城市治理

拓宽苏州共同富裕之路的八点建议 ……………………………… 283
以城乡文明一体化 拓宽共同富裕之路
　　——对太仓推进城乡文明一体化的调研 …………………… 286
优化苏州社会保障体系建设 织密共同富裕安全网 …………… 290
国内城市数字政府建设经验及其对苏州的启示 ………………… 296
关于加快推进苏州新型智慧城市建设的建议 …………………… 301
城市：从精细化管理走向品质化设计
　　——上海完善城市家具的经验与启示 ……………………… 306
苏州提升城市专业服务功能的几个重点及对策建议 …………… 311
让民族团结之花在苏州常开长盛
　　——苏州市民族团结进步促进会的工作实践与启示 ……… 316

动能再造与苏州城市发展战略选择

习近平经济思想指引下的苏州生动实践

中共苏州市委党校
中共苏州市委市情研究基地 成涛林

党的十八大以来，习近平总书记直面新时代的新目标、新问题，深刻总结并充分运用我国经济发展的成功经验，提出了一系列新理念、新思路、新战略，形成了习近平经济思想。作为习近平新时代中国特色社会主义思想的重要组成部分，习近平经济思想体系严整、内涵丰富、博大精深。作为全国经济大市，苏州认真学习贯彻习近平经济思想，突出一个"用"字，尤其是科学运用其立场、观点、方法去分析解决问题，创造性开展工作，取得了一系列丰硕成果，充分证明了习近平经济思想的科学性、人民性、时代性、实践性和开放性。本文重点围绕习近平经济思想十三个方面中的坚持创新驱动发展、大力发展制造业和实体经济、坚定不移全面扩大开放等内容，尝试总结苏州践行习近平经济思想的启示。

一、关于坚持创新驱动发展

抓创新就是抓发展，谋创新就是谋未来。习近平总书记指出："实施创新驱动发展战略，是加快转变经济发展方式、提高我国综合国力和国际竞争力的必然要求和战略举措。"① 苏州坚决贯彻习近平总书记关于科技创新系列重要论述，深入实施创新驱动发展战略，创新生态持续优化，创新成果不断涌现，创新能力显著提升，创新引领高质量发展的支撑作用日益增强。

第一，强化创新人才招引。人才是创新的核心要素，没有人才，创新就无从谈起。苏州坚持人才是第一资源，围绕创新链布局人才链，加快推动人才链与创新链的深度融合。连续14年举办国际精英创业周，累计吸引3万多名全球高端人才来苏州对接，近万个项目落户苏州，累计注册资本716亿元。聚焦人才创新创业需求，先后制定出台《关于进一步鼓励支持留学人员来苏

---

① 习近平：《九、主动适应、把握、引领经济发展新常态》，《人民日报》2016年5月3日，第9版。

创新创业的若干措施》《关于聚力高水平人才平台建设助推数字经济时代产业创新集群发展的意见》等针对性更强、含金量更高的人才政策。入选国家重大人才工程创业类人才总量连续 9 年位列全国第一，自主培养中国科学院院士 1 人，在苏工作院士达到 18 人。

第二，强化创新载体建设。创新载体是创新研发的重要源头、创新活动的核心支撑。苏州紧扣国家重大战略和区域经济发展需求，着力锻长板、补短板，通过外部招引与自主建设并举的方式，使一大批重量级创新平台争相落地，创新能级持续跃升。全省首个国家实验室——苏州实验室即将挂牌，获批国家生物药技术创新中心、第三代半导体技术创新中心、新一代人工智能创新发展试验区，全国首个先进技术成果长三角转化中心落户苏州并启用。注重与"大院大所"深度合作，与中国科学院共建各类载体 34 个，清华大学在苏州设立汽车研究院和环境创新研究院，北京大学在苏州设立分子工程苏南研究院。

第三，强化创新主体培育。企业是创新的主体，是推动创新、创造的生力军。苏州加快完善企业多层次孵化体系，鼓励企业加大研发投入，重点培育"科技型中小企业—高新技术企业—瞪羚企业—独角兽企业—上市企业"有机衔接的创新型企业集群。截至 2021 年年底，累计有效高企、科技型中小企业分别达到 11 165 家、17 942 家，均位居全省第一；国家级专精特新"小巨人"企业 49 家；科创板上市企业 38 家，位居全国第三。

第四，强化创新生态优化。创新生态好，则创新活力足。苏州始终在优化创新生态上下功夫，加大医疗、教育、文体等优质公共服务供给。积极打造科技金融生态圈，持续为创新型企业注入金融"活水"。稳步推进《苏州市科技创新促进条例》立法，为科技创新保驾护航。

二、关于大力发展制造业和实体经济

实体经济是我国发展的本钱，也是构筑未来发展战略优势的重要支撑，而制造业是实体经济的重要组成部分。在不同时期、不同场合，习近平总书记多次强调制造业的重要作用和重要地位。苏州深入学习贯彻习近平总书记关于制造强国的重要论述，始终坚持把制造业作为立市之本、强市之基，久久为功，持续推进，制造业占 GDP 比重高于全国、全省平均水平，成为全国乃至世界闻名的门类齐全、体系完善的制造业大市。

第一，大力发展战略性新兴产业。战略性新兴产业是新一轮科技革命和产业转型的"风向标"，也是培育发展动能、激发内生动力的"强引擎"。苏州超前谋划布局新一代信息技术、生物医药、新材料、高端装备等新兴产业，强化关键核心技术攻关，提升产业链、供应链的现代化水平，加大资源要素保障，持续优化产业发展环境，战略性新兴产业规模不断扩大，集聚水平不断提高，经验做法连续3年获得国务院督查激励表彰。截至2021年年底，制造业新兴产业占规模以上工业总产值比重达到54%，生物医药集群入选国家战略性新兴产业集群，纳米新材料集群入选首批国家先进制造业集群；成功荣获"中国软件特色名城"称号，获批创建省内首个区块链发展集聚区、车联网先导区。

第二，全力推进制造业数字化转型。产业数字化运用新一代数字科技对传统产业进行全方位、全角度、全链条改造，对促进传统产业与数字技术深度融合发展，提高传统产业价值链具有重要意义。苏州拥有35个工业大类、167个工业中类和491个工业小类，制造业数字化空间广阔、需求巨大。苏州坚持以智能化改革和数字化转型为抓手，加快数字经济和实体经济深度融合，打响"工业互联网看苏州"品牌，出台智能化改造贴息奖励实施细则，助力企业提质增效，产业数字化步伐不断加快，其经验做法在全省复制推广。2021年，全市完成"智改数转"项目10 634个，累计建成省级示范智能车间576个、国家级智能制造试点示范工厂3个，5家企业获评全球"灯塔工厂"，14家国家级工业互联网双跨平台落户苏州。

第三，系统谋划产业创新集群建设。产业创新集群是产业集群发展演变的高级形态，是巩固制造业优势、提高制造业发展质量与效益的必由之路。苏州以"新年第一会"的方式召开数字经济时代产业创新集群发展大会，重点聚焦电子信息、装备制造、生物医药、先进材料等四大主导产业，制定出台产业创新集群建设相关指导意见、重点工作清单及若干政策，加快建设具有国际竞争力和全球影响力的创新集群。先后召开电子信息、生物医药产业创新集群推进会，出台建设实施方案，明确发展重点方向、具体目标、主要任务；成立海洋信息技术、智能纤维与可穿戴技术、高功率半导体激光三个创新联合体；不断健全科技招商体系，引资总量持续增长、结构不断优化；成立全省首家创新投资集团，设立总规模达2 000亿元的天使投资引导基金。

第四，有效提升产业自立、自强水平。推行"揭榜挂帅"机制，加大关键核心技术攻关，提高产业发展的自主可控水平。微纳科技突破高性能微球材料制备技术壁垒，苏大维格成功制备国内第一台110寸3D光刻设备，汉天下自主开发的微纳制造滤波器打破国外市场垄断，姑苏实验室突破美国、日本的技术封锁，成功研发集成电路基础材料22纳米光刻胶。

三、关于坚定不移全面扩大开放

实践充分证明,对外开放是推动我国经济社会发展的重要动力,是当代中国的鲜明标识。习近平总书记指出:"要全面提高对外开放水平,建设更高水平开放型经济新体制,形成国际合作和竞争新优势。"① 苏州以开放而兴,因开放而盛。早在20世纪80年代初期苏州就迈出了对外开放步伐,40多年来,苏州始终坚持对外开放不动摇,对外开放之路越走越宽、越走越远。党的十八大以来,苏州积极顺应对外开放新形势,以更加开放的姿态参与全球合作,形成全方位、多层次、宽领域对外开放新格局。

第一,稳固外贸基本盘,优化结构并举。外贸是对外开放的主要形态。苏州坚持巩固出口、扩大进口,积极培育数字贸易、跨境电商、离岸贸易、海外仓等外贸新兴业态,推进外贸稳量提质发展。2021年,全市进出口总额为3 921亿美元,达到历史最高值;一般贸易占进出口总额比重达39.6%,比2012年提高了14.3个百分点。获批设立中国(苏州)跨境电子商务综合试验区,开展市场采购贸易方式试点,连续三轮被国务院确定为服务贸易创新发展试点城市,先后有9条创新经验和4个最佳实践案例向全国推广,服务贸易规模保持年均10%以上的增速。

第二,创新招商引资方式,促进外资量稳质升。外资是经济社会高质量发展的助推器,也是城市对外开放水平的重要体现。苏州建设运行"开放创新合作热力图",创新构建数字化招商机制,深入开展"云招商"等不见面招商方式,推动成熟项目"云签约",利用外资持续稳量提质,《光明日报》、中央电视台等国家级媒体先后多次报道苏州利用外资的经验做法。截至2021年年底,156家世界500强跨国公司在苏投资设立441个项目,累计利用外资1 449亿美元,位居全国大中城市第三位。

第三,不断优化完善开放载体功能。开放载体是引领地区开放发展的重要支撑和强劲引擎。苏州坚持大胆试、大胆闯、自主改,打造了一系列开放层次更高、辐射作用更强的开放载体。截至2021年年底,全市共有14个国家级开发区、6个省级开发区、8个海关特殊监管区和3个一类口岸,是全国开放载体数量最多、功能最优、发展水平最高的城市之一。自贸区苏州片区面积占全省自贸区面积的一半以上,分别有6项和25项制度创新成果在全国、全省复制推广。苏州工业园区在全国经济开发区综合考评中连续6年位

---

① 习近平:《正确认识和把握中长期经济社会发展重大问题》,《求是》2021年1月15日。

居第一，成为全省首家外资总部经济集聚区；苏州获批全国6个中日地方发展合作示范区之一，昆山获批全国首家两岸特色金融改革试验区，深化两岸产业合作试验区实施范围扩大到昆山全域，太仓中德合作入选"第三批中欧区域政策合作中方案例"。

第四，积极推动"一带一路"，共建高质量发展。"一带一路"倡议是我国参与全球开放合作、改善全球经济治理体系、推动构建人类命运共同体的中国方案。苏州依托自身经济规模、对外开放、产业发展、区位交通等优势，加强政府服务，鼓励企业"走出去"，积极参与"一带一路"交汇点建设，取得显著成效。截至2021年底，苏州对"一带一路"沿线34个国家和地区共投资459个项目，中方协议投资额61亿美元，其中埃塞俄比亚东方工业园列入中埃两国政府重点支持项目；2021年，与"一带一路"国家和地区的外贸总额达878亿美元，增幅为25.9%。

四、苏州践行习近平经济思想的启示

第一，践行习近平经济思想，必须坚持以学促用，不断推动经济高质量发展。"用"是学习的检验标尺，也是学习的最终目的。与中央和省委要求、国内外先进城市发展水平、人民群众新期盼相比，苏州发展既具备良好基础、面临大好机遇，又存在矛盾问题、面临现实挑战，例如，苏州的制造业"大而不强"、科技创新"有高峰无高原"。实践表明，只有自觉、主动、实时地把苏州工作对标习近平经济思想，抢抓机遇，先人一步、快人一拍，科学认清使命与责任，从中寻找答案和发展方向，把谋划发展思路、研究解决问题作为学习的着眼点、落脚点，才能真正做到学以致用、用以促学、学用相长。

第二，践行习近平经济思想，必须注重扬长补短，不断提升综合竞争力。古人云：尺有所短，寸有所长。从全国层面看，长期以来，苏州在制造业和开放型经济方面具有比较优势，但也存在一些不足，而科技创新存在一定的结构性短板。实践表明，只有时刻清醒地认识自身的优势和劣势，推动制造业和服务业深度融合、全面打响"苏州制造"品牌，坚持用开放为高质量发展赋能、持续塑造开放型经济新优势，聚焦科技体制机制瓶颈，深化改革，加大攻坚力度，锻造长板和弥补短板并举，才能不断提高发展质量和效益。

第三，践行习近平经济思想，必须实施正确策略，善于抓主要矛盾和矛盾的主要方面。发展思路明确之后，工作策略是决定成效的关键。实践表明，面对不同发展阶段、不同发展任务，只有坚持准确识变、科学应变，准确把握主要矛盾和矛盾的主要方面，纲举目张，因时因势实施不同的工作策略，才能有效避免眉毛胡子一把抓，不断取得一个又一个胜利。

第四，践行习近平经济思想，必须突出真抓实干，以优良作风攻坚克难、砥砺奋进。真抓实干是作风问题，更是思想问题。美好蓝图绘就了，真抓实干才是关键。实践表明，只有始终秉持敢于争先、勇于突破的干事劲头，既不妄自菲薄，也不骄傲自满，大力弘扬优良传统和创新精神，面对发展重任敢于挑担、面对改革大局锐意进取、面对矛盾问题迎难而上，低调务实不张扬、一任接着一任干，集中精力办好自己的事，才能行稳致远，在践行习近平经济思想方面取得更大成效。

（成涛林，苏州市政府研究室）

苏州有必要明确一条清晰的工作主线

中共苏州市委党校
中共苏州市委市情研究基地　钱洪明

苏州市第十三次党代会召开在即，面对现实、面向未来，将市委一系列重大工作部署贯通起来，确定一条事关苏州未来发展的工作主线：提升城市能级—升级要素结构—推动高质量发展—建设现代化强市，并以此条工作主线引领苏州发展的实践至关重要。

一、升级要素结构是关键

改革开放以来，苏州的发展有多个视角，但当将探究聚焦于生产要素时，无疑会发现这样一个基本事实：是全球相对低端的产业资本的集中投资、全国人口红利的集中释放，成就了以往苏州经济的高速增长。很显然，这样的要素结构是难以支撑苏州的高质量发展的。事实上，一个国家或地区的经济发展取决于资源要素的相对丰裕程度和结构，推动高质量发展必须集聚与此相匹配的资源要素。马克思曾说过，生产力，即生产能力及其要素的发展。生产力的发展，既要求原有生产要素的更新，更要求新的生产要素的加入和发展。就苏州而言，当前制约高质量发展的最大"痛点"也在于要素尤其是高级要素供给不足。2020年9月份以来，市级层面高频次与全国各类主体签署战略合作协议，其指向就是要集聚高端资源、升级要素结构，从而初步形成"大珠小珠落玉盘"的可喜景象，而融入长三角一体化发展、推进"沪苏同城化"，强化"数字赋能"、建设"数字化引领转型升级标杆城市"，更是这方面的重点探索、具体实践，必将对升级要素结构起到更为积极的作用。

二、推动高质量发展是追求

党的十九大报告明确提出，要加快建设实体经济、科技创新、现代金融、人力资源协同发展的产业体系。中央要求从要素的角度构建现代产业体系，向我们传达了这样一个强烈信号：升级要素结构，是以供给侧结构性改革为主线，推动经济发展质量、效率、动力变革的题中之义，推动高质量发展，关键是要提高要素供给的质量和配置效率。因此，我们不仅要集聚高端资源要素，更要按照苏州市委的战略部署，将高端资源要素这一"好钢"用到提升科技供给能力这一"刀刃"上，围绕争创国家区域科技创新中心，全力打造"创业者乐园，创新者天堂"；用到实现产业有机更新这一"刀刃"上，勇闯战略性新兴产业和未来产业的"新蓝海""新赛道"，打造世界级产业地标；用到补齐公共服务"硬缺口"这一"刀刃"上，努力开办更多、更好的学校，建设更多的三甲医院等，推动民生建设迈上新台阶。

三、建设现代化强市是目标

升级要素结构，推动高质量发展，根本目标是要建设社会主义现代化强市。必须十分明确，习近平总书记要求苏州"勾画现代化目标""为中国特色社会主义现代化道路创造经验"，江苏省委要求苏州"打造向世界展示社会主义现代化的'最美窗口'"，苏州肩负着"在率先实现社会主义现代化上走在前列"的光荣使命。而世界现代化发展的实践表明，一个国家或地区特别是赶超型国家和地区要实现现代化，必须经历这样三个阶段，即：数量型赶超增长阶段—质量型赶超增长阶段—成熟型增长阶段，而能否实现由高速增长阶段向高质量发展阶段转化，是能否实现现代化的关键。这就要求苏州把推动高质量发展作为实现现代化的根本途径，围绕"代表国家最高水平、对标世界一流水平、引领未来发展方向"，按照江苏省委"六个率先走在前列"的部署要求，切实做到高质量发展、高品质生活、高效能治理同步推进、相互促进，全方位展示"强富美高"的新图景。

四、提升城市能级是基础

城市能级是城市竞争力、影响力、辐射力的集中体现，更是一个城市集聚和优化配置资源要素能力的综合反映。苏州要升级要素结构，进而推动高质量发展、建设现代化强市，提升城市能级无疑具有基础性的作用。然而，尽管经过改革开放40多年的发展，苏州已蝶变为全国"最强地级市"，但受行政能级"先天不足"的影响，苏州城市能级偏低的问题依然十分突出。值得警醒的是，目前国内城市竞争格局正在重新"洗牌"，国家中心城市、副省级城市、省会城市等诸多"高峰"正在纷纷崛起，而且国家也正在给这些城市不断赋能。更为突出的是，综观"十四五"规划，国内众多城市尤其是强省会城市，均把提升城市能级作为未来发展的重大指向，并出台相关措施。

面对这样的态势,苏州应坚持"两条腿走路",一方面,继续加大向上争取的力度,力争在列入副省级城市上取得突破;另一方面,要大打优势战略牌,切实在营造最优营商环境,巩固最强比较优势,尤其是打造"苏州制造""江南文化"品牌上痛下功夫、快见成效,加快构建战略优势体系,使之成为苏州集聚高端资源要素的最靓名片、最强磁极。

需要指出的是,提出这样一条工作主线,是基于对苏州市委前瞻性思考、全局性谋划、战略性布局、整体性推进的系统化梳理,其出发点是要形成贯通苏州市委系列决策部署的一条清晰主线,从而聚焦重点、聚力关键点,推动苏州高水平建设展示"强富美高"新图景的社会主义现代化强市的实践不断迈出新步伐、进入新境界。

(钱洪明,苏州市委市情研究基地特聘专家)

塑造苏州竞争优势的十大举措建议

中共苏州市委党校
中共苏州市委市情研究基地　　王志明

突如其来的新冠疫情打断了由贸易摩擦引发的中美对抗进程，我国短期内出现了因境外供应链瘫痪而骤然增大的外贸出口。但从长期来看，新冠疫情进一步放大了中美竞争，国际地缘政治的恶化将给我国经济发展带来严峻挑战。这种挑战的严峻程度在现今是被低估的，许多人认为2020年1月签署的中美第一阶段经贸协议规定了美国取消对中国2 500亿美元出口商品加征的关税。事实是，第一阶段经贸协议规定的中国在2021年年底前增加进口2 000亿美元美国商品并不以美国取消对中国商品加征的关税为前提，其真实对价是美国不再深化贸易战，包括不对剩余的3 000亿美元中国出口商品加征25%关税以及不对所有中国输美商品加征45%关税。因此，在2020年年底前中国可能无法完成增加进口2 000亿美元美国商品的情况下，中美贸易战存在深化危险。由于苏州是中国出口美国最多的城市，因此，整个21世纪20年代的苏州开放型经济都将面临最严峻挑战。在面临结构性不利因素的情况下，苏州唯有重新焕发改革开放以来的昂扬斗志和创新精神，充分发挥政府作用，举全市之力，挖掘潜力资源，创造性地弘扬"三大法宝"，营造新的竞争优势，才能立于不败之地，成就新的辉煌。

一、建立遍布全国各大中心城市的姑苏会馆网络

苏州市政府联合全市十大板块，在全国各大中心城市的热门场所购买1 000平方米左右的商务用房，挂牌"姑苏会馆"，帮助苏州企业在当地推销产品。该举措有助于促进苏州最终产品在当地的消费，帮助苏州的工业中间品进入当地下游市场。遍布全国各大中心城市的姑苏会馆将显著提升苏州企业融入国内大循环的能力，极大提升苏州对于面向国内市场销售的投资项目的吸引力。如果苏州十大板块每个板块每年负责购买一个会馆，则2年时间内就可以基本构建起网络的框架，5年内可覆盖50座城市。由于目前商用房

价格不振，从长远看，购买的会馆更多可能会显著升值。

二、申请建立深化中美经贸合作试验区

在目前的国际大循环中，苏州在中新、中德、中日、中美、中国东非等双、多边合作中成效斐然、走在前列。其中，我市中新合作已被国务院确定为试验区和合作项目，太仓的中德合作也获得若干国务院部门的"背书"。由于2018年苏州对美国出口578亿美元，名列全国第一，占全国对美出口的12.1%，因此，苏州可以考虑向国务院申请成为深化中美经贸合作试验区，从维护出口市场、增加自美进口、缩减贸易顺差、扩大对美服务贸易、帮助对美出口企业开拓国内市场和国际非美市场、应对产能转移、促进双向投资、加强人才交流、强化知识产权保护、履行双方经贸协议、争取民心民意、实现开放型经济转型升级等方面进行全面探索，并从而在服务贸易、投资准入、金融开放、人才入境、食品和农产品进口、国内和国际多元化市场开拓、农村建设用地的整合使用、知识产权司法实践、对美友好交流等方面获得一批先行先试政策。

三、培育跨境财务结算中心

跨国公司跨境财务结算中心是总部经济中最有价值的形态，是跨国公司的利润聚集地，对促进所在地区的高端就业和财税收入增长具有重要作用。若跨境结算总部设在他市，不仅会带来本地企业营运资金的迁移，还可能会带来实体产业或产能的迁移。当前，苏州应积极争取在自贸片区落实本外币合一银行结算账户体系试点和跨国公司本外币一体化资金池业务试点政策，扫除阻碍跨境财务结算中心运营的操作障碍。苏州市政府可考虑出台政策，将跨国公司跨境财务结算中心缴纳的市级税收留成部分返还企业所在地。同时，积极争取江苏省政府支持，将跨国公司跨境财务结算中心缴纳的省级税收留成部分返还企业所在地。在初期阶段，可争取聚集50家以上的跨国公司跨境财务结算中心。由于在本外币一体化资金池和账户下，企业财务结算中心已经可以获得便利化和在岸、离岸汇率的差价收益，并且对苏州本土的跨国公司来说很容易开展招商工作，所以初期阶段争取聚集50家以上的跨国公司跨境财务结算中心是能够实现的。

四、培育发展跨境采购销售中心

跨境采购销售中心与跨境财务结算中心有天然的联结关系，苏州应在积

极开展对跨国公司跨境财务结算中心招商工作的同时，积极招引跨境采购销售中心。积极发展离岸贸易，要以离岸贸易的宽松运营优势来吸引跨境采购销售中心。积极争取离岸税收减按15%的税率征收所得税。鼓励开展结构性贸易融资业务。制定政策，对中国出口信用保险公司等保险机构对企业在出口和内销中的分期付款业务所给予的担保进行奖励。

五、不断深化内外贸一体化改革

与上海追求贸易的"境内关外"不同，苏州把内外贸一体化作为贸易改革的主攻方向。2021年年初，苏州首创的综合保税区一般纳税人改革已经复制到全国。但综合保税区一般纳税人改革还需深化，例如，应该争取取消按内销比例征收进口设备关税的政策。此外，如何用内外贸一体化改革来呼应国内国际双循环格局、如何便利出口转内销、如何培育综合商社等问题均需要研究推进。

六、有效应对国际产业链重构和国际产能转移

美国以及西方跨国公司将致力于建设不含中国供应商的供应链，并寻求非中国供应链在技术上领先中国2代以上。中国将奋力建设全产业链，可能建成世界上唯一的、可实现自我循环的工业体系。在这个过程中，苏州将面临工业产能向境外转移的阵痛和国内生产总值的硬缩减效应，并处于中国供应链与境外供应链竞争的最前沿。

有效应对国际产业链重构和国际产能转移是一个复杂的系统工程，苏州的努力方向包括：建设开放水平更高、创新能力更强、附加价值更大的产业链、供应链和价值链，尽快填补产能转移形成的国内生产总值凹陷；创造苏州供应链的超高效率，使得苏州供应链成本显著低于境外非中国供应链成本，压迫境外供应链的生存空间和价值；鼓励苏州现有供应链企业通过境外投资向境外非中国供应链渗透，深度开拓全球市场；战略性地做大、做强"苏满欧"国际货运班列，建立可匹敌珠三角的向广西、云南等方向的火车和集装箱卡车运输线，争取成为东南亚供应链的重要供应地。

七、把开放创新打造成苏州开放型经济的鲜明特色

苏州强调开放创新而不是自主创新，首先，因为"自主创新"主要是强调要依靠自我，并非排斥借鉴和吸收。在经济全球化浪潮下，"开放创新"逐渐成为创新的主导模式。苏州由于开放型经济发达，应该把开放创新打造成

鲜明特色。为此,苏州已经在引进人才、深化对中小科技企业的招商、引导通过境外并购再创新、积极引进培育外资研发中心和创新中心、鼓励企业设立境外研发中心、促进技术进出口、做好企业境外知识产权的应用和维权、推进外商投资企业的转型和创新、保障高科技产品的公平贸易等方面做出了积极努力。当前,苏州的开放创新经过10多年的努力,正在开花结果,一大批科技中小企业成功上市。今后10年,苏州还需致力于培养大师级人才。为此,苏州的中小学应设计尖子生培训课程,瞄准教育部认可以及国际著名的几大赛事,在奥林匹克数学、物理、化学、信息学、地球科学竞赛,以及人工智能、信息技术、机器人、无人机、作文、绘画书法、航模、体育等领域培养竞赛人才,加强与境外尖子生的互动交流,为孵育大师级人才创造优良环境。

八、创造性地大力实施乡村振兴战略

当前,在自贸试验区、"一带一路"、长三角一体化、长江经济带等国家战略中,最有抓手、最有可能带动全市发展大突破的是乡村振兴战略。实施该战略的核心理念是通过集约化使用农村建设用地资源来取得开放和创新的突破。为此,要开展精细化的镇、村规划。要依托苏州水网密布的优势,做足水文章。例如,可以依山傍水打造景观,为农民建设木结构、低成本、生态环保、配套光伏发电和储能、低密度、环境优美的乡间住宅,同时,通过集约建设节省出来的农村建设用地,建乡村人才住宅,可以引进各类基金、研发机构、商务服务、互联网服务等产业业态。目前,大面积地如此实施乡村振兴战略有很多困难,比如大多数村庄已经定型,优化镇、村花费巨大,实践中,可以选择若干乡镇先行试点。

九、建设产城融合、中西合璧、古韵今风的国际化都市和上海的第一副中心

至少有两任江苏省委书记提出过苏州应该建设国际化大都市,但苏州总觉得这个目标有点高,没有真正实施。苏州即便不提建设国际化大都市,总可以提出建设国际化都市。上海使用了"现代化"作为国际大都市的修饰语,苏州可以考虑特色化地使用产城融合、中西合璧、古韵今风作为定语。

为了进一步凸显上海在长三角的龙头地位,同时依托上海,充分接受上海辐射,苏州可以在提出建设国际化都市的同时,提出建设上海的第一副中心。由于苏州最靠近上海,同时又是长三角经济规模仅次于上海的城市,苏州成为上海的第一副中心是名实相符的。

十、率先基本实现现代化

目前，我国已经开启现代化建设新征程，并将于2035年基本实现现代化。基本实现现代化的核心指标是人均GDP达20 000美元，苏州目前已经达到24 000多美元，因此，率先基本实现现代化看上去是没有问题的。但实际可能存在如下四大变数的共振危险：一是向境外的产能转移规模太大，使得GDP缩减；二是美国的打压，可能使人民币大幅贬值；三是碳达峰碳中和可能会对GDP产生影响；四是房地产萎缩。尽管如此，如果定下苏州率先基本实现现代化的目标，无论定在2025年还是2030年，苏州经过努力都能够实现。

（王志明，苏州市商务局原副局长、中国国际贸易促进会苏州市委员会原会长、中共苏州市委党校智库特聘专家）

以城市地方学解码城市基因、点亮城市未来

——关于构建苏州学学科体系的初步思考

中共苏州市委党校
中共苏州市委市情研究基地   凌伯韬 黄涧秋

随着城市化进程的加快,城市地方学作为一门"因地名学,以地名学"的学问,正在从学术研究层面走入城市决策者的视野。苏州学,简而言之就是以苏州为研究对象的一门综合学科,主要研究苏州城市兴起、发展、演变的过程、特点和规律,从整体上发掘影响苏州历史进程的力量及其源泉。站在"两个一百年"奋斗目标的历史交汇点,把苏州城市作为一门学科来探索和打造,是一个城市增强历史自觉、坚定文化自信的体现。作为城市地方学的一个分支,为什么要创设苏州学,苏州学究竟是什么样的一门学问,如何构建具有苏州气派的城市地方学,是我们推进苏州学研究工作的逻辑起点。本文拟从厘清学科定位、总结各地经验、加强顶层设计、凝练研究路径等视角进行初步思考,以期推动形成基本的知识谱系。

一、探寻苏州学研究的重大意义

2021年年底,苏州市委、市政府提出"将历史上所有研究苏州和苏州人写的书梳理和集成起来",到2022年以来,市委先后做出启动"苏州全书"编纂工程、实施苏州地域文明探源工程、组建苏州社科院等重大工作部署,苏州学研究已成为推动城市文化建设的基础性工程,在此基础上形成特定文化支撑,构建属于苏州自己的知识体系和理论学科,具有重大理论和实践意义。

第一,推进苏州学研究是讲好苏州文明探源故事、挖掘苏州文献典籍"富矿"的政治任务。习近平总书记在2022年中央政治局第三十九次集体学习时的重要讲话中指出:"要加强统筹规划和科学布局,坚持多学科、多角度、多层次、全方位,密切考古学和历史学、人文科学和自然科学的联合攻

关，拓宽研究时空范围和覆盖领域，进一步回答好中华文明起源、形成、发展的基本图景、内在机制以及各区域文明演进路径等重大问题。"① 当前，苏州地域文明探源工程实施方案正系统总结、梳理苏州历史考古成果，开展多学科交叉研究。"苏州全书"编纂工程按照"整体编目、精选集成、分期出版"原则，已完成首批建议书目。"两大工程"聚焦苏州这座考古挖掘和历史研究"富矿"、文献典籍抢救与保护的"重镇"，旨在发现文明探源与文献整理的内在联系，整合基础研究与应用研究、历史研究与文化研究、单体研究与整体研究，这在很大程度上决定着苏州能否回答好中华文明探源这道"政治必答题"。

第二，推进苏州学研究是整合苏州历史文化资源、传承弘扬城市文脉和城市精神的客观需要。苏州在历史上是中国的重要经济中心之一，也是最具影响力的江南文化中心城市。依托优美的自然景观特色和绵长的历史人文积淀，苏州在文学、戏曲、美术、书法、曲艺、教育、风俗、出版、医药、园艺等诸多领域底蕴深厚、特色鲜明。有学者认为，与其他江南名城在现代化进程中遭到不同程度冲击或破坏不同，苏州是当今长三角城市中经济持续繁荣、文化传承良好、最具发展韧性和可持续性的为数不多的城市之一。以"四角山水"、江南水乡、历史文化名城保护、非物质文化遗产传承为显著特征的城市空间文脉，本质上是城市文化基因和精神性格的延续。尤其是改革开放以来，苏州"三大法宝"成为苏州人民在改革开放和现代化建设的伟大实践中培育、塑造的一种时代精神。这种城市"文脉"一直备受国内外各领域专家青睐与重视，是中国区域经济、社会和文化研究中一个独具魅力、独领风骚的重要研究对象。

第三，推进苏州学研究是加快苏州新型智库建设与聚力打造资政、服务、育人学术共同体的重要责任。20 世纪以来，世界范围内逐渐兴起以重要城市所在地为研究对象的地方学，巴黎学、罗马学、东京学，乃至中国香港学、中国台北学至今仍是经久不衰的"显学"。20 世纪 80 年代以来，随着地方文化研究热的兴起，国内相继有 50 多个城市提出构建以自身城市为名的"学"。相比其他的城市地方学，苏州学应当立足于苏州在中华文明发展历程和世界城市发展史中的地位和贡献，更加凸显城市研究这个核心主旨，更加突出城市文脉、城市品质、城市精神、城市叙事的一体建构及研究成果转化，从根本上回答"苏州何以成为苏州、苏州将走向何处"的重大命题，汇聚高校、

---

① 习近平：《把中国文明历史研究引向深入 推动增强历史自觉坚定文化自信》，《人民日报》2022 年 5 月 29 日，第 1 版。

科研机构、社会组织、民间学者等研究力量，以高水平学术共同体建设为引领，打造"政、产、学、研、用"于一体的城市高端智库，为苏州城市发展提供具有前瞻性和战略性的解决方案。

二、借鉴城市地方学的先进经验

当前，城市地方学研究方兴未艾。一个地方构成"学"要具备"四有"，即有具有自身特征的研究对象、有自成体系的研究内容、有其自身发展脉络和规律、有相应的理论知识和研究方法。从城市影响力以及可参照、可比较的维度看，以下城市的地方学研究经验值得苏州学习借鉴。

（一）广州学研究

广州学研究立足城市文化背景和文化基础，整理和保护文献典籍，繁荣地方学术文化研究。广州是全国第一批历史文化名城，拥有2 200多年的建城史。在广州学学科体系构建中，文献建设摆在重要位置，《广州大典》皇皇520册，收录广府地区的历史文献4 000多种，总字数近4亿，资料的收集与整理是学科建构和专业研究的基础，也是广州学研究走向深化的标志。广州学知识体系建构的方法论称为"分层双轨式"。"分层"包括对中外文献进行整理与汇编、对特大城市的问题进行调查和对策分析；"双轨"指分别依托高校院所和政府政策研究部门两种力量。特别是通过"广州学协同创新发展中心"将"广州学"学科建制纳入高等教育的体制范畴，打造了开放、共享的学术资源平台。

（二）温州学研究

温州学研究把握历史脉络和逻辑主线，加强顶层设计，构建严谨科学的学科体系与理论体系。温州历史上曾经历两次文化高峰：第一次是南宋时期，第二次是晚清时期。2002年，温州市委、市政府提出"抓紧建立温州学"，启动温州学研究工程。温州学研究始终贯穿着"古、今、人、文"的逻辑主线，即温州深厚的历史文化底蕴、温州现实中层出不穷的新生事物、温州人对温州文化的认同感。温州学的内容主要包括创业精神、海洋文化、风景名胜、物产资源、历史文化、城市名片等各个方面。"温州学"形成了"以政府为引领、整合内外资源"的发展模式，温州市政府先后举办如南戏、谢灵运、古民居等国际性学术研讨会，每年编辑出版《温州文献丛书》。

（三）潮州学研究

潮州学研究兼顾地域文化与族群文化，力求从潮州出发，走向世界，更加具备"大历史"研究的意义。由于历史上潮州人轰轰烈烈的海外拓展活动,"潮州地区人文现象"自然而然地具有鲜明的跨国性。"潮州学"又名"潮学",由著名学者饶宗颐于1992年首倡,是研究潮汕人文的一门专业学问,涵括地理、文化、经济、人物、历史、哲学、社会学、宗教等多个领域。在研究方法上,潮学研究以历史研究为基础,综合运用历史人类学、社会人类学的研究方法,坚持文献研究与田野调查并重,努力构建潮学研究"地方特色""国家意义""国际视野"三位一体的价值体系,突出潮汕人文"带有地域性的群体文化"的鲜明特点。潮州学研究形成了"以学者为首倡、促进内部融合"的发展模式,依托潮汕历史文化研究中心等海内外研究机构成功举办了多届国际研讨会,创办《潮学研究》《潮汕文库》等学术刊物,不断扩大其世界影响。

(四)泉州学研究

泉州学研究树立全球视野,精准识别历史文化价值和定位,关注城市国际比较、文化碰撞与跨文化互动。泉州以刺桐港闻名世界,是中世纪著名的世界贸易港。从东亚文化圈的视角看,海上丝绸之路文化的国际影响、闽南文化的发源与核心优势、朱子文化的学术积累、移民文化的血脉延伸、南音文化的独特魅力,都充分体现了泉州文化的软实力。泉州学形成了"以平台为依托、注重项目牵引"的发展模式。1996年,泉州师范学院成立了泉州学研究所。2004年,泉州市委成立了中国泉州学研究所,将其作为市委宣传部的下属单位,明确其"弘扬大泉州文化"的工作使命,创办《闽南》杂志。两个研究所成为推动泉州学深入发展的主要力量。

三、谋划苏州学研究的重点面向

构建苏州学不能人云亦云、亦步亦趋,而是应坚持"以我为主",突出问题导向,着力破解现有各地城市地方学研究"碎片化"、资源"分散化"、方法"单一化"问题,提出值得进一步挖掘和研究的重大命题。综合来看,至少应包括以下五个方面。

(一)超越"史"与"志",锻造苏州区域历史文化研究的新高峰

"史"记述过去,"志"分载史的自然和社会等现象,而"学"是高于"史"和"志"的理论升华。超越"史"与"志",在于深度挖掘其中的代表性人物、经典性文献、标志性事件,从中萃取和集成苏州城市地方学研究的基础性文献。方志学研究方面,梁启超说过:"最古之史,实为方志。"苏州

是地方志的发源地之一，汉代的《越绝书》是中国最早的方志之一，宋代昆山《玉峰志》首创"凡例"之先例，范成大的《吴郡志》为首部体例完备的方志定型之作，明代《嘉靖昆山县志》《弘治太仓州志》堪称州县志书代表作，这些都是苏州学研究的宝库。比如，《吴郡志》人物志部分记载了很多文人士大夫的生活经历、思想情感、人生选择，代表着古代苏州人"天生不愿意或不情愿从政""入世以宽为本"等特征，是打开苏州人精神世界和文化心理结构的一把钥匙。通史研究方面，盛世修史，正逢其时。2019年出版的《苏州通史》以"历史上之大事，涉及苏州者""苏州特有，能反映苏州特色者"为入选原则，是第一部真正意义上涵盖历代和当代苏州地域范围的通史性著作，全面展现了传统社会的苏州从落后到成为全国经济中心，再到成为全国文化中心的蝶变之路，系统铺陈了近现代苏州从衰落到转型变革，再到不断崛起的历史进程，对深入研究苏州在中华文明进程和全国格局中的地位，深度挖掘历史进程中的苏州元素，具有鲜明的时代价值和集成意义。构建苏州学，就是要通过学术化、学科化，进一步提升苏州通史研究的自觉性和自主性。

（二）贯通"古"与"今"，汲取文献典籍与考古研究的丰厚养分

苏州学要兼具历史性和当代性，不仅要立足于关注现实的热点问题、前沿问题，还需要具备历史的眼光，重视长时段的思考与研究，将历史、现实与未来发展有机融合。一方面，把文献开发研究摆在突出位置。借鉴《广州大典》编纂经验，遵循"不选、不编、不校、不点"原则，忠于原著，真实展现原著面貌，为历史文化研究提供最为丰富的一手资料。通过编纂汇聚分散在世界各地的地方文献，再通过出版向世界各地传播地方历史文化，形成从分散到集中、由集中到传播的方式。当前，"苏州全书"的编纂还处于前期阶段，重点应做好四件事：一是开展全国出版界大型古籍图书影印、编印情况调研，从工作机构、文献分类、编例、版本处理、目录编制等方面进行对比分析。二是发动社科界力量，广泛搜集海内外的线索，发动海内外的专家开展书目研究和文献普查。三是开展入选文献书目论证，从严把关底本。四是组织考古所、图书馆、博物馆、出版社、方志办等多方力量协同攻关，从而为苏州学构建提供深厚的文献基础、思想基础和社会文化基础。另一方面，集中开展地域文明探源研究攻关。以苏州市考古研究所为基底，有效统筹全市考古学界的研究力量，聚焦苏州工业园区草鞋山遗址、昆山绰墩遗址、张家港市东山村遗址、元和塘古窑遗址、吴中塘北遗址等考古资源，开展多学

科联合攻关,做好出土文物和遗迹遗址的探索发现、研究阐释工作。比如,聚焦史前文明、早期文明、古城遗址保护,与世界原生文明进行比较研究,力求破解太湖流域是否具备早期"国家"形成的印记、东方"水利国家"是否存在等历史悬疑,使苏州地域文明探索上升到世界文明交流互鉴的高度,从而回答好习近平总书记提出的用文明交流交融破解"文明冲突论"这个重大命题。

(三)联通"时"与"地",塑造最具江南特质的城市文化品牌

从城市空间和城市人文等方面看,苏州是最像江南的江南城市。构建"苏州学",旨在整合以文献编纂和考据为主的文献研究、以经济史与社会史为中心的江南史研究,坚定文化自信,增强中国话语,构建经典江南文化的基础性、整体性理论框架。一是探索"立体江南学"。时间上,贯通研究吴文化、江南文化、海派文化之间的积累与裂变,不断丰富拓展长三角文化精神,塑造开放包容、自我超越、以人为本、精致典雅的价值认同和核心精神。空间上,整体把握秦汉之际的"泛江南"、魏晋南北朝的"中江南"、隋唐北宋的"大江南"、南宋元明清的"小江南",思考苏州在不同"江南"空间中的定位和演进,分析苏州在近代从"上海的江南"到"江南的上海"的功能定位演变。把苏州放置在"复合式山海生态系统"语境中来考量,跳出"小桥、流水、人家"的传统江南意象,构筑水利灌溉、稻作经济、桑蚕生产和市镇发展的"生态江南",统筹推进自然意义上的江南、经济意义上的江南、行政区划意义上的江南、语言文化和心理意义上的江南,整体呈现一个五彩斑斓、意象多元的立体江南学研究。二是打造地标文化学矩阵。借鉴敦煌学、故宫学、云冈学等研究经验,以"拙政园学"先期探索为题眼,研究"拙政"二字所蕴含的丰富内涵,阐释"抱朴守正"的政治内涵、"天人合一"的建筑风格、"明心见性"的文化精神,把苏州园林学打造成为东方园林学的代名词,形成在全球范围内可复制推广的"造园文化"。此外,深入挖掘"苏艺""苏作""苏样""苏工""苏式"等意象,将苏州工艺美术的精细风格和精湛技艺上升到艺术美学高度。其中,可以重点研究苏州"刻书出版业""藏书家与藏书楼"文化,集中国古籍善本之大成,重现中国雕版印刷业和藏书楼文化盛景。

(四)互动"中"与"西",搭建与世界文明交流对话的桥梁纽带

城市的文明形态,一定程度上是国家文明形态的反映。运用全球学视野研究苏州、发现苏州、找回苏州,使苏州能代表中国文明形态,与世界文明

沟通、交流、互鉴,这应当成为构建苏州城市地方学的重要任务之一。在城市比较学研究方面,应加强与国际城市的比较研究,为城市个性与共性研究找到发展方向。比如,依托苏州布达佩斯文化中心,加强历史文化遗产保护对话,学习借鉴布达佩斯整体保护多瑙河两岸、布达城堡区和安德拉什大街等经验做法,研究如何在古城街区和运河沿线塑造连续性景观,打造地标性建筑群,把独具苏州特色的自然生态景观、历史建筑遗迹、工业和农业文化遗产梳理清楚、表达出来、活态展现,向世界贡献古城保护的苏州方案。在海外汉学研究方面,应充分吸收彭慕兰的《大分流》、斯波义信的《宋代江南经济史研究》等海外汉学著作中关于苏州城市研究的经典论述和研究方法,系统集成李伯重、黄宗智、冯贤亮、王家范等国内学者关于苏州在江南城市史研究中的"核心性"探讨,以苏州为样本推进"西方江南研究"与"中国江南研究"融合互动,探索构建具有世界价值、中国意义、时代特色、区域特点的理论话语体系。

（五）兼具"形"与"神",构筑属于苏州和苏州人的精神家园

从城市文化基因和精神性格来看,在"物是人非"的城市现代化进程中,苏州是中国"见物又见人"的杰出代表,研究苏州名人的历史谱系和突出贡献,塑造与发掘苏州人文精神,是苏州学的生动题材。借鉴温州学对永嘉学派的研究,重点研究苏州历史上对后世产生深远影响的思想大儒、学术名家及其学说的当代价值。一是以学术大家研究为代表的先贤之学。后世将顾炎武称为"清代经学第一人""清代朴学第一人",其所创建的"亭林之学"以儒学经典所塑造的理想人格和理想政治为本,检讨历代制度、人事方面的利弊得失,借鉴历史上的经验教训,开出救世济民、正心淳俗、除害祛邪的"药方"。先贤之学可以以顾炎武为代表人物,在此基础上梳理苏州人"扬正气、讲担当、重实干"的品格。二是以教育名家研究为代表的官办之学。宋代范仲淹在苏州舍宅创建"州学",倡导教育与学术,文教在苏州开始兴盛,自此"府学千年、新学百年",崇文重教、尊师好学成为苏州人的风气。苏州城市学院的前身取名"文正学院",正是为了传承和弘扬范文正公的忧乐精神和家国情怀。此外,苏州古代文化世家以读书教义为第一要义,从汉唐的"顾陆朱张"到宋明的"归范文王"再到清代的"彭宋潘韩",世代相传。官办之学研究的重点在于上溯苏州"状元之乡""院士之城"的文化源头以及"代有人才出"的人文渊薮。三是以"三大法宝"研究为代表的当代苏州人精神。进入新时代,苏州人成为一个群体被铭记、苏州发展成为一种模式被

讨论、苏州城市成为一种文化现象被关注，源于苏州人在改革开放过程中所展现出的开放包容、敢闯敢试、务实求真、创新争先的精神品格，可以说，苏州改革开放史是一段值得大书特书的波澜壮阔的历史。只有从理论和实践的高度不断丰富其精神内涵，将其与新时代苏州的现代化进程紧密结合起来，才能使之成为激励苏州人不懈奋斗的源头活水与精神家园。

四、构建苏州学研究的工作路径

对标国内外地方学发展的趋势和规律，构建苏州学体系，需加强顶层设计，制定专项规划和研究纲要，形成属于自己的学科体系、理论体系、知识体系、话语体系。当务之急是厘清定位、谋定后动，采取"远近结合、内外联动、学用贯通"的实施路径。

（一）统筹兼顾远期目标与近期目标

以传承弘扬中华文明为己任，以延续城市历史文脉为主线，以城市史和城市比较研究为特色，以提炼城市精神为内核，以传播城市叙事为表达，将城市地方学构建融会贯通于"苏州全书"编纂工程、地域文明探源工程、江南文化品牌塑造工程等重大文化项目实施全过程，争取用1~2年的时间形成苏州学的研究架构，用3~5年的时间进入全国地方学研究"第一方阵"，用5~10年的时间全方位提升城市软实力和核心竞争力。当前，先期组织出版"苏州蓝皮书系列""苏州学研究丛书""苏州城市学""海外苏州学译丛"等系列出版物，营造浓厚的学术氛围，确立系统的学科方向。

（二）一体推进知识建构与组织建制

在知识建构上，依托苏州丰富的文献典籍、历史考古、文化艺术、山水人文、城市设计等资源，科学运用目录学、文献学、版本学、城市比较学和海外汉学等多学科研究方法，确立苏州学的研究对象、内容框架、学科定位和研究方法，形成系统的学科知识谱系、特定的理论体系和公认的学科范式。在组织建制上，以苏州社会科学院的筹建为契机，组建苏州学研究的智库联盟，搭建学术研究和传播平台，整合各路社科资源，建立首席研究员制度，强化专业化研究团队建设，打造高水平学术共同体。作为一所以"城市"冠名的大学，苏州城市学院理应成为苏州学研究的学术高地和中坚力量，依托"文正书院"和现有的城市管理专业，牵头申报学科创新重大项目，争取设立"城市发展与管理"二级学科硕士方向，将学科建构与大学课程设置和人才培养体系结合起来。

（三）协同开展基础研究和应用研究

借鉴广州学的"分层双轨式"发展模式，对苏州学术、历史、文化、经济、社会、规划、建设等各领域进行全方位、系统化、深层次研究，培育和支持多学科交叉研究，为苏州打造现代化国际大都市奠定知识基础。同时，将苏州学纳入政府部门决策视野，顺应苏州现代化强市建设的客观需要，明确"服务发展大局、培养一流专家、出品一流成果"的方针，以决策内参强化资政服务功能，为苏州城市发展提供前瞻性思考、做出原创性贡献。政府部门应完善重大课题决策咨询机制、购买决策咨询服务机制、信息公开共享机制、课题立项和招投标制度，根据中心工作的需要定期组织开展专项研究。

（凌伯韬，苏州市委办公室市委督查室副主任、文正智库研究员；黄涧秋，苏州城市学院副校长、文正智库研究员）

第一篇　动能再造与苏州城市发展战略选择

以"江河湖海溪"重构苏州城市空间战略布局

徐苏涛

"江河湖海溪"中的"江"是"长江",代表的是中国东中西合作的横向循环;"河"是"京杭大运河",代表的是中国南北方合作的纵向循环;"湖"是"太湖",代表的是环太湖创新共同体建设发展的跨区域循环;"溪"是"湿地",代表以苏州工业园为核心载体的城市中心的微循环和全市的小循环;"海"是"上海",也就是沿上海地区的一体化发展的外循环。这其中,"江河湖溪"代表着全国内循环,而"海"代表着国际大循环,最终以"江河湖海溪"全面带动市域一体化、全域创新化、城乡一体化,成为双循环发展新格局的战略枢纽城市。

踏上新时代、新征程,重构苏州城市空间战略布局,已历史性地摆在当前苏州面前。为此,本文提出如下思考。

一、"水脉"是江南地区城市发展的文脉和动脉

近年来,城市发展有两个取向值得深思。一个是在城市规划建设过程中,越来越多的城市立足地理标志重塑城市个性、放眼历史纵横寻找发展未来、根植区域文化凝练城市内涵,以图让城市更有底蕴、底气和底色,如很多历史文化名城城市规划等;另一个是在城市创新发展过程中,越来越多的城市用自己的山川湖海等地理标志或人文标志命名重大创新平台载体,以图举全市之力与自身"家底"赋予创新驱动发展新寄托,如紫金山实验室、姑苏实验室、太湖实验室等。这两个发展取向,共同代表了经济地理与地理经济、人文地理与地理人文、历史人文与人文历史,是对城市规划建设和创新发展的一种深度战略思考。

如今长三角一体化上升为国家战略,但整体而言,脱离江南的经济地理、吴越的人文地理以及两江地区的历史人文,谈长三角一体化、城市规划以及城市创新发展等都是舍本逐末。历史上的江南是文化地理、地理经济和历史人文的高度融合,核心区包括长江、钱塘江下游沿岸以及两者之间的太湖流域。如今"三省一市"的江南,尽管不足全国国土面积的百分之四,却集聚

25

了中国大量的人口、GDP 和税收，发展成为中国综合实力最强的经济中心、亚太地区重要国际门户、全球重要的先进制造业基地，以及国际公认的六大世界级城市群之一。

这其中，无论是"烟雨江南""江南水乡""水墨姑苏"，还是长江、京杭大运河、太湖等，都离不开一个"水"字。"水文化"，不仅决定着秀慧、细腻、柔和、智巧、素雅的吴文化底蕴，还形成了开放包容、争先创优、奋力拼搏的城市氛围，进而以文化厚德、精神内核激发工商活力。一言以蔽之，"水脉"不仅是江南地区城市发展的文脉，还是很多城市发展的"主动脉"。对于苏州而言，不仅要将这种"水脉"与"文脉"有机结合，更要将这种"水脉""文脉"与城市发展的"动脉"结合起来，最终找到新时代高质量发展的"脉搏"。

二、"江河湖海溪"决定江南地区的时代发展变迁

比较地看，"江河湖海溪"不仅决定着江南地区的时代发展变迁，还决定着江南地区的城市创新中心演变，为新时代、新征程上的苏州城市空间战略布局提供了历史借鉴。在以往的经济地理上，长江时代，南京崛起，成为我国历史上著名的古都；运河时代，扬州崛起，成为南北方政治经济文化交流的中心；钱塘时代，杭州崛起，代表了中国经济中心与经济重心彻底从北方转移到南方；太湖时代，苏锡常崛起，成为中国近代民族工商业发育的策源地；海洋时代，上海崛起，成为东北亚以及全球的经贸中心、金融中心等。而这其中，很多城市往往把自己的城市创新中心建立在"宜居宜产宜游、生产生态生活"的湿地区块上。

其中，杭州城市发展空间布局最为典型。"上有天堂，下有苏杭。"苏杭是江南"江河湖海溪"水文化的典型。我们不仅可以从"江河湖海溪"脉络，去看待杭州城市创新中心的演进迭代；还可以从杭州城市创新中心的演变，去看待苏州城市空间布局的结构。自近现代以来，杭州的城市中心最早是临"河"而起，譬如"拱桥"是商贾云集之地，"墅湖"是江南文脉的典型体现，而"拱墅"则是带有商业伦理的江南名邑和杭州早期的城市创新中心，也便构成了杭州发展的运河时代。后来是围"湖"布局，也就是杭州创新发展的西湖时代，从文化创意到金融科技，在西湖的底蕴上，得益于中国美术学院等源头、金融科技巨头的红利。再后来是拥"江"而拓，也就是杭州创新发展的滨江时代，从信息经济到数字经济，从"互联网＋"到"互联网×"，在高科技的大潮中，得益于商业模式创新与技术创新的有机结合。如今则是聚"溪"而起，也就是杭州创新发展的西溪时代，从平台经济到硬核

科技，在大科学时代将科技创新、产业组织创新等有机组合。未来一定有面"海"发展，也就是杭州创新发展的钱塘时代，即以宁波舟山港为龙头、广大钱塘江流域乃至长三角区域为腹地的海洋经济时代。

整体而言，杭州历经拱墅时代、西湖时代、滨江时代、西溪时代到钱塘时代发育，形成"江河湖海溪"多中心开发创新的空间格局、发展时序与发展脉络，核心是将地理水系的"水脉"与灵感、文化创意的"文脉"与想象力、工商流量的"动脉"和生命力以及数智科技的"脉搏"与创造力有机结合，最终走向城市经济和都市经济。当前，苏州正加快从县域经济走向城市经济、都市经济，从工业经济走向创新经济、数字经济，从外向经济走向开放经济、生态经济，需要以"江河湖海溪"为基本脉络，寻找自身的空间布局结构、发展动力结构与产业发展结构等。这其中，杭州更多的是在长江南翼、钱塘流域上做"江河湖海溪"的城市创新中心演变，但苏州能够在长江下游流域做更大尺度、范围、腹地的空间布局与发展布局。

三、以"江河湖海溪"定格苏州城市空间布局结构

整体而言，在传统经济地理条件下，哪里有交通、区位或资源，生产力布局、产业布局就流向哪里。而生产力布局、产业布局流向哪里，资本、技术、产能进而人才、市场便流向哪里。但在新经济地理条件下，哪里能将人流、物流、资金流、信息流、货物流、贸易流转化为数据流，进而转化为价值流，所有的资源配置、生产力及财富就流向哪里。"江河湖海溪"最大的意义并非将"水脉""文脉""动脉""脉搏"有机组合，而是以"水脉"汇聚工商流量的"动脉"，在科技脉搏与文化创意的带动下，将流量经济、流动经济转化为数字经济、创新经济，最终将"新地理、新文化、新科技、新经济"有机结合在一起。

以往城市建设发展过程往往遵循资本决定开发、开发决定空间、空间决定产业、产业决定发展的原则，是典型的"硬规"决定"软划"、硬件决定软件的传统思维；当前及未来，我们需要遵循发展决定产业、产业决定空间、空间决定开发、开发决定资本的原则，需要"软划"决定"硬规"、软件定义硬件。与此同时，区域发展与城市发展呈现出"创新从园区走向城市""发展从城市走向都市圈、城市群""开放从都市圈、城市群走向经济带和全球化"及"中心城市替代国家参与全球竞争"等发展趋势。因此，苏州城市空间布局结构需要围绕"江河湖海溪"，创新发展理念，优化空间布局，创新发展路径，提升发展形态，打造"水脉、文脉、动脉、脉搏"的组合拳。

（徐苏涛，北京稷量研究院）

以"现象级"金融科技创新助力苏州"功能性金融中心"建设

——苏州金融实现高质量发展的战略思考

中共苏州市委党校
中共苏州市委市情研究基地　　秦天程　李静会

从《关于推进苏州金融业高质量发展的指导意见》和《关于推进苏州金融业高质量发展的若干措施》的发布,到12个金融功能性总部和9家新设持牌金融机构落户苏州,2021年以来,苏州关于促进金融高质量发展的开创性决策部署和实践,不但对外展示了向一流城市金融能级进发的决心和魄力,而且体现了苏州针对"最强地级市"天花板的实质性破局。

苏州要建设与上海国际金融中心有良好协同增强效应的功能性金融中心,达到国内甚至国际一流城市的金融力和金融服务能级,还应利用好金融科技这一"新赛道"。其必要性有三点:首先,国内乃至全球金融中心城市无一例外地都在抢占金融科技的制高点,以获得更大的以技术赋能金融的战略空间。其次,根据2020年年初发布的《加快推进上海金融科技中心建设实施方案》,上海已在全力打造金融科技的技术研发、创新应用、产业集聚、人才汇集和标准形成的高地及监管创新试验区,金融科技的发展已走在全国前列。苏州要更好地协同上海,金融科技领域必须迈出更快的创新步伐。最后,通过金融科技可以创新市民的数字金融体验,打造包含数字人民币服务在内的数字智能金融服务领先城市。

笔者认为,在苏州金融科技的推进方面,要以实现"现象级"金融创新为核心目标,引聚金融科技功能性总部机构,促进苏州"现象级"金融平台、监管模式、品牌和金融科技企业的涌现,助力苏州的"四标杆、一中心"(指苏州将积极打造金融服务实体经济标杆城市、数字金融创新标杆城市、产业资本集聚标杆城市、金融开放合作标杆城市,努力建设成为与上海国际金融中心有良好协同增强效应的功能性金融中心)建设。总之,要以创"现象级"金融创新城市"的思维和实践,打破外界对苏州"最强地级市"的传统认知。具体建议如下。

一、吸引金融科技功能性总部机构集聚苏州

《关于推进苏州金融业高质量发展的若干措施》提出，鼓励新设"金融企业总部""一级分支机构""专营机构""专业子公司"。当前，从央行到国有六大行再到股份制商业银行，都在加快布局金融科技。几乎所有大银行都构建了以金融科技子公司为主体的金融科技创新体系，推进消费金融、普惠金融业务。笔者认为，增强金融科技能级对于引导全国资金流向与资源配置，助力打造苏州功能性金融中心将发挥越来越重要的作用。苏州后续在金融功能性总部的引聚方面，应紧密结合各大银行推进金融科技创新业务的新形势，注重引聚各大银行在苏州设立金融科技功能性总部等机构，同时做大、做强苏州本地法人金融机构的金融科技业务。

（一）推进各大行在苏州成立金融科技功能性总部，打造"现象级"平台

目前，苏州市共有"工商银行苏州科创企业金融服务中心"等 14 家金融功能性总部，但其功能以对特定客户的信贷、融资服务为主，极少有应用金融科技将业务融入普通客户的应用场景中的情况，不具备普惠金融和消费金融服务的功能。

作为全国著名的制造业基地，苏州已形成了门类齐全的产业体系，工业企业超过 16 万家，涵盖 35 个行业大类、162 个行业中类和 440 个行业小类，打造了电子信息、生物制药、高端装备、轻工家电、工程机械等重点产业，衍生出对"互联网+金融+场景"的综合化、智慧化金融服务的海量需求。并且苏州现已认定 36 家工业互联网重点平台、86 家专业服务商、110 家典型应用企业，形成了具有全国影响力的"工业互联网看苏州"品牌。另外，作为全国首批 5G 试点城市，截至 2020 年，苏州已建成 5G 基站 17 500 个，具备了领先的金融科技基础设施实力。以上城市禀赋对于争相拓展金融科技应用服务的大型金融机构来说，是比落户补贴更有吸引力的条件。

苏州应利用以上条件，争取和推动各大金融机构在苏设立金融科技研发、应用中心，在信贷和授信等传统场景基础上，进一步拓宽功能性金融涵盖的领域；或与各大银行金融科技子公司合作，搭建满足客户从支付结算到账务管理、业务管理、信息管理、用户管理等多维度需求的连接企业及个人客户的智能金融生态平台。从上海、杭州、深圳这 3 个金融科技中心城市来看，它们之所以有高显示度和高辐射力，与上海的陆金所、金融壹账通，杭州的蚂蚁金服，深圳的腾讯金融科技、联易融等"现象级"金融科技综合服务平台是分不开的。有鉴于此，苏州应加速提升金融科技能级，争取联合顶级金融机构，打造出能聚合金融科技生态产品链，服务于苏州智能制造场景的体

现苏州特色和禀赋的"现象级"平台。

（二）增强苏州法人机构的金融科技业务实力

要通过补贴或奖励等形式，促进本地更多的法人金融机构加大金融科技投入，持续提升自身的金融科技业务实力。

（三）鼓励设立苏州本地的持牌互联网金融机构

目前，由深圳微众银行和杭州网商银行领军的国内8大互联网银行分布于8个城市；以上海众安保险为首的国内4家互联网保险企业则落户上海、武汉、深圳、北京。苏州尚无互联网银行和保险企业。而互联网银行、互联网保险和第三方支付是一个地区面向客户端的金融科技服务供给实力的重要体现。

《关于推进苏州金融业高质量发展的指导意见》提出要"丰富持牌机构业态数量"，这方面，国内知名、合规的互联网金融业态也应纳入其中。应加大对由苏州企业设立或参股持牌的互联网银行、互联网保险、第三方支付、互联网基金销售、互联网信托类金融机构的支持，以扩大本地持牌金融机构的规模。

二、探索平衡监管和"现象级"金融科技创新实践的苏州新模式

目前，全国共有9个省、市90个项目获批央行金融科技创新监管试点项目，这意味着中国版"监管沙盒"不断扩容。其中，苏州获批9个，数量上仅次于北京（22个）和上海（16个），和成都、杭州并列第三（表1）。这90个项目主要针对的领域有信贷、运营管理、支付、多场景、风险监控、溯源、智能交互、身份识别、数字函证等。苏州的创新监管试点数量虽占到全国的10%，但主要集中在征信、小微信贷、风险监控等领域，智能交互场景的应用有限，尚不能更大限度满足市民对数字金融服务便民性的诉求。

表1　苏州获批的全国金融科技创新监管试点项目

序号	创新应用名称	应用类型	申请机构
1	长三角一体化智慧银行服务	金融服务	苏州农商银行
2	基于区块链的长三角征信链应用平台	科技产品	苏州企业征信服务公司、中国人民银行苏州市中心支行、苏州银行、苏州同济区块链研究院
3	基于大数据的APP风险防控产品	科技产品	江苏通付盾科技有限公司、江苏省农村信用社联合社、常熟农商银行

续表

序号	创新应用名称	应用类型	申请机构
4	基于"端管云一体化"平台的特约商户非现场管理产品	科技产品	北京中科希望软件股份有限公司、中国银联,公安部第三研究所、银联商务股份有限公司江苏分公司、中国农业银行苏州分行
5	基于大数据的供应链知识图谱分析产品	科技产品	钛镕智能科技(苏州)有限公司、苏州银行
6	基于人工智能技术的AI数字员工服务	金融服务	南京银行
7	基于区块链的辅助风控产品	科技产品	江苏省联合征信有限公司、南京数字金融产业研究院有限公司、中国农业银行南京分行、苏州同济区块链研究院
8	基于大数据知识产权评价的智能风控产品	科技产品	中知麦田(苏州)金融科技服务有限公司、中国银行苏州分行
9	基于区块链的供应链服务平台	科技产品	江苏小微云链金融科技有限公司、苏州高铁新城国有资产控股(集团)有限公司、上海银行苏州分行

为此,需要以更强有力的创新主体和更高的定位来创新金融科技监管模式,满足更大范围的数字金融消费需求和服务诉求。

(一)发挥国有金融资本在创新监管试点中的主导作用

2021年1月,苏州已发布《关于完善地方国有金融资本管理的实施意见》,在省内率先启动国有金融资本的集中统一管理工作。根据该实施意见,苏州将要设立苏州金融控股公司,进一步优化市级国有金融资本战略布局。应利用这一契机,在推动苏州金融控股公司对控股和参股金融企业股权和资源进行归集与整合的同时,对全市金融企业的监管创新试点进行顶层设计、统一部署,以国有金融资本主导创新监管试点,这不但有利于强化苏州金融控股公司统揽全市金融创新全局的职能,也有利于尽快构建起金融科技创新监管的苏州模式。

(二)探索平衡监管与创新的柔性监管思路

平衡监管与创新,并不意味着放松对金融科技产品和商业模式创新的监管,而是在明确监管底线,遵循中国人民银行《金融科技(FinTech)发展规划(2019—2021年)》所确定的在法律监管下创新、安全可控、服务实体经济等原则的前提下,重视金融科技对苏州小微企业融资、市民金融服务和数字金融发展的作用,对持牌、合规金融机构在金融产品和服务方面的创新,给予适当的柔性监管空间,以求达到最大限度支持"现象级"金融创新实践的监管效果。

三、协同上海打响苏州"首创性"的金融科技综合服务品牌

苏州以"综合金融服务平台"为特色的综合金融服务体系,通过交易撮合、引入苏州企业征信平台、设立企业自主创新金融支持中心,并实行全天候全渠道覆盖、云平台、大数据风控,在金融创新和解决企业融资难方面都取得了突出的效果,但尚未达到以人工智能等技术高层级赋能金融服务的水平。

对此,应以创建苏州金融科技服务品牌为目标,对苏州综合金融服务平台、地方征信平台和股权融资服务平台三大平台的数据资产进行集成整合,并开发聚类中小企业客户需求的高级机器学习算法模型,完善用户特征标签和企业用户画像,为中小企业提供多维度、多场景的智能匹配的信贷、股权融资服务和实时精准的智慧金融解决方案,争取将已有的"综合金融服务平台"升级为苏州首创性的"现象级"金融服务品牌。只有这样才能与上海金融科技的高速发展同步,从而更好地利用沪苏同城化的条件,提高苏州和上海金融科技服务资源合作、互补的层级,打造与上海具有更强协同效应的功能性金融中心。

四、着力培育和扶持金融科技产业链关键节点的"隐形冠军"公司

金融科技产业涵盖金融业务、技术和综合业务三大领域。金融业务包括互联网金融、第三方支付、消费金融、汽车金融、金融科技基础设施、软件/系统服务和安全服务等细分行业;技术领域包括大数据、安全技术、云计算、人工智能、区块链、银行科技等细分行业。

据中国社会科学院金融研究所2021年4月的最新测算,全国59个城市总计有50 436家金融科技企业,其中,苏州1 763家,位列北京(9 830家)、上海(6 577家)、深圳(6 222家)、广州(3 101家)、杭州(2 857家)、成都(1 937家)、南京(1 902家)之后,在全国排名第8,但大部分企业处于金融科技产业链中游,以科技融合输出的企业为主。处于金融科技产业链下游的是金融场景建设,是强金融属性;处于产业链上游的是金融科技的底层技术和基础研发,是强技术属性。因此,苏州金融科技企业的技术和金融属性均不突出。另据第四届金融科技与金融安全国际云峰会发布的《2020中国金融科技竞争力100强》榜单,北京52家企业上榜,领先全国,紧随其后的

上海、深圳、杭州三地集中了三成的百强企业。苏州仅有江苏通付盾科技 1 家公司上榜，明显缺少头部金融科技企业。

但苏州仍有提升的空间。首先，应尽早布局金融科技细分行业。上海有众多头部金融机构、交易所等基础设施及丰富的金融场景，其中，很多企业是在金融科技产业链上、中、下游具有核心凝聚力和生态主导力的"链主"企业。苏州应加强与上海金融科技基础设施及金融场景的"链主"企业的合作，通过加强协同、优势互补，争取占据较多的金融科技产业链关键节点。苏州很多半导体、智能制造、计算机基础及应用软件开发、网络安全软件及安全服务类细分行业"单项超强"公司的业务已涉及金融科技细分领域，应利用这一有利条件，从中培育一批聚焦和专注于金融科技产业链关键节点的"隐形冠军"企业。

其次，重点扶持有"现象级"金融科技创新潜力的公司。可以比照苏州独角兽企业认定或其他较高的标准给予补贴和各种扶持政策。

最后，还要加快金融科技公司在科创板上市融资的进程。据东方财富Choice终端的统计数据，截至2021年6月底，沪深股市共有各地88家主营金融科技业务的上市公司，其中，数量较多的是北京（27家）、深圳（14家）、上海（7家），而苏州仅有华软股份1家。另外，各地尚无金融科技企业在科创板上市，预计随着各地不断推进金融科技发展战略，科创板上市的金融科技公司数量将迎来快速增长，而苏州一直保持着科创板上市公司数量仅次于上海和北京、居于全国第三的优势。应争取率先实现突破，让较多的本地金融科技细分行业的"隐形冠军"公司借助科创板融资，实现持续创新成长。

五、积极打造数字人民币体验第一城

当前，苏州相城区作为数字人民币推进试点区在全国率先推出数字人民币双离线支付体验，而且，全市各大商圈也在积极铺设数字人民币消费场景端。但和微信、支付宝等第三方支付相比，数字人民币体验仍限于小众化，特定的消费场景优势没有体现出来。早在2018年，杭州的第三方支付使用者占比就高达91.5%，成为全球移动支付第一城，而深圳的第三方支付场景广度、武汉的第三方支付特色服务数量分别位列全国首位。

对此，苏州应借数字人民币试点的先机，吸引实力金融机构、互联网企业、科技企业共建数字人民币生态，加快应用场景创新，打造全国数字人民币体验第一城，以此带动苏州的"现象级"金融科技创新实践。不但要加大宣传，突出双离线支付、无痕支付、安全可回溯和法定货币权威性的优势，更为关键的是要在明确定位数字人民币"流通现金"属性和微信、支付宝的

"数字钱包"属性的基础上,从全市层面开发适用于数字人民币的差异化场景。在消费服务、生活服务场景的基础上,启动 B2B 支付结算场景,加快推进数字人民币企业级应用场景落地。同时,还要利用沪苏同城化的有利条件,将同城化乃至长三角一体化带来的苏州政务服务、医疗、社交、出行及生活消费的增量引流到数字人民币的应用场景中,将苏州数字人民币体验扩展至长三角区域更大的范围,并提升至与全国数字人民币第一城相匹配的量级。

六、建立金融科技专项研究院、实验室,突破研创瓶颈

目前,北京、上海、杭州、深圳等地都有高级别的金融科技研究院,对其金融科技构成了强大的创新策源力。这其中除了百度研究院、腾讯人工智能实验室、阿里达摩院之外,2020 年 12 月发布的《上海国际金融中心建设目标与发展建议》中明确提出建设国家金融科技发展研究中心。而深圳福田区与深圳大学也在 2021 年 7 月签约,共建深圳国际金融科技研究院。

金融科技专项研究院、实验室是一个金融中心不可或缺的生态要素,是很多"现象级"金融科技模式和实践都绕不开的创新策源地,苏州在这方面还存在较大的短板和瓶颈。为此,应大力引进国内外一流的金融科技研创机构和实验室,争取建立苏州本土金融科技研究院,提升技术驱动金融创新和应用发展的实力。

(秦天程,苏州市职业大学副教授、石湖智库研究员;李静会,中共苏州市委党校副教授)

关于推动苏州高质量建设"城市大脑"的建议

中共苏州市委党校
中共苏州市委市情研究基地　　谢盼盼　王　佳

加快建设数字经济、数字社会、数字政府，以数字化转型整体驱动生产方式、生活方式和治理方式变革，是国家"十四五"和2035年远景目标纲要的重点部署内容。"城市大脑"是以"城市生命体"理论和"互联网＋现代治理"思维，推动实现城市治理体系和治理能力现代化的数字系统和现代城市基础设施。截至2020年，全国已有数百个城市宣布建设"城市大脑"，阿里、华为、百度、腾讯、中科大脑、京东数科等数百家科技企业宣布进军"城市大脑"领域。苏州是国内较早启动"城市大脑"建设的城市，经过多年发展，在部分领域取得明显成效，但是对标先进城市，还需要强化认知思维、顶层设计，打破当前对"城市大脑"作为信息化项目、城市治理工具的传统定位，推动"城市大脑"发展成为撬动全市数字经济、数字社会、数字政府"三位一体"协同高效发展的关键支点。

一、苏州"城市大脑"全景透视：历程与成效

苏州"城市大脑"的启动和建设，起源于苏州工业园区"十三五"初期提出的"智心智脑"部署。2017年2月，苏州与阿里巴巴签订城市数据大脑建设深化合作框架协议，正式启动建设"城市大脑"（杭州于2016年正式提出"城市大脑"概念）。近年来，苏州基本建立了"一局、一中心、一公司、一协会、一基地、多生态"的大数据工作格局，综合运用人工智能、云计算等前沿数字科技构建"城市大脑"基础框架，为智慧城市建立智能中枢，用数据思维重塑治理模式，对城市治理进行全局、动态分析，优化调配公共资源，提升整体智治水平。主要表现为：一是生活服务领域，2020年11月，城市生活服务总入口"苏周到"移动客户端上线发布，日活量52万次，共接入44家单位330项服务和县级市（区）45项特色服务，已成功入选"2020智慧中国年会"数字政府特色评选50强优秀案例并荣获"政务服务"创新奖；

二是产业服务领域,升级改造法人服务总入口"苏商通","政策计算器"创新做法获国务院通报表扬;三是交通治理领域,建立交通大数据系统,开展交通事故预测、高架交通态势分析,获批江苏首个数字交通示范区;四是公共安全领域,建立公共安全数据清单和业务需求清单,推动构建对城市各类公共安全风险事件的预测、预警、预防新模式,实现全国社会治安综合治理优秀市"六连冠"。

二、苏州"城市大脑"现状研判:对比与反思

与北京、上海、深圳、杭州等城市相比,苏州的数字治理水平仍存在一定差距,与当前苏州城市经济位势、城市能级提升不相符。结合调研分析,苏州的"城市大脑"建设与数字治理发展应关注以下方面:一是发展理念待突破。苏州"城市大脑"的建设运营始终未跳出信息化项目的范畴,仅仅将"城市大脑"作为社会治理工具,存在将"数据聚合展现"和"局部决策"等同于"城市大脑"的倾向,容易出现以大屏展示系统为代表的"空脑"系统的情况。杭州等先行区域则是将"城市大脑"作为经济治理的重要载体,加速拓展"城市大脑"在产业领域的功能。二是顶层设计仍待完善。当前,全市在推进"城市大脑"工作中缺乏统筹设计,仍以条块推进为主。杭州等城市建立"城市大脑""一把手"领导组织机制,成立专班推进工作机制,同时出台"城市大脑"专项规划、管理规范、促进条例,从顶层谋划和系统推进方面强化部署。三是场景机制待确立。杭州等城市的"城市大脑"以"目录+场景"思维,建立常态化的场景"挖掘—发布—建设"机制,当前已拥有11大系统和48个应用场景,苏州"城市大脑"的应用场景工作体系尚待完善,面向企业、公众等群体的标杆性、重磅型产品不多。四是多主体治理生态体系待构建。"城市大脑"建设和数字治理涉及经济、社会全领域,以及政府、企业多主体。如杭州、北京等城市通过产业联盟、创新合伙人基金等形式联动产业界、科技界、投融资专家、民间智库等。杭州尤其重视媒体力量的介入,浙报数字文化集团股份有限公司是杭州城市大脑有限公司的创始股东便是典型事例。媒体具有与政府部门紧密联结、数据沉淀庞大、品牌运营意识突出等优势。苏州多元主体建设运营生态培育仍不够成熟。五是标准体系待确立。杭州、上海等城市加速推进"城市大脑"运行流程、技术体系标准化。苏州对内尚未形成统一规范的"城市大脑"中枢,多源异构数据缺乏统一规范的处理标准;对外缺乏争取"城市大脑"、智慧城市等相关标准制定的主动权。

三、苏州"城市大脑"创新发展：破局与革新

苏州亟待重新审视"城市大脑"的内涵属性、功能价值，建立系统性工作体系，围绕"城市大脑"建设运营过程的组织领导、保障机制、要素配置等关键点，强化顶层设计与前瞻部署，在全市形成"一把手"领导组织机制和专班推进工作机制的基础上，通过强化"城市大脑"的场景融通、生态构建、标准制定等谋划、设计和推进，践行以"深一度"认知引领"快一步"建设，以"快一步"建设支撑"高一层"发展，全面推动"城市大脑"建设与运营升维，支撑苏州打造领先水平的数字融合先导区、数字开放创新区和数字政府样板区，率先建成全国"数字化引领转型升级"标杆城市。

第一，多维度审视"城市大脑"，构建"一脑三体"的认知与架构（图1）。"一脑"即将"城市大脑"作为苏州数字化发展的中枢与总界面，实现数据的标准化、通道、权责的统筹，打破数据"信息孤岛"，打造全市纵向、横向、业务间统筹一体中枢。"三体"即城市大脑的三大功能体系（由"城市大脑"总界面进入的三大子系统，是"一网通用"支撑下的"一网通办""一网统管""一网通联"）。首先，"城市大脑"要面向数字政府的功能，加速实现"一网通办"。重点推动以数据流串联政府部门，重新定义政府职能部门之间的关系，围绕企业群众的实际需求，集成统一受理平台、统一身份认证、统一总客服、统一公共支付、统一物流快递，以及电子证照、电子印章、电子档案、市民主页等基础模块，向企业市民等提供电脑端、移动端、自助终端等多渠道政务服务，加速实现让自然人只登一个APP就能高效办成一件事；让法人只进一个入口就能办理一批事；让政务人员只用一个界面就能高效办好一类事。其次，"城市大脑"要面向数字社会的功能，加速实现"一网统管"。全面汇聚政府、事业单位、运营商、互联网等行业和领域数据，推动建立"一网统管"主题数据库，聚焦公共安全、应急管理、规划建设、城市网格化管理、交通管理、市场监管、生态环境等重点领域，优化社会公共资源配置，推动形成商业、文娱、体育、出行、旅游等高质量的民生服务数字化新模式。最后，"城市大脑"要面向数字经济的功能，加速实现"一网通联"。紧扣城市资源数字化，聚焦产业生态、创新要素、企业发展，以数据供应链为纽带，推动全要素、全产业链、全价值链的全面连接，强化经济运行的监测与预测能力，以产业链地图、创新图谱、企业群像推动构建产业协同生态。以场景构建为人工智能、大数据、云计算、区块链等数智技术创新应用提供广泛的试验场地。

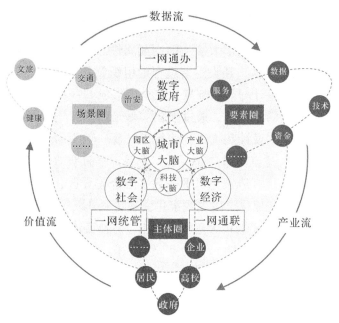

图1　苏州"城市大脑"的"一脑三体"架构

第二,多场域引爆"城市大脑",加速打造标志性场景和标杆性产品。以交通治理为基点打造一批标志性应用场景。立足苏州"城市大脑"在交通治理领域的经验,参考杭州等地"城市大脑"在交通治堵领域的经验,不断优化"知行"交通大数据资源服务平台,加强交通系统与外部互联网数据的对接和数据共享,实现数据驱动交通管理模式和服务模式的改变。建议参考北京海淀、上海浦东"城市大脑"在基层治理领域的成熟经验,以及杭州滨江区推出的首个街道平台亲清驾驶舱推动数智服务加速下沉等典型做法,不断强化苏州"城市大脑"对专业园区、未来社区、乡村数字化治理需求的响应能力,推动医疗卫生、智慧教育、文化休闲等领域实现"泛在智能"。以苏州工业园区"园区大脑"为引领,打造一批标志性产品。建议充分放大苏州工业园区"园区大脑"的引领与示范作用,在各功能区、产业园区示范推广"园区大脑"的建设运营经验,推动"园区大脑"平台多点开花、数据要素逐步打通;建议加快打造"科技大脑",在城市生活服务总入口、企业服务总入口的基础上,推出科技创新服务总入口,通过创新主体精准画像和科研数据实时追踪等,实现科技创新领域的智能化管理、精准化服务、数据化决策;建议加快打造"产业大脑",依托全市主导产业集群建设方向,将行业机理与智能治理相结合,推进产业纵向贯通与横向拓展,支撑建设一批未来工厂、数字工厂。构建"城市大脑"场景"挖掘—发布—建设"常态化机制。建议参考杭州、上海、成都等城市的做法，围绕城市治理场景需求与痛点，形成"场景清单制定及更新—场景清单发布—场景建设揭榜挂帅"的完整链条，不断为"城市大脑"的建设运营挖掘场景资源，释放场景机会，加速实现从单个场景、点上示范转向领域推广、全域数字化治理。将"城市大脑"打造成为开放创新平台的新型基础设施。建议参考北京市海淀区"城市大脑"通过搭建人工智能计算中心，百度、寒武纪、比特大陆、第四范式等人工智能算法和人工智能芯片企业的做法，围绕苏州平台经济培育方向，发挥"城市大脑"作为新基建的平台作用，鼓励"城市大脑"建设运营过程中的各类通用软件、技术、数据的开源开放，支持苏州创新创业团队、中小科技企业投身人工智能、大数据、云计算技术研发，促进数智科技成果的扩散与转化应用。

第三，多主体支撑"城市大脑"，打造"一联盟—基金—研究院—机制"的"四个一"苏州"城市大脑"多元主体生态体系。打造"城市大脑"产业科技生态联盟，建议参考浙江等省的做法，成立由政府事业单位、高等院校、科研院所、社会组织、行业企业、媒体机构等组成的"城市大脑"产业科技生态联盟，开展"城市大脑"理论和标准体系构建、建设推广咨询、产业协同创新、宣传培训普及、产业合作交流、场景应用开发等事项。设立"城市大脑"创新发展基金，建议参考北京市海淀区"城市大脑"创新合伙人基金等做法，设立"城市大脑"创新发展专项基金，重点投资人工智能、云计算、大数据、智能传感等与"城市大脑"建设运营密切关联的科技企业，以"城市大脑"创新发展基金的高效运作吸聚一批数字科技关联企业。搭建"城市大脑"研究院，建议参考杭州等城市的做法，成立苏州"城市大脑"研究院，聚焦城市数字治理的实践和理论机制研究，深入挖掘典型案例，总结和推广城市数字治理的先进理念和思想，将其打造成为"城市大脑"建设运营关键共性技术的开放式研发创新平台。确立数字治理人才培养机制，建议参考上海等城市的做法，鼓励各级领导干部不断学习数字化新知识、新本领，培养运用数字化思维解决实际问题的能力，鼓励各类学习通道增加城市数字化转型的培训内容；探索在主要部门、单位设立首席信息主管；探索举办数字尖兵技能比武竞赛，营造赶学比超、创新拼搏的工作氛围；建议参考杭州等城市的做法，支持苏州大学等本地高校开设"城市数字治理创新班"，培养城市数字治理复合交叉型人才。

第四，多层次规范"城市大脑"，构建"城市大脑"规划、规则、规范、标准等全体系。加速出台"城市大脑"专项规划、管理规范、促进条例等，建议参考杭州《杭州市城市数据大脑规划》《城市大脑建设管理规范》《杭州城市大脑赋能城市治理促进条例》，北京市海淀区《海淀城市大脑总体规划（纲要）》《海淀城市大脑建设项目管理工作规则》，合肥市《合肥市"城市大脑"建设方案（2021—2023）》等文件，综合考虑国家和江苏省的上级规划引导政策，按照"科学规划、适度超前"的理念，制定苏州"城市大脑"建设应用方案、管理推进办法等各类法规、政策文件，从加强组织领导、创新建管模式、完善资金保障、严格项目管理、规范标准支撑、夯实信息安全等维度保障"城市大脑"的建设运营。制定"城市大脑"全流程标准体系，建议参考浙江省、上海浦东新区等地的做法，例如，浙江省发布《数字化改革 公共数据分类分级指南》，从数据管理、业务应用、安全保护、数据对象四大维度对公共数据进行精准分类和标签管理，苏州须加快联合全链条参与方制定统一的数据汇聚、数据治理、数据安全原则、标准、协议等，形成数据的一致理解和统一的坐标参照系，依据统一、开放、可操作的建设标准体系与技术标准体系，指导和规范"城市大脑"的建设运营；建议参考杭州等城市的做法，摸透互联网企业的产品管控模式，建立"城市大脑"子项目、子模块的科学精准评价体系，突出注册人数及日活率、使用率、满意率等核心指标，全方位准确评价项目质量，推行实施"红黄黑榜"制度。积极参与"城市大脑"、智慧城市国家标准制定，增强数字治理的影响力与话语权，建议参考上海浦东的做法（目前浦东深入对接全国信息技术标准化技术委员会，参与编制"新型智慧城市国家标准"、启动首个"城市大脑国家标准"创立工作），依托"城市大脑"研究院等平台，鼓励本地高校、科研院所、企业积极参与国家智慧城市行业相关标准制定。

（谢盼盼、王佳，北京长城企业战略研究所）

第一篇 动能再造与苏州城市发展战略选择

关于打造娄江科创文化走廊的思考与建议

中共苏州市委党校
中共苏州市委市情研究基地   段进军 傅玖 付双双

当前,市内全域一体化已成为苏州全市上下推动区域高质量发展的理念认同,市内全域一体化需要构建科学的空间组织。科学的空间组织可以高效地组织市内全域一体化,并推动区域特色化产业创新集群的形成与发展。娄江科创文化走廊建设可以有效整合沿线科创资源、产业资源、文化资源,对于推进市内全域一体化发展具有重要意义。本文对此进行研究,提出娄江科创文化走廊建设的相关思考及建议。

进入新发展阶段,为推动高质量发展,区域空间结构将处于快速重构之中,苏州在已有东西向沪宁制造业产业带、沿江制造业带、以 G15 苏嘉杭高速(未来通苏嘉甬)为主的南北轴线基础上,进一步将重要湖泊和河流纳入区域发展的空间组织中,提出了以科创产业为主的"环太湖科创圈""吴淞江科创带"空间战略。如果说吴淞江是代表着苏州向东对接上海的方向,那么"娄江科创文化走廊"则是苏州市内全域一体化背景下推动各板块创新联动发展、融入苏州主城的重要廊道。娄江位于阳澄淀泖区域腹部,西起苏州古城娄门,沿途流经苏州市姑苏区、工业园区、昆山市和太仓市(在太仓境内称为"浏河"),全长 73.3 千米,最终由长江口汇入大海。娄江科创文化走廊建设将进一步平衡苏州市域整体空间格局,推动市内全域一体化高质量发展。

一、加快规划建设娄江沿岸快速通道、生态廊道等基础设施

建设娄江科创文化走廊,必须加快沿线快速交通等基础设施建设,增强沿线重要节点城市之间的空间可达性。目前,娄江快速路已贯通姑苏区到工业园区,但"园区—昆山""昆山—太仓"之间的快速通道尚未贯通。一是要加快规划建设沿娄江的"园区娄江快速路—G312—昆山中环—太仓 S339(苏州路)—太仓港区龙江路"的快速路通道,进一步缩短苏州城区直达太仓港的时空距离。只有建设好快速通道,才能有效地组织好沿线的重要节点,

形成强大的组织区域发展"点—轴系统",有效组织各类产业和创新资源,实现不同节点之间的区域分工,形成创新集聚效益。二是围绕娄江这条重要水道,加快沿线生态廊道建设,提升沿线生态环境和通航能力,打造美丽水道。三是加强娄江科创文化走廊与"环太湖科创圈""吴淞江科创带"及其他重要产业轴,特别是沪宁产业轴线、沿江产业轴线之间的空间可达性,健全和完善市域范围内的区域空间体系。

二、加强娄江科创文化走廊与阳澄湖经济圈、虹桥国际开放枢纽之间的联系

目前,在苏州南边规划建设"环太湖—吴淞江""一圈一带",与此相呼应,在北边可以形成娄江科创文化走廊,通过"一圈一带一廊"把重要河流和湖泊纳入区域经济发展和市内全域一体化发展的空间规划之中。围绕着"沿沪宁""沿江"两个一级产业轴线,形成两个二级产业轴线,推动市域范围内区域经济发展渐进式扩散,共同形成一个协同发展的空间体系。苏州要实现两个高质量一体化,即长三角一体化和市内全域一体化就必须要形成完善的空间体系。同时,娄江科创文化走廊要加强与虹桥国际开放枢纽的联系。在虹桥国际开放枢纽"一核两带"的功能布局中,昆山市、太仓市、相城区、工业园区四大板块正加快融入其中。

三、把娄江科创文化走廊建设成苏州的重要科创资源联结点

高水平市内全域一体化应该建立在跨区域创新资源和文化资源整合的基础上。姑苏区是苏州历史文化之核。工业园区布局了材料科学姑苏实验室、中国科学院苏州纳米技术与纳米仿生研究所等大院大所,正规划建设阳澄湖南岸创新城。昆山引育了国家超级计算中心、深时数字地球研究中心、昆山杜克大学等创新资源,正打造阳澄湖两岸科创中心。太仓集聚了西北工业大学、西交利物浦、上海硅酸盐所等高教科研机构,正全力推进娄江新城科教创新区建设。在娄江科创文化走廊中,昆山、太仓已提出要统筹两地科创资源优势,提升昆太协同创新发展质效,统筹发挥昆太两地大学等科创资源,共同探索建设娄江创新廊,加快打造昆太环大学科创生态圈。昆山、太仓合作已经走在苏州市内全域一体化的前列,在规划、交通、产业、创新、生态和社会治理等方面已经建立了合作的系统性框架。有效整合科创教育资源,充分发挥科创文化资源的整体效应和溢出效应,这对于高水平市内全域一体化,特别是建立具有区域特色的产业创新集群具有重要意义。娄江科创文化

走廊建设应从推动两两板块之间合作，走向市域内多个板块之间的互动多维合作。

四、发挥娄江科创文化走廊的产业互补性，特别是要推动不同板块之间产业链的深度融合

目前，昆山与太仓产业合作势头良好。太仓市科技产业园内的优质企业密布、创新活力迸发，与昆山市光电产业园接壤，先后引进了数十个昆太合作产业项目，两地携手建立昆太产业联盟，积极拓展重点产业领域的产业链合作，为其他板块树立了一个良好的典范。娄江科创文化走廊沿线在产业合作方面具有巨大的潜在空间，例如，园区生物医药产业发展国内领先，集聚了信达生物、亚盛医药等创新药头部企业，太仓生物医药产业近年发展迅速，集聚了昭衍、奕瑞影像、赛业生物等医药服务外包合同研究组织、医疗器械、生物材料等细分领域"专精特新"企业，两地生物医药产业之间存在一定梯度，分工协作、错位发展，具有很大合作空间。再如，航空产业如何在太仓、昆山及苏州工业园区之间形成合理分工，这些都需要在合作中发挥彼此优势。围绕电子信息、装备制造、生物医药、先进材料四大主导产业，板块与板块之间根据不同资源禀赋，在产业链上下游、不同细分领域优势互补，促进产业链深度融合，加速形成"搬不走、压不垮、拆不散"的产业创新集群。

五、把娄江科创文化走廊打造成为新时代苏州对外开放的重要文化走廊

开放包容是苏州文化最深厚的基因。600多年前，郑和在浏河起锚，七下西洋，开辟了中国对外开放史上崭新的一页；600年后的今天，苏州依然是中国外向型经济最活跃的地区之一。娄江是一条流淌的文化长河，是一条由过去、现在与未来连接起来的历史之河、开放之河，始于古城娄门，流经苏州工业园区、昆山、太仓，沿途不乏园林、草鞋山遗址、昆曲、娄东画派等诸多历史文化符号，串起了苏州工业园区中新合作、昆山两岸产业合作、太仓中德合作等苏州开放型经济最重要的标识与名片，实现了苏州历史文化与现代开放文化的最佳融合。进入新发展阶段，苏州仍要坚定不移地推进开放型经济发展，奋力将娄江科创文化走廊建设成为新时代对外开放和实施"双循环战略"的重要文化走廊。

六、凸显娄江科创文化走廊"一核""一港"的重要作用

在娄江科创文化走廊建设过程中,要高度重视姑苏区的历史文化核心作用。在工业化时代,姑苏区由于空间所限,导致了其在经济发展中处于劣势,但是进入后工业化社会阶段,姑苏区的文化核心地位是任何板块都无法取代的。当文化在社会经济生活中发挥越来越重要的作用时,姑苏区必须要有效发挥自身的文化核心地位,按照"一中心""两高地""一典范"的要求,加强对外开放,从更大空间格局中谋划文化核心功能和市域范围内的功能定位,增强各板块融入主城、融入市内全域一体化的向心力。娄江科创文化走廊建设无疑为姑苏区的开放发展提供了重大机遇,要在开放中集聚更多高端要素,推动数字经济时代文化产业创新集群大发展。太仓是苏州对外开放的战略门户。太仓港区拥有独特区位优势和港口资源,苏州市委、市政府正高起点谋划苏州港改革创新发展,港口和航运服务业发展对提升苏州城市能级具有关键作用。太仓要充分发挥港口优势,把港产城一体化作为城市发展第一战略,做好"接轨上海、融入主城、联动周边"的文章,加强太仓港区与苏州乃至长三角腹地区域水运、公路、铁路系统等集疏运体系建设,整体优化货物运输网络,通过港口发展带动金融、研发、物贸等现代生产性服务业的发展。娄江新城的开发建设将加强港口与主城的联动,集聚创新资源,把港口与城市、产业有机融合起来,打造娄江科创文化走廊的重要增长极。

娄江科创文化走廊是苏州由"运河时代"到"长江时代"再到"海洋时代"的重要文化廊道、交通廊道、生态廊道、产业廊道、科创廊道,加快建设娄江科创文化走廊,将更好地融合全市科技创新和产业创新集群布局,对于苏州市内全域一体化和高水平对外开放具有重大意义和作用。

[段进军,苏州大学东吴智库执行院长、东吴商学院教授、博士生导师、中共苏州市委市情研究基地特聘专家;傅玖,太仓市人民政府副市长(挂职);付双双,苏州大学档案馆研究馆员]

创新金融供给 厚植"苏州制造"

中共苏州市委党校
中共苏州市委市情研究基地   谭燊

经济是肌体,金融是血脉,两者共生共荣。作为经济大市、制造强市,苏州一直以来注重发挥金融对实体经济的"活血"作用,持续推动金融业蓬勃发展,全市制造业发展底盘牢固、稳中向好。但纵观宏观经济发展新形势、新要求,结合实际,客观上来说,苏州制造业面临着价值链提升、数字化转型、低碳化发展、结构化调整等压力,需要进一步聚焦重点领域、重点方向、重点环节,创新金融支持模式,强化金融支持力度,提升金融支持效率。本文主要基于苏州金融服务制造业发展的既有做法,结合今后一段时期苏州明确的产业发展方向与诉求,研究当前金融服务供给的瓶颈与不足,从而提出金融更好地服务"苏州制造"高质量发展的思路建议。

一、金融服务苏州制造业发展的既有成效

近年来,苏州深入实施金融服务实体经济融资畅通工程,推出系列创新举措,金融对全市经济发展的服务支撑能力持续增强。

(一)制造业贷款规模持续增长

受贸易摩擦及疫情影响,2018年以来我国整体经济下行,但受益于金融逆周期调节政策,苏州制造业本外币贷款规模呈现逆势增长。2020年,制造业贷款增量占全部贷款增量的18.83%,创近10年来新高。2021年6月末,制造业贷款余额为6 305.15亿元,较2018年年末增长了1 546.49亿元,增长率为32.50%。2021年6月末,苏州占全省制造业贷款余额比例达30.64%,居全省第一。

(二)制造业贷款结构持续优化

期限上,投放于制造业的中长期本外币贷款增长较快,对支撑制造业长期平稳发展起到了积极作用。2020年年末,全市中长期本外币制造业贷款余

额为 1 104.3 亿元，较 2018 年年末增长了 444.54 亿元，年均增长率为 29.38%。2022 年以来，截至 9 月末，制造业中长期贷款较年初增长 23.13%，高于各项贷款增速 10.48 个百分点。对象上，大中小微企业贷款均有所增加，小微企业贷款增长迅猛。2020 年年末，全市小微企业贷款余额 9 341 亿元，小微企业有贷户数达 4.32 万，较"十二五"期末分别增长 63% 和 90.3%。类型上，信用贷款投放力度加大，截至 2022 年 9 月末，全市制造业信用贷款较年初增长 24.57%，高于各项贷款 11.93 个百分点，占制造业贷款 23.02%。

（三）制造业融资效率持续提升

重点打造综合金融服务、股权融资服务和地方企业征信"三大平台"，成功获批全国首个小微企业数字征信实验区，有效缓解企业信用信息分散和融资对接"缺渠道"的问题，形成有苏州特色的金融服务品牌。直接融资渠道更加宽广。2020 年年末，全市共有境内外上市公司 181 家，较"十二五"末期大幅增加了 81 家，其中 A 股上市公司数量位列全国第五；科创板上市公司数量位列全国第三。"十三五"期间，企业通过首次公开募股、上市公司再融资、新三板融资、发行公司债等方式从资本市场募集资金 4 571.3 亿元，规模为"十二五"期间的 5 倍左右。

（四）制造业金融服务模式更新

创新制定"信用贷""信保贷""投贷联动""首贷""联合授信"五项新政，有效破解扶持政策不精准的问题。积极引导银行机构搭建供应链金融服务平台，筛选建立上下游重点企业白名单，围绕关键产业链开展金融服务。截至 2022 年 5 月末，辖内主要银行机构通过供应链金融模式为 7 424 家产业链企业提供了融资，用信余额 559.97 亿元，较年初增加了 22.16%，较 2020 年年初增加了 1.71 倍。其中，核心企业 944 家，用信余额 351.08 亿元，占比 62.7%；上下游企业 6 480 家，用信余额 208.89 亿元，占比 37.3%。

二、现存困难与问题分析

当前，苏州金融服务制造业虽然取得了一些显著成绩，但是，与国内重点城市的金融发展水平相比、与更好地服务经济社会发展目标相比，亟待疏通服务制造业上的堵点、难点，实现金融和制造业协同发展、相互促进。

（一）地方金融产业规模不大

近年来，苏州金融业增加值规模和比重均有所提高，2020 年实现增加值 1 770.4 亿元，占地区生产总值的比重达 8.8%。但是，与我国大中城市相比，苏州整体仍处于较低水平。例如，规模实力排名前三的北京、上海、深圳分别实现金融业增加值7 188亿元、7 166.26亿元和4 189.6亿元，苏州位居10名开外；三地金融业增加值占比分别高出苏州11个百分点、9.72个百分点和7个百分点。具体到金融机构，苏州本土法人金融机构规模相对偏小，缺乏全国影响力，存在公募基金、财产保险公司等牌照空缺的状况。这些都与苏州经济总量、工业总产值的发展能级不匹配，亟待加快补齐金融产业规模实力短板。

（二）金融市场利用层次有限

产业升级与创新转型需要巨大的投入，仅仅靠大型银行的中长期贷款解决不了当前多数制造业企业自筹资金的困境，需要更多的机构投入和丰富的金融产品。近年来，苏州大力推动更多优质企业对接多层次资本市场，帮助企业运用直接融资实现高质量发展。但是，自2020年以来，股市持续下跌，股权质押融资风险显现，直接融资渠道存在障碍。2020年前三季度，苏州非金融企业境内股票现金融资额仅为34.21亿元，远低于南京的178.06亿元和无锡的60.91亿元。在公司债方面，2022年上半年，38家苏州企业发行公司债募集资金306.45亿元，远远低于上海企业募资的1 434亿元。

（三）金融产品供求匹配滞后

随着智能化转型步伐的加快，制造业呈现出科技含量高、专业性质强、技术迭代快等特点，这对金融创新和信用体制提出了更高要求。此外，制造业行业分类精细化、专业化程度越来越高，技术风险的评估和认定难度大。相较而言，苏州在支持制造业发展中仍然存在贷款增长缓慢、期限结构不合理、过度依赖担保等问题，双方信息不对称。特别是在新形势下，传统制造业能耗大、效益低、产能过剩等问题凸显，金融机构信贷投放意愿不高，一定程度上制约着相关传统产业的转型升级。同时，面对新兴制造业带给金融机构的监管压力，苏州缺乏应对新业态发展的专业化、高端化金融人才，对制造业相关行业前景、发展动态等方面的把握能力较弱。

（四）金融风险防范存在隐忧

国际贸易环境变化仍是苏州制造业面临的主要不确定因素。近年来，中美贸易摩擦背景下加征关税的企业清单直指制造业中高端产品，波及苏州多家高技术含量、高附加值的制造业企业，部分银行对信贷支持存在一定的忧虑。此外，疫情全球蔓延背景下大量订单的回流，致使苏州制造业在部分领域阶段性繁荣，后续可能会面临一定的不确定性，对银行业精准支持制造业发展提出了新的考验。同时，受国际大宗商品价格上涨的影响，叠加缺少芯片、缺少集装箱等问题，制造企业发展面临诸多不确定性，存在实体经济积累的深层次风险逐步向金融领域传导的可能。

三、先进经验借鉴分析

纵观国内外先进地区发展，金融服务制造业的模式正在从传统融资服务加速向全面支持创新发展转变。要积极借鉴创新机制，吸收有益经验，为提升苏州金融服务的供给水平助力。

（一）解决痛点环节

如何创新提升制造业企业融资效率？资金使用效率对于制造业企业尤其是中小企业起到关键性作用。很多制造业企业应收账款数量巨大，应收/应付账款占企业流动资产的比例上升，严重影响了企业的效益和运行效率，已经成为企业的沉重负担，成为困扰企业发展的融资难题。C2FO 是全球最大的 B2B 运营资金平台。目前，来自美洲、欧洲、印度和亚太地区 173 个国家不同行业的公司都在使用 C2FO，平台为全球超过 38 万家供应商与企业在关于营运资金和现金流问题上进行配对，已累计成交了 1 540 亿营运资金。具体做法是，C2FO 平台与核心企业合作，让买卖双方的应付或应收账款在最大化双方利率的前提下进行加速提前支付。这样既可以满足核心企业应付账款折扣收益，又可以帮助供应商提前回款，解决短期现金融资问题，从源头上释放资金流动性。

（二）鼓励引导环节

如何提高重点产业与金融支持的匹配度？湖北省推出重点产业链金融链长制，旨在更好地实现金融惠企政策与重点产业链融资需求的高效对接。具体做法包括：一是由中国人民银行、经济和信息化委员会等产业主管部门分别确定金融链长单位和重点产业链企业名单，推动金融链长制与重点产业链实现链链对接、"一链一策"，形成覆盖产业链核心企业和上下游小微企业的综合金融服务方案，有效满足重点产业链发展金融服务需求。二是由地方金融监管部门推动地方产业信用信息平台建设，推进全产业链企业信用信息共享和信用增进，为金融机构开展金融服务提供数据支撑。三是依托产业链的交易数据、资金流和物流信息，充分运用大数据、区块链等金融科技，创新金融产品和服务，加强政策帮扶和信用培植，着力缓解一批产业链企业融资难问题。此外，协同中国银行保险监督管理委员会、金融机构等多部门、单位，定期接受重点产业链企业的金融服务诉求，支持建设金融服务绿色通道，及时响应企业需求。

（三）成长成熟环节

如何助力服务企业上市"最后一公里"？2019 年科创板开市后，上海推出"浦江之光"行动，旨在发挥资本市场的作用，为科创企业打造全生命周期的金融服务链条，构筑一流的投融资生态体系。具体做法为：通过搭建科创企业库、政策工具库来服务企业孵化培育、改制上市、并购重组三个关键环节，集聚金融市场、股权投资、长期资金、中介机构四类资本要素，为发展潜力大、带动作用强、成长性高的科创企业提供金融支持和优质上市资源。其中，科创企业库聚焦集成电路、人工智能、生物医药等领域，筛选后纳入上海市高新技术企业，并根据成熟条件将企业划分为重点培育对象、对接服务对象等。企业只要进入科创企业库，就能享受政策工具库中融资、补贴等资源的全方位支持。

四、金融服务"苏州制造"高质量发展的路径探索

苏州市第十三次党代会鲜明提出，要全力打响"苏州制造"品牌，加快构建现代产业体系。未来要结合苏州市产业发展方向与诉求，持续深化金融与产业的融合，着力推进金融资源与产业规划、科创需求有效衔接，逐步形成产业带动金融发展、金融反哺产业做强的良性循环。

（一）聚焦产业本源，改革发力，提升地方金融综合发展能级

金融实力与实体经济能级、结构的匹配，是金融支持苏州产业高质量发展的内在要求。随着"苏州制造"向高端化发展，亟须加快补齐本地金融机构规模短板，不断升级金融服务供给，从而更好地契合产业不同发展阶段的不同需求。要积极引进中央管理企业、外资等战略投资者，输入资本与管理力量，助力做强地方法人金融机构，实现经营管理水平和盈利能力的"双跃升"。主动对接符合条件的金融资本、产业资本和社会资本，发起设立法人金融机构总部，加快填补公募基金、财产保险公司等金融牌照空白，培育引进更多风险投资基金、私募股权基金等机构。优化金融人才引进集聚机制，提升金融人才发展吸引力。

（二）聚焦重点领域，重点发力，推动金融更好地服务"苏州制造"集群化发展

苏州市"十四五"工业发展规划明确将聚力打造生物医药和高端医疗器

械、航空航天、高端装备制造、新能源等 11 个先进制造业集群。要加快引导金融机构创新产品和服务,为重点产业发展提供高质量金融支持,高效助力强链、补链、固链,提升产业链的现代化水平。充分发挥产业投资基金的引导和放大作用,带动更多社会资本投向鼓励发展的重点领域。结合重点产业链长制政策基础,探索配套实施金融链长制,深入分析对口产业链的融资需求状况,研究推出覆盖生产、加工、贸易等全产业链的定制化金融服务集成方案。梳理战略性新兴产业、高新技术产业等领域的企业名单,主动加强对接服务,指导对重点产业链企业建立金融服务绿色通道,协调解决相关企业融资需求。

(三)聚焦转型需求,精准发力,推动金融更好地服务"苏州制造"动能转换

数字化、绿色化发展是推动制造业转型升级的必由之路。要支持金融机构围绕制造企业的智能化改造和数字化转型需求,加快落实专项贷款贴息等政策,促进综合金融服务平台上线更多服务智改技改的创新产品。推广"融资租赁"模式,支持融资租赁公司发展直接租赁、售后回租等业务,降低制造企业设备更新升级门槛。同时,支持绿色金融创新,鼓励金融机构对减排降耗项目给予多元化融资支持,重点为满足绿色转型、绿色科创、绿色制造融资需求的企业制订解决方案,推进绿色制造体系建设。积极争创国家绿色金融改革创新试验区,引导金融和实体经济开展绿色投融资活动,加速推动产业低碳转型。

(四)聚焦创新蓄势,集成发力,推动金融更好地服务"苏州制造"发展突破

创新始终是产业发展的核心竞争力。要借鉴上海经验,搭建金融政策工具库,为苏州的创新型企业打造全生命周期的金融服务链条,真正让苏州成为"创业者乐园、创新者天堂"。在企业的发展初创期,重点激发股权投资尤其是风险投资的作用,发挥苏州的天使投资基金功能,鼓励带动更多社会资本和风险资本投向种子期的科创企业。在企业的发展成长期,重点在提供综合性金融服务上下功夫,解决企业在技术攻关、自主创新方面的资金需求。支持各类金融机构开发运用投贷联动、股债结合、知识产权质押融资、知识产权证券化等新型融资服务模式。更好地发挥保险保障作用,探索推广"三首"(首台套、首批次、首版次)保险、专利综合保险等科技类保险产品。在企业的发展成熟期,重点加大直接融资支持力度。加强与中国证券监督管理

委员会、上海证券交易所、深圳证券交易所、北京证券交易所的对接合作，分类培育上市后备企业，推动专精特新"小巨人"、独角兽、瞪羚企业等优质企业在科创板、创业板挂牌上市。此外，要依托人工智能、大数据、云计算、区块链、5G等前沿技术，推动金融与科技的联动发展。加强金融科技场景应用，促进金融科技产业集聚，营造良好的金融科技发展环境。

（五）聚焦企业诉求，多元发力，推动金融更好地服务"苏州制造"关键主体

龙头、"链主"企业更多地需要解决资金的"质"和"速"问题，中小企业则需要重点解决资金的"有"和"量"问题。要加快发展、灵活运用产业链和供应链金融，精准有效地对接不同企业融资需求。鼓励金融机构依托制造业产业链核心企业，积极开展仓单质押贷款、应收账款质押贷款、票据贴现、保付代理、国际国内信用证等各种形式的产业链金融业务。鼓励制造业核心企业、金融机构与中国人民银行应收账款融资服务平台进行对接，开发全流程、高效率的线上应收账款融资模式，引导优质制造业企业通过发行公司债、企业债券等方式融入低成本、长期限的资金。探索引进C2FO等专业资金运营平台，针对供应链产业链上的中小企业，创新融资产品供给，有效缓解链上企业的融资难问题，切实降低融资成本。

（谭桨，苏州市政府研究室副主任）

关于苏州加快集聚重大平台型企业（机构）的建议

中共苏州市委党校
中共苏州市委市情研究基地　　王子铭　刘小红

近年来，我国平台经济快速发展，在经济社会发展全局中的地位和作用日益凸显。2021年3月，习近平总书记在中央财经委员会第九次会议上强调："我国平台经济发展正处在关键时期，要着眼长远、兼顾当前，补齐短板、强化弱项，营造创新环境，解决突出矛盾和问题，推动平台经济规范健康持续发展。"①当前，苏州正处于推动平台企业发展进入加速起势、奋力蓄势、抓紧成势的关键阶段，在工业互联网、生物医药、新材料、先进制造、电子商务、文创旅游、科技创新、生产性服务和公共服务等领域汇聚平台企业400余家②，其中约10%成为爆发成长的新物种③；成功与360、腾讯、阿里巴巴、华为、中软国际、喜马拉雅、京东、中国交通建设股份有限公司等签约合作。但相较于先进城市，如北京积极构筑"总部+互联网+金融"平台，上海重点规划"大网络、大平台、大产业"格局，杭州聚力建设"运营中心+结算中心+创新中心"，深圳精心打造"5G+智能+数字"创新发展集聚区，苏州平台经济起步较晚、本土平台企业总体实力不强、平台生态仍处于建设发育期，尚未充分发挥出对经济转型和城市创新发展的促进作用。

因此，站在"十四五"开局和GDP突破2万亿元的新起点上，苏州的战略选择是：应将平台化作为引领数字化发展、支撑高质量发展的核心抓手，坚持整体谋划，打造苏州"1+3"平台集群——以数字基建平台支撑苏州创

---

① 习近平：《推动平台经济规范健康持续发展 把碳达峰碳中和纳入生态文明建设整体布局》，《人民日报》2021年3月16日，第1版。

② 数据来源：苏州市已公开认定为平台企业的历年榜单，包括江苏省平台经济"百千万"工程重点企业认定名单，江苏省工业互联网发展示范企业名单，江苏省中小企业公共服务示范平台认定名单，苏州市平台经济示范企业和平台特色基地名单，苏州市工业互联网重点平台、专业服务商和典型应用企业名单。

③ 数据来源：《国家高新区瞪羚企业年度发展报告2020》《2021年中国独角兽企业研究报告》《2021中国潜在独角兽企业研究报告》。

新生态繁荣，以科技创新平台赋能引领苏州经济转型升级，以生产流通平台构建苏州现代化经济体系，以场景服务平台抢占数字经济新赛道，培育并做大做强一批科技含金量高、创新能力强、国际竞争力强的具有全球资源配置功能的重大平台企业，为苏州创造与姑苏文化赋能，在"双循环"新发展格局中发挥重要枢纽作用，为"最美窗口"建设助力。（图1）具体建议如下。

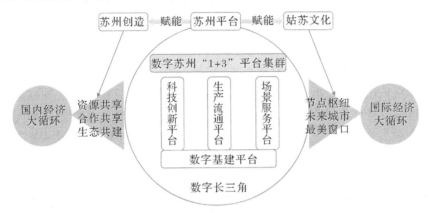

图1 "苏州平台"发展战略定位

一、聚焦"五大领域"，布局平台经济发展重点

（一）聚焦大宗商品现货交易领域

根据平台企业集聚性和产业生态规律，聚焦能源产品、基本工业原料和大宗农产品等领域，规划建设一批具有引领带动作用的平台项目。依托苏州产业集群和特色园区，着力在化工、纺织、冶金、建材、机械、电子等优势产业领域，打造一批集信息发布、交易支付、售后服务、品牌推广等功能为一体的跨区域商品现货交易平台，把传统产业集聚区打造成具有现代信息经济特色的平台经济集聚区。

（二）聚焦智能制造领域

以智能科技、生物医药、新能源新材料、第三代半导体、人工智能等新动能产业和航空航天、装备制造、汽车等产业为重点，着力推动智能工厂、厂联网和机联网等试点，形成一批专业性强、服务性高的潜在万亿级新型创新平台。鼓励本土企业积极推进数据中心芯片的进口替代，创新提升工业软件、网络协议等基础软件自主化，抢先布局GPU和云端AI专用芯片、网络安全、无人驾驶等新赛道，推进量子科技、生物计算、生命科学等领域的基础研究和产业化，全面提升苏州平台型企业的自主创新、技术供给、成果转化能力。

（三）聚焦新兴消费领域

重点关注旅游休闲消费、体育文化消费、信息服务消费等新兴消费领域，建设具有针对性、满足大众需求的服务平台。加强电子商务、信息技术等在文化创意、休闲娱乐、新型旅游、线上教育、现代医疗以及智能家居等方面的应用，支持数字影视、数字音乐、网络艺术品、动漫游戏等利用电子商务开拓市场，助力发展数字社区、数字文创、数字民生，培育壮大一批区域性和行业性新兴消费服务平台。

（四）聚焦互联网金融领域

积极依托苏州金融总部、技术、人才资源优势，打造综合性互联网金融集聚区。支持"东吴在线"等苏州互联网金融平台建设，打造国内领先的互联网金融服务平台。设立市级"新基建产业投资引导母基金"，探索适用于平台企业的政府专项债券、政府和社会资本合作（PPP）模式，积极争取互联网数据中心（IDC）型不动产投资信托基金（Real Estate Investment Trust, REITs）等新型金融工具试点①，着力构建具有网上支付、保险、融资和创投等多种功能的金融服务平台。

（五）聚焦跨境电子商务领域

充分发挥苏州作为全国跨境电子商务首批试点地区的政策优势，加快跨境电子商务集聚区建设。推动外贸企业平台化发展，大力发展服务贸易、离岸贸易、数字贸易、跨境电商、海外仓等新型贸易形态，整合交易中介、金融支付、法律协助、供应链管理、商业保理、信息咨询等多种服务功能，壮大一批跨境电商平台、数字贸易平台型企业和服务机构，建设面向全球产业链协作的跨境电子商务平台。

二、实施外引内育"四大工程"，增强平台经济载体功能

（一）实施"重大企业培育"工程

着眼于提升现有平台发展能级和水平，结合江苏省互联网平台经济"百千万"工程等实施方案，规划实施重点平台企业培育计划。围绕科技成果的转移转化、中试产业服务平台、科技金融及科技创新治理等关键领域，积极挖掘和培育高新技术企业、独角兽企业、专精特新"小巨人"企业等平台企

---

① 2020年4月30日，中国证监会、国家发展改革委联合发布《关于推进基础设施领域不动产投资信托基金（REITs）试点相关工作的通知》，2021年6月21日，首批9只公募型REITs在沪深两市公开上市，其中包括东吴苏州工业园区产业园封闭式基础设施证券投资基金。

业，支持其持续提升数字化、网络化、智能化水平。建设运营好全国首个先进技术成果转化中心和孵化基地，打造先进技术成果转化首选地、首发地。建设"苏州市重大平台型企业培育库"，通过持续的分类指导、个性帮扶和精准服务，努力培育一批不同行业、不同领域的龙头平台企业，壮大创新型领军平台企业集群。

（二）实施"特色品牌升级"工程

结合"苏州制造""江南文化"两大特色品牌，聚焦苏州市重点产业和战略性新兴产业，制定苏州市高成长创新型培育企业遴选评价标准体系，形成"创新型成长企业—高成长创新型企业—重大平台型企业"的全链条培育模式。围绕品牌创建、开发和运营，培育一批拥有核心关键技术及自主品牌的平台企业。针对性提升苏州特色平台的信息化、网络化、数字化水平，大力支持布瑞克、智慧芽、苏桥生物等本土特色化平台企业通过不断创新应用场景做大、做强，借力城市场景机会清单加速区域扩张。

（三）实施"知名企业引进"工程

创新平台招引方式，用足自贸区、开放数据和应用场景等优惠政策，综合运用场景机会供给、公共数据开放、政企联合共治等多种模式，吸引电子商务、智慧物流、互联网教育、互联网医疗、互联网金融、互联网文体等领域的头部平台企业来苏拓展业务，尽快构建基于苏州优势、具有引领作用的全球产业链核心节点。加强同国内外知名平台企业的对接，全力引进一批行业龙头旗舰型平台企业和基地型项目，依托现有集聚区优势和产业链关系，集聚一批国际一流的平台企业总部，拓宽平台经济发展空间。

（四）实施"领军平台合作"工程

实施"新研发平台开放创新计划"，以创新券、创新积分等方式，吸引各类领军型平台企业和机构建设协同研发云平台、科研条件开放平台、共性开发平台、技术开源社区、研发众包平台等开放式科创平台，支持科技联盟等社会力量搭建面向全球的科研社交网站、科学家社区、国际交流合作平台等枢纽型科创平台。瞄准材料科学、先进计算等优势领域，积极争创国家重点实验室。梳理公布"苏州基础研究与技术攻关需求清单"，吸引国内外高校院所和科技领军企业等来苏建设国家重点实验室、技术创新中心、工程技术中心等重大科技创新平台，共同打造科技战略力量。

三、夯实"四大支撑"体系建设，聚合平台经济发展要素

（一）夯实"政策支撑"

充分用好各级政府对平台经济的扶持政策，在财政税收、土地利用等方

面给予支持,打好政策组合拳。采取"一企一策""一事一议"等方式重点扶持具有发展潜力的平台企业,推动相关产业链"建链、补链、强链"。增加现代服务业引导资金、战略性新兴产业发展专项资金等支持,综合运用"揭榜挂帅""以赛代评""以投代评"等机制,对产业带动性强、潜力大的平台企业、平台经济示范项目、新培育的平台经济集聚区予以激励。建立健全市场准入制度、公平竞争审查制度、公平竞争监管制度,建立全方位、多层次、立体化的监管体系,保证平台经济持续健康发展。

(二)夯实"人才支撑"

立足平台经济的人才需求方向,制定更加侧重于实战性、创新性和综合性的人才培养政策,对不同层次院校的平台经济人才培养目标设置、培养途径与方式等给予分类指导。开展互联网、人工智能、大数据等领域的岗位技能培训和实践训练,提高学生及从业人员的专业能力。支持平台企业引进具有引领性、原创性、突破性技术的国际国内顶尖复合型人才,高质量办好"精英周""赢在苏州"创客大赛等活动,规划建设一批高品质国际创新社区、特色人才街区,完善高端人才服务机制,建立适合特殊产业特性的人才标准,加强对创新人才的奖励,构建更具吸引力的人才政策体系。

(三)夯实"金融支撑"

鼓励金融机构针对平台企业特点,创新发展适应平台企业融资需求的金融产品和服务方式。在风险可控、商业可持续的前提下,开展知识产权质押融资、企业圈融资、产业链融资、商业圈融资等创新实践。鼓励相关产业投资基金、创业投资基金、社会风险投资、股权投资基金对处于种子期和初创期的平台企业给予支持。搭建政府、银行与企业的合作平台,研究建立产融对接新模式,支持创新型、成长型平台企业以多种途径上市融资。

(四)夯实"专业配套服务支撑"

加快建设宽带、融合、泛在、共享、安全的新一代信息基础设施体系。建设全市统一大数据平台,推动大数据、人工智能、云计算、物联网等数据开放共享和融合发展,强化数据采集、处理、分析、可视化、增值等能力。设立"苏州场景创新促进中心",为数字科技企业提供场景创意打磨、场景资源链接、场景方案策划等服务,营造包容试错、开放创新的创新创业生态。培育和引进一批与平台经济发展相配套的策划、培训、信用、检测、认证等服务机构,形成便捷高效的第三方服务体系。

(王子铭,中共太仓市委党校;刘小红,中共苏州市委党校)

产业创新集群建设与苏州经济高质量发展

以产业创新集群推动苏州发展的几点建议

中共苏州市委党校
中共苏州市委市情研究基地　段进军　玄泽源

2022年,苏州新年第一会确定以"数字经济时代产业创新集群发展"为主题,这预示着苏州的发展进入一个全新阶段。新阶段的重要标志就是由廉价要素推动的发展阶段步入以创新为第一推动力的发展阶段,即由产业集聚的发展阶段步入产业创新集群的发展阶段。在第一个阶段,各个地方政府压低土地等生产要素价格,通过政策优势、招商引资等,形成附加值较低的制造业或制造环节的产业集聚,以此推动经济社会的快速发展。进入新阶段,产业创新集群的发展是区域发展的重要目标。只有发展特色化的产业创新集群,才能集聚域内外创新资源,发挥各区域比较优势,深度参与长三角一体化进程,提升苏州在长三角区域中的战略地位,也才能进一步推进开放型经济的高质量发展。为此,本文以产业创新集群为切入点,提出推动苏州发展的几点建议。

第一,围绕产业创新集群的发展,推进市域统筹发展。产业创新集群是统筹市域发展的重要突破口,是推进苏州经济社会发展的重要抓手。从产业集聚到产业创新集群是苏州发展进入新阶段的重要标志。在产业集聚阶段,主要依靠成本优势、招商引资、重复建设、同构竞争实现的市域统筹发展只能是低水平的,很难形成各大板块的协同发展,也难以实现市域范围内科学的产业分工。但进入产业创新集群发展阶段后,主要依靠创新推动,各大板块进入差异化竞争阶段,要超越简单的要素成本竞争,围绕产业创新集群的差异化发展,各大板块要根据自身优势,着眼于未来,制订符合自身优势的产业创新集群行动计划和实施方案,推进产业创新集群生态系统的形成,实现特色化发展。苏州市政府要通过各项政策加强引导,实现市域范围内的高水平统筹发展。

第二,围绕产业创新集群的发展,提升苏州中心城市的首位度。过去,苏州的发展模式一直被称为"小马拉大车",县域经济比较发达,中心城市的发展比较慢。统筹市域发展,必须提升苏州中心城市的首位度。进入新发展阶段,可以看到中心城市的地位逐步提高,中心城市在集聚创新要素,特别是人才要素方面具有得天独厚的优势。如何顺应这样的发展趋势,提升中心城市的首位度,对于苏州统筹市域发展具有重大的现实意义。尽管这些年苏州中心城市的地位有所提升,但相对国内其他城市的首位度来说还是比较低的。根据2020年的数据计算,即以中心城市的GDP占整个市域的GDP百分比来看,苏州是47%,杭州是94%,成都是86%,宁波是63%,合肥是68%。当然,提升中心城市的首位度不仅仅是依靠简单的行政区划调整来扩大城市规模,更重要的是依靠中心城市对高端创新要素的集聚性,建立产业创新生态系统,推动中心城市能级的提升。因此,以发展产业创新集群为突破口,集聚一些创新型企业、新型研发机构、高校、研究院(所)、科研中介、咨询服务公司、金融和法律机构等,形成产业创新生态系统,这是提升中心城市首位度和城市能级的重要选择。为此,要大力发挥苏州工业园区经济中心的作用,加强工业园区与相城区、吴中区的合作,这对于提升中心城市的首位度具有重要的作用。考虑市域不同区域板块之间的产业分工,这些年中心城市的一些开发区,比如苏州工业园区,区内的生物医药、人工智能等产业发展面临着土地资源紧张问题,一些对土地要素要求高的制造环节需要转移到其他区域。政府如何发挥有效作用,协调不同区域之间的产业分工,建立以市场为基础的"1+N"的产业分工体系,对于解决"散装苏州"问题,提升中心城市的创新力,提高中心城市的首位度也有重大的作用。

第三,围绕产业创新集群的发展,推进苏州深度参与长三角一体化的进程。推进市域统筹发展不是关起门来搞市域范围的封闭发展,更为重要的是提高参与一体化的效果,提升苏州在长三角区域中的战略地位。建立各大板块的科学的产业定位和产业分工,找到与周边城市合作的共振点,是推动产业创新集群形成和发展的重要选择。产业创新集群的形成与发展必须是开放的和跨区域的,每个板块都必须围绕自身具有优势的产业创新集群来形成与发展,一方面,要大力引进形成与发展产业创新集群所缺失的主体和相关组成部分,比如相关的新型研发机构、中介机构、咨询机构等;另一方面,各板块也要有效地利用周边城市的优势,建立跨行政区域产业创新集群。苏州参与长三角一体化战略是涉及全局的重大战略,要把各板块产业创新集群的发展,作为苏州参与长三角一体化最为重要的目标。

第四,围绕产业创新集群的发展,统筹推进新一轮开放型经济的高质量发展。开放型经济是苏州的最大优势,但必须理解开放型经济的新阶段和新特点,这样才能进一步深化和推进开放型经济的发展。苏州开放型经济过去是由"外"到"内",主要依靠"外力"推动的。进入新发展阶段,应该把产业创新集群的发展作为推动新一轮开放型经济发展的重要抓手,实现由"内力"驱动的开放,即由"内"向"外"的主动开放。放眼世界,哪个区域的创新力越强,营商环境和创新环境越好,那里开放型经济的发展就会越好。大力发展产业创新集群也是开放型经济进入新阶段的必然要求。新一轮开放型经济的发展要围绕各大板块产业创新集群的发展目标,集聚全球的高端创新要素,实现高质量发展。

(段进军,苏州大学东吴商学院教授,博导,东吴智库执行院长;玄泽源,苏州大学东吴商学院硕士研究生)

苏州创新集群发展的挑战与建议

中共苏州市委党校
中共苏州市委市情研究基地　　段进军　张清源　高磊　叶超

根据《国务院办公厅关于新形势下进一步加强督察激励的通知》，2022年3月28日，国家发展改革委创新和高技术发展司将苏州作为2021年度战略性新兴产业集群发展工作成效明显的督察激励推荐城市，全国仅有10个城市获此殊荣。同时，在2022年开年第一会上，苏州确定了未来"数字经济时代产业创新集群建设"的发展目标。产业创新集群建设不仅仅是苏州的发展契机，更是长三角一体化的全局战略、国家在百年未有之大变局下高质量发展的应有之义。实现产业创新集群的高质量建设，苏州面临许多挑战，本文为此提出了相关建议。

一、苏州创新集群发展面临的严峻挑战

第一，外向型经济缓慢恢复与疫情叠加影响。过去的几年，由于劳动成本上涨与制造业投资结构调整，苏州经历了大规模的外商撤资风潮，外商直接投资实际金额巨幅下降，由2014年的81.2亿美元下降至2019年的46.15亿美元，利用外资占长三角与全国比重也在不同程度下降。尽管在过去两年内苏州市利用外资总额有所上升，但外向型经济的恢复仍需要一个长期的过程，苏州制造业也应朝着数字经济时代与创新集群建设转型。苏州在朝着新的发展目标转型过程中遭遇重重困难，已经严重影响到苏州制造业的发展。

第二，高校发展与人力资源储备落后，产学研发展不均衡。在过去的10年中，苏州在科技研发方面的投入显著增加，科技支出占一般公共预算财政支出的比例从2010年的3.26%增长到2021年的9.1%，接近提高了3倍。同时，在专利授权数方面也位居长三角高位。在产业研发活动投入中，过去五年，苏州规上企业研发人员与研发经费投入均是杭州的两倍以上。但在高校发展层级与规模上，苏州远不及上海、南京、杭州等地，2020年，苏州高校毕业生64 787人，高校专职教师13 903人，对比杭州市，分别是134 221人

与50 983人，高校发展远不及杭州。高校建设是创新集群的关键一环，高校为创新提供科研人才、就业人才与科研水平，因此，提升苏州高校发展规模，促进产学研深度合作，意义重大。

第三，高值产业与上海重合程度较高，研发创新合作不够。在过去的10年中，苏州高新技术产业的产值不断增长，创新型产业集群初具规模，其中电子信息、装备制造、生物医药与先进材料产业发展迅速。2021年，苏州出口总额达14 875.8亿元，在亚洲、欧洲与北美洲市场中占据重要份额。但在创新型产业迅猛发展的同时，苏州由于与上海地理距离较近，同属于长三角一体化中的中心城市，因此，中心城市之间的功能定位重复与不良竞争情况较为严重。例如，沪苏之间重合的主导产业已经由2000年的3个上升为2019年的5个。在新的发展阶段下，苏州的创新集群建设要发挥自身优势，与上海进行互补和错位发展。

第四，内部行业跨度大、合作困难，金融行业弱，创新水平低。苏州产业实力雄厚，在科技型初创企业中，横跨制造业、建筑业、批发零售业、信息产业等9大行业，在产业集聚阶段的发展主要依靠成本优势、招商引资、重复建设、同构竞争，内部各项产业处于低水平、孤立发展阶段，很难实现各大板块的创新协同发展。特别是这些产业以劳动密集型为主。同时，本地化金融业发展滞后，"金融协同＋产业创新"的发展模式陷入瓶颈。未来各大行业如何根据自身优势，着眼未来，通力合作，推动产业创新集群高水平统筹发展，仍是关键。

第五，集群空间分布不平衡、就业结构失调。苏州过去的发展模式一直被称为"小马拉大车"，昆山市、常熟市、吴江区带动了整个地区的发展，县级市经济发达，但中心城区的地位较低，姑苏区、相城区产业发展滞后。中心城区在创新要素集聚，特别是人才集聚方面具有得天独厚的优势，如何提升中心城区地位，对于苏州未来发展具有重大现实意义。同时，苏州在就业结构上也存在失衡状况，第二产业就业人口规模庞大，但第三产业就业水平低。如何利用第三产业特别是服务业与本土文化拉动创新集群是摆在苏州面前的现实问题。

二、苏州创新集群发展的建议对策

第一，加强与上海的合作和交流。产业创新集群建设必须是开放的、跨区域的。在产业发展方面，高值产业配置应与上海错位发展，形成互补，围绕自身制造业优势，找到与上海合作的共振点，例如，苏州制造业集群可与上海的金融服务业对接。在教科研发展方面,补足苏州在产业创新集群形成中所缺失的高校资源,积极与上海的教育资源进行对接,探索合作办学新路径,有效利用邻近上海市的教育资源优势。

第二,打造苏锡常地区乃至江苏地区的龙头地位。苏州在工业产值与科研投入方面已经处于江苏省龙头地位。苏州应继续坚持创新主导产业,不断发展壮大自身,全力打造苏州在苏锡常地区与江苏省的创新龙头地位,集聚全球高端产业与创新要素,发挥苏州在长三角地区举足轻重的作用。

第三,在创新集群中推出"流量IP"。在数字经济时代,"流量大IP"是发展的核心,苏州目前产业在国际国内的知名度较低,缺乏"大IP"与顶级流量。未来要以数字经济为转型契机,在创新集群之中推出"流量IP",积极利用新媒体,诸如各类国内外短视频平台,做足苏州市与苏州产业的国内外宣传,在传统制造业中推出国际知名的企业与企业家,推出产业与行业中的"网红",吸引流量与关注,扩展苏州的文化软实力和宣传效应。

第四,重点打造世界500强企业的国际品牌。行业领军企业能够带来地区影响力,带领地区进一步发展。苏州已有3个本土的世界500强企业,未来一方面应继续提高500强企业的国际影响力,发挥国际效应;另一方面应有意识地选拔有代表性的中小企业,形成具有国际效应的企业种子圈,培育企业品牌效应,倾力提升其国际影响力。

第五,为制造业发展注入本土文化。苏州制造业发展全国领先,苏州园林文化和园林景观同样全国知名,但二者联系较少。也就是说,苏州硬实力与软文化兼备,但融合较少。因此,苏州创新集群发展应与服务业、本土文化结合起来,将传统制造业的数字化与数字经济的本土化相结合,塑造创新集群发展的新生态和新文化。

(段进军,苏州大学东吴商学院教授、博导,东吴智库执行院长;张清源,华东师范大学地理科学学院博士研究生;高磊,华东师范大学地理科学学院硕士研究生;叶超,华东师范大学地理科学学院教授、博导)

以产业思维的十大转变引领产业创新集群建设

中共苏州市委党校
中共苏州市委市情研究基地 徐苏涛

在进入"立足新发展阶段、贯彻新发展理念、构建新发展格局"的大背景下，促进产业创新集群发展已成为各地的发展共识。在经济高速增长期，即使对产业发展的理解并不充分，但只要抓住国内外产业机遇与红利，也同样能够实现产业发展。但是在进入外需不足、内需不振的存量优化时代后，只有准确把握产业思维的新要求、新特征，才能为产业跃升发展、产业创新集群建设筑牢认知解放和政策制定的基石。

一、从产业总量走向产业能力，实现从注重收入规模到注重价值效益的转变

过去很多地方发展产业主要是按照工业增加值与固定资产投资额等来衡量和确定主导产业、支柱产业、支撑产业、培育产业，并没有从地区竞争力、产业竞争力以及经济社会效益的角度来厘定现代产业体系。现在需要将面向未来抢占制高点、主导权、主动权的产业，稳定基本盘、基本面、基本点的产业，具有支撑性、保障性、补充性的产业，作为先导产业、主导产业、主体产业、支撑产业等进行优化，持续实现价值再造和效益跃升。

二、从产业增长走向产业发展，实现从注重增长速度到注重发展能力的转变

过去培育产业的重要政策目标是强调工业增加值、服务业营收的增长速度，并且通过要素驱动、投资驱动实现最大产出。现在更多着眼产业的可持续发展，突出产业在技术、产品、工艺、企业、市场、竞争等方面的发展能力提升，追求"转方式、调结构、稳增长"有机统一。

三、从产业细分走向产业跨界,实现从注重个体发展向注重融合发展的转变

过去技术能力、企业边界、市场疆域、产业界限比较清晰,在产业价值运动上,更多的是围绕国民经济行业大类、种类、小类进行不断细分,推动企业形成滚动式发展。但现在伴随技术能力、企业边界、市场疆域、产业界限不断被打破和超越,尤其是在数字化条件下,从物理空间、虚拟空间走向数字空间为群体裂变与爆发成长创造了可能,因此,迫切需要以数字技术等手段实现产业体系在数字空间的重构、产业要素配比在虚拟世界的重设,以支撑物理现实世界的产业架构与要素配置。

四、从产业领域走向产业形态,实现从注重单边思维向注重双边思维的转变

过去更多的是在第一、二、三产业以及各次产业之下进行领域划分,但现在的知识经济、信息经济、平台经济、数字经济、智能经济、生态经济、分享经济等新业态、新模式越来越强调经济形态与经济模式转变,而非产业领域与行业领域细分。对于产业发展的认识,需要走出工业是工业、商业是商业、制造业是制造业、服务业是服务业、生产是生产、消费是消费、供应是供应、需求是需求、市场是市场、行业是行业的单边思维,取而代之的是工业与商业、制造与服务、生产与消费、需求与供应、市场与行业的双边思维或多边思维。

五、从产业链条走向产业生态,实现从注重价值链条向注重跨界融合的转变

过去更多的是强调产业价值链思维,于是便出现了"链长制"。现在,产业价值链让位于产业价值网,线性思维让位于圈层思维。产业组织的核心不是让全产业链在物理空间上专业集聚,而是使源头的资源、生态的圈子、平台的服务、产业的裂变进行跨界融合,走出传统产业价值链,从而在"红海"中"降维打击"发现新的"蓝海"。场景成为企业跨界融合的最佳试验场,探索以场景实验室为连接点,推动跨部门联合开放场景资源,鼓励本地国企、传统行业龙头企业开放场景机会,采取"揭榜挂帅"等形式,支持一批优秀的科技企业开展联合创新,打造一批具有地方特色的地标性场景项目。

六、从产业要素走向产业配置，实现从注重要素投入向注重资源配置的转变

过去更多的是通过挖掘开采、进出口等将土地、资本、劳动力、技术、企业家才能、产能、政策、财力等作为产业要素，甚至在特定的技术条件下，形成"投入—产出"的关系。但现在更多的是强调资源配置，是充分利用两个市场、两种资源，在资源配置中掌握产业发展的主导权、主动权和先机。面向未来产业发展，资源要素配置枢纽将比资源要素高地发挥出更大的杠杆作用，因此，迫切需要加快构建较高水平的资源配置机制，全面实现技术、产品、商业、产业的高度垂直整合，实现资源的有效供给、精准供给。

七、从产业生产走向产业生成，实现从注重创造财富向注重分配财富的转变

在过去的条件下，产业注重生产性寻租行为与非生产性寻租行为的区别，注重体现出实体经济与虚拟经济之分。但在科技日新月异、产业大破大立面前，应更注重通过创新创业及产业化加速新兴产业形成，注重财富分配，注重产业总部、产业集团的培育和导入。

八、从产业统计走向产业组织，实现从注重调控管理向注重协同促进的转变

过去更多的是通过传统的产业体系分类与国民经济统计体系，加强对经济运行的监测和调控，并形成一定的行业管理与产业管理，这是静态的、线性的产业管理范式。现在更多的是推动"政产学研金介用"合作，在新型产业组织方式中强化产业促进，通过提升产业组织动员能力及产业化实施能力，形成跨业务、跨部门、跨层级、跨区域、跨系统的多跨协同产业组织与治理机制，实现对经济运行、产业组织、企业发展、创新生态等方面的价值管理。

九、从产业环境走向产业创新，实现从注重企业创新到注重同频共振的转变

过去更多的是通过营商环境建设优化产业发展环境，建立适宜新兴产业与开放创新的发展环境，让更多的企业在鼓励创新、宽容失败的环境中脱颖而出，是典型的适应性发展环境。现在更多的是从营商环境走向创新生态，着眼产业创新能力的提升，强化生态赋能能力建设，形成同频共振、共同降

低试错成本的发展结构。

十、从产业政策走向产业治理,实现从注重产业规制向注重产业共治的转变

过去的产业政策包括从基础的资源配置到中间的产业组织再到上层的政治经济法律关系,都需要围绕市场准入、产业规制、经济关系、经贸规则等,不断打破产业规制与体制机制障碍。现在更多的是走向产业治理,尤其是在数字治理条件下,支持各类创新主体、市场主体等逐步走向产业共治,因此,迫切需要探索"业界共治"产业促进新模式,整合成立由产业链重点企业、园区运营公司、投资机构、高校院所、重点平台机构等主体参与的业界共治理事会作为主体,来推进政策创新、产业招商、产业生态建设等工作。

(徐苏涛,北京稷量产业创新研究院院长)

苏州发展数字经济的优势、短板及突破点

中共苏州市委党校
中共苏州市委市情研究基地　苏　华

数字经济是优化资源配置、推动高质量发展的经济形态。党的十九大以来,习近平总书记多次对数字经济发展做出重要指示。2021年新年伊始,苏州市委、市政府以"新年第一会"的形式,召开数字经济和数字化发展推进大会,举全市之力推动数字经济和数字化大发展。为此,本文就苏州如何发展数字经济做如下分析。

一、苏州发展数字经济的优势

(一)庞大的人口与经济基础创造了巨量数据资源

庞大的数据资源是发展数字经济的基础保障。苏州是全国为数不多的人口超千万的城市,市场主体超过200万户,GDP达2万亿元左右,这些大体量都可催生出庞大的数据资源和数字经济市场。

(二)完善的信息软件与硬件设施奠定了数字经济发展基础

苏州是全国首批5G网络试点城市,是"三网融合"、首批"下一代互联网""信息惠民"等国家示范试点城市。截至2020年年底,全市互联网移动终端用户超1 659.5万人,宽带用户超645.7万人,4G信号全域覆盖达1 610.9万人,完成5G基站建设近1.57万个,信息基础设施建设主要指标在全省、全国领先。与此同时,苏州也是全国第一个创建"中国软件特色名城"的地级市,工业软件销售收入超百亿元,人工智能、大数据和云计算相关产业规模超过2 000亿元。

(三)产业数字化转型拓展了数字经济发展空间

苏州数字经济指数位居全国城市第十,信息化和工业化融合准备率位居全国前列。《世界智能制造中心发展趋势报告(2019)》显示,苏州位列世界智能制造中心城市潜力榜第八位,其中智能生产位居首位。截至2020年年

底，国家 15 家工业互联网双跨平台已有 10 家落户苏州，全市已有国家智能制造和工业互联网试点示范项目 21 个，省级示范智能车间 444 个，占全省的近 50%。

（四）综合性政策支持营造了良好的发展环境

苏州先后出台了《关于推进制造业智能化改造和数字化转型的若干措施》《苏州市推进数字经济和数字化发展三年行动计划（2021—2023）》等相关的规划文件和政策支持措施，为数字经济发展创造了良好的外部环境。

二、苏州发展数字经济的主要短板

（一）发展阶段滞后，基本处于工业经济 2.0 与 3.0 阶段

2020 年，苏州规模以上工业总产值超过 3 万亿元，但传统制造业仍然占有较大比重，生产方式以电气化、部分自动化等生产方式为主，基本处于工业经济 2.0 与 3.0 阶段之间，总体上处于全球价值链的中低端环节，技术水平和附加值相对较低，高技术制造业规模偏小。与此同时，许多企业尚未能意识到数字经济对制造业产业链升级和生产方式转型革新的影响力。

（二）动力强度不足，缺乏数字人才与关键技术

数字经济时代，需要有大量掌握数字技能的人才群体。当前，苏州缺乏数字经济领域的创新型企业领军人才、从事核心技术或关键技能岗位的人员和高校毕业生以及跨界融合型的复合型人才。与此同时，还缺乏在全球领先的关键技术，一些重点行业核心技术和关键产品主要依靠进口，高精尖的集成电路、无线射频芯片、传感器、嵌入式处理器等 5G 关键核心技术主要依赖国外引进。人工智能关键技术研发仍落后于北京、上海、深圳等城市。

（三）融合深度不足，数字经济生态圈尚未形成

数字经济的产业生态体系或产业关键环节，需要培育数字处理企业、数字经济基础设施企业（硬件类、软件技术类）、数字平台型企业和数字应用型企业。目前，苏州已有的数字经济类企业主要集中在数字应用领域，数字平台、数字基础设施型企业仍然较少，还难以形成依靠一个或数个全球型企业带动一大批创新型中小企业的集群发展格局。新兴经济领域的"独角兽""单打冠军"类企业依然屈指可数，落后于上海、深圳、杭州等城市。

（四）应用广度不足，产业数字化应用不均衡

数字经济的蓬勃生命力体现在应用领域。目前，苏州数字经济的应用主

要侧重在服务业领域，且以生活性服务、消费类服务为主导，制造业领域、生产领域的数字化应用还较少。而苏州是全国重要的制造业大市，产业数字化的行业不均衡现象明显。虽然苏州位居中国数字产业十大细分行业城市 10 强的第 4 名，但这十大细分行业均为第三产业，工业设计、生产制造等领域和产业链环节的数字化投入和应用仍然不足。

三、苏州发展数字经济的突破点

（一）围绕三大产业领域，前瞻性布局数字经济产业体系

一是人工智能产业领域。应立足数据资源丰富、应用场景广阔、产业基础扎实、平台企业初步集聚等基础，围绕"基础资源层＋人工智能技术层、平台层＋人工智能应用层"构建人工智能产业生态圈，加快推进人工智能与经济、社会、产业的深度融合发展，将苏州打造成为人工智能产业发展战略高地。二是区块链产业领域。要跟进抢占区块链产业先机，重点提升硬件设备制造和软件系统研发设计两大领域的竞争力，打造集硬件制造、平台服务、安全服务、技术应用服务、行业投融资、媒体、人才服务等为一体的全产业链。三是数字信息安全产业领域。联合 360、深信服科技、华为、腾讯等中国领先的互联网和安全服务提供商共建安全产业园区，强化网络安全产业上下游协同，打造全国网络安全技术服务和服务保障的策源地。

（二）大力集聚先进要素，提升数字经济发展的驱动力

一是加快建设国际领先的基础设施体系。围绕云计算、大数据、信息网络和城市数字化三类硬件基础设施以及数字化软件设施开展研发和部署。推动以 5G 为核心的网络宽带升级，尽快开展 IPv6 网络建设和普及。以平台型企业为引领，建设云计算、大数据基础设施。布局超大容量光传输系统、高性能路由设备和大数据云平台等基础设施。二是加快培育数字公民。围绕"数字产业人才＋数字应用公民"两类群体，以数字平台企业、数字科研机构、高校院所等数字初创人才基地、数字应用类企业和组织为重点，大力引进和培育扎根苏州的战略性科学家、行业领军人物，以及数字战略管理、深度分析、产品研发、先进制造、数字化运营和数字营销等领域的技能人才与产业从业群体。培育新生代公民群体，开展公民数字知识普及教育，不断提高人们适应数字时代的就业创业能力。

（三）聚焦数字经济关键环节，大力营造数字经济生态圈

一是积极培育数字经济新生态。加快在数字设施建设、数字技术研发、

数字资源整合、数字内容生产、数字平台建设、数字应用服务、数字标准规则、数字环境治理等领域形成优势。二是大力发展平台经济、共享经济新业态。发展融合型数字经济和服务型数字经济两大类型数字经济平台，打造智能制造、智能服务平台，优先在数字工业互联网平台、电子商务、大数据与云计算、数字文化平台等领域进行布局谋划。支持新兴企业借助数字信息平台实现产业链各环节用户的资源共享，使产品、商品所有者和使用者在共享工厂、共享城市设施、共享教育医疗文化等各个领域规范发展，构建"存量资源＋共享平台＋人人参与"的新经济模式。三是发展数字原生型、数字应用型新企业。围绕数字信息基础设施、数字信息关键技术研发等领域进行谋篇布局，大力培育和发展数字原生型企业。促进企业数字转型，以数字技术跨界融合应用全面促进实体经济转型升级，改造提升传统产业，形成以数据资源为核心要素、以信息技术为变革动力及以数据融合为作用方式的数字应用型企业。

（四）优先推动制造企业数字化转型，促进数字经济可持续发展

一是大力发展智能制造。支持在重点产业领域推进数字化车间、智能工厂、智能装备（产品）、智能管理、智能服务等示范应用。二是大力发展服务型制造。加快开展试点示范，支持有实力的大型制造业企业创新业务模式，增加服务环节投入，发展个性化定制服务，由提供产品设备向提供系统服务方案转变。三是加快发展工业互联网。加快部署工业互联网网关等新技术关键设备，以云计算、大数据领域的龙头企业为带动，协同促进通信企业、互联网企业、信息服务企业等形成工业网络优势，联合搭建工业数字化转型平台，促进制造业企业的升级。

（苏华，苏州工业职业技术学院教授、经贸管理系主任）

加快苏州数字经济核心产业发展的对策建议

中共苏州市委党校
中共苏州市委市情研究基地　赵　霞

数字经济是推动经济高质量发展的新引擎、新动能。数字经济核心产业是数字经济体系建设的主体内容，也是进一步驱动传统产业数字化转型和产业升级的重要基础。从统计意义上来看，数字经济核心产业是为数字化发展提供数字技术、产品、服务、基础设施和解决方案，完全依赖于数字技术、数据要素的产业，具体包括数字产品制造业、数字产品服务业、数字技术应用业和数字要素驱动业，属于数字产业化部分。加快发展苏州数字经济核心产业，将有力带动传统产业数字化升级和效率提升，更好地释放数字化红利，为苏州锚定数字经济主赛道，打造"全国数字化引领转型升级标杆城市"提供抓手。

一、苏州数字经济核心产业发展的现状及与先进城市的比较

（一）数字经济核心产业规模不断壮大，但与制造业优势相比，软件和信息技术服务业明显较弱

近年来，苏州数字经济核心产业规模不断壮大，2021年数字经济核心产业增加值突破3 362.3亿元，占当年GDP比重的14.8%。当前，苏州数字经济发展虽然稳居全省前列，但是与先进城市（深圳、杭州）相比，仍存在不小差距，2021年，深圳和杭州数字经济核心产业增加值分别为9 383.44亿元和4 905亿元，占当年GDP的30.60%和27.1%，无论是在绝对体量还是在相对贡献方面，苏州与深圳、杭州相比都存在一定差距（图1）。2021年，深圳和杭州的电子信息制造业总产值分别为23 800亿元、15 916亿元，实现软件业务收入9 012亿元、8 303亿元，和深圳、杭州相比，苏州在数字经济核心产业硬件端的差距远小于软件端（图2）。

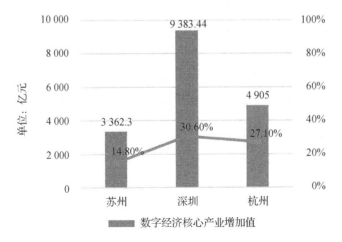

图1　2021年苏州、深圳、杭州三地数字经济增加值及占比

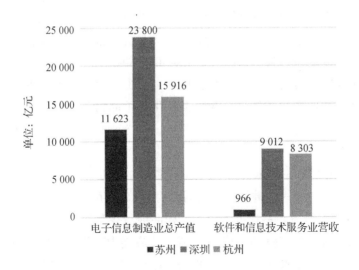

图2　2021年苏州、深圳、杭州三地电子信息制造业和服务业状况

（数据来源：各地统计年鉴）

（二）数字科创资源丰富，但缺少高质量市场主体带动

苏州数字科创资源丰富，境内有苏州实验室、国家生物药技术创新中心、国家第三代半导体技术创新中心、长三角数字货币研究院、上海交通大学苏州人工智能研究院、苏州·中国声谷、腾讯苏州数字产业基地、中国电信"云堤"全国总部和车路协同总部等一大批数字研发机构。在上市的62家电子信息企业中，主板占比37.10%、科创板占比30.65%；拥有电子信息产业

独角兽培育企业63家,占培育企业总数的29.30%,市级瞪羚企业294家,占瞪羚企业总数的29.73%;拥有电子信息产业"专精特新"企业103家。

与深圳、杭州相比,苏州数字科创资源存在多而不强的问题,缺乏品牌公司和龙头企业的带动。据赛迪科创编制的《赛迪科创独角兽百强(2022)》显示,深圳有11家科创企业上榜全国科创独角兽百强名单,杭州有8家,苏州有4家。深圳拥有华为、腾讯等科技巨头,也有大疆等垂直领域内的龙头独角兽企业;杭州拥有阿里巴巴、海康威视等数字产业龙头;反观苏州,比较缺乏能叫得响的数字品牌和行业龙头企业。

(三)数字技术水平不断提高,但关键技术仍受制于人

苏州在5G通信技术、集成电路、第三代半导体、人工智能等数字关键技术方面均取得了一定突破,相关研究达到了国际领先水平。比如,在5G通信技术领域,苏州旭创科技有限公司已完成100G超高速光电通信模块的研发及产业化,正在进行400G产品的研发。亨通光电成为继康宁公司之后的世界第二家、国内第一家掌握新型无污染有机硅OVD光棒技术的企业;在集成电路领域,苏州集成电路封装测试在产业规模和技术创新能力方面具有明显优势,同时掌握了晶圆级封装技术、硅通孔技术、系统级封装技术等世界主流的封装技术;在第三代半导体领域,苏州在氮化镓单晶衬底、蓝绿光激光器等技术方面走到了国际前列;在人工智能领域,思必驰的人机对话和语音识别技术处于业界领先水平。

苏州企业尽管在一些技术领域取得了长足的进步,但在自主研发方面仍面临诸多壁垒,在一些关键技术上对外依存度高,存在"卡脖子"现象。调研发现,5G核心技术产品还处于研制、样品或者少量试用阶段,部分上游企业的产能无法满足5G建设的规模化需求,支撑能力有待提高;第三代半导体产业主要集中在氮化镓(GaN)领域,涉足碳化硅(SiC)领域的企业很少,关键设备、高端材料依赖美国、日本等国家进口;在人工智能主流芯片和深度学习算法开发方面的发展均比较滞后。

(四)数字产业集群逐步壮大,但创新能力仍需提升

苏州目前已形成计算机与智能消费设备制造、信息通信、新型显示、集成电路、电子元器件与专用材料和人工智能等多个数字产业集群,雄厚的制造业基础为苏州建设数字经济高地奠定了良好的基础,为上千家企业的智能化改造和数字化转型提供了实践经验。以工业软件产业集群为例,苏州全市拥有软件开发类企业700多家,涌现出浩辰软件、亿友慧云、千机智能、同

元软控等一批以工业软件为特色的创新型企业,带动工业软件类产品年销售收入超过100亿元,占华东地区总量的近1/3,集聚效应明显。

与深圳、杭州相比,苏州的电子信息、先进材料、装备制造产值均已迈入"万亿俱乐部",数字产业集群规模和能级不小,但是制造业长板中创新能力仍显不足。以电子信息产业为例,2021年,苏州、深圳、杭州三地获得的国家专利数分别为3 974项、17 344项、8 352项,每亿元产值上伴随的专利数量分别为0.32项、0.53项和0.34项(图3),苏州和杭州的创新能力相当,但是与深圳相比存在较大差距。

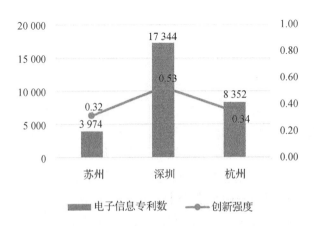

图3 2021年苏州、深圳、杭州三地数字创新能力比较

(数据来源:2021年中国国家发明专利统计分析报告)

二、苏州数字经济核心产业加速发展需要突破的瓶颈

(一)相较于优势的制造能力,软件和信息技术服务发展较弱,制约苏州数字经济核心产业的提档加速

当前,苏州数字经济的短板在于软件和信息技术服务业不但规模小而且附加值低,特别是面向制造业各环节的工业软件开发还很不足,核心工业软件多依赖进口。2022年上半年的全省软件业务收入总量统计显示,苏州以586亿元排在第三,低于南京的3 394亿元和无锡的780亿元,这与苏州数字经济总量全省第一的地位不相匹配,充分说明数字软件服务业成为制约苏州数字经济进一步提档加速的短板。

(二)工业互联网应用不足不深,龙头企业少且规模偏弱小

中国软件评测中心在为苏州制造企业提供智能制造诊断服务过程中发现,

有近70%的企业设备互联互通条件差，难以形成数字化采集能力，严重制约了工业互联网平台的接入应用；即使是具备联网上云能力的设备，由于采用的无线通信协议众多，且相对封闭，也导致工业设备之间互联互通的难度较大，限制了工业互联网应用场景的探索和深入。苏州缺乏通用电气、西门子这样在整个产业链中起龙头作用的"航母级"工业互联网和智能制造领先企业。2021年在《福布斯》评出的十大中国工业互联网企业名单中，苏州没有一家企业上榜。在专精特新"小巨人"企业培育方面，苏州已累计拥有国家专精特新"小巨人"企业49家，江苏省专精特新"小巨人"企业247家，尽管两项指标数量均位列全省第一，但是中小企业在技术创新能力方面仍有较大提高空间，与国际国内领先水平仍有一定差距。

（三）数字生活领域发展不足，尚未形成数字化"生产—生活—治理"的一体化发展模式

数字生活领域涉及消费互联网，包括各类生活服务平台和自营电商，具体形式有在线医疗、互联网批发零售、互联网金融、在线文娱、移动出行等多种形态。当前，苏州在数字生活领域与先行城市相比还存在较大差距，上海有拼多多，杭州有阿里巴巴，北京有京东，广州有唯品会，除了曹操出行，目前尚没有其他头部互联网消费企业总部进驻苏州。此外，苏州基于企业、消费者和政府的数字化生产、生活和治理拥有各自相对独立的入口，相互之间并未完全联通，某些情况下仍然存在数据孤岛，一体化的发展模式尚未形成。

（四）数字新型基础设施建设仍有短板

当前，苏州数字新型基础设施建设布局还需进一步优化，乡镇级5G网络覆盖还需加强，全市5G基站主要按"人与人"之间的通信要求进行规划部署，若要满足工业级通信则需要将基站密度提高3~10倍，在此标准下全市5G基站高密度覆盖的区域仍然较少，不能全面满足工业互联网的应用要求；互联网数据中心（Internet Data Center，IDC）已建有33.8万个机架，在充分保障算力的同时也存在重复建设和能耗较高的问题；数字基础设施与产业发展的结合还不够紧密，尤其对服务业的赋能作用有待提升。

（五）数字交易治理地方性规范仍需提升

作为江苏省乃至全国数字经济发展的高地，苏州积极探索数字交易治理规范，出台了《苏州市数据条例（草案）》，《苏州市公共数据开放利用条例》也已完成了人大立法调研，但是由于互联网资产体量大，网络数据安全形势

较为严峻，尚缺少涵盖数据收集、存储、使用、加工、传输、提供、流通的全流程的法规保障。

三、加快苏州数字经济核心产业发展的对策建议

数字经济核心产业是数字经济的核心部分，关乎数字经济对实体经济的赋能质量和效能。建议苏州从数字产品制造、数字产品服务、数字技术应用、数字要素驱动和数字区域协同五个方面发力，为推动"十四五"期间苏州数字经济质、量齐升，走上行稳致远快车道，打造示范应用新标杆提供思路。

（一）继续夯实制造优势，以数字核心技术高端化壮大数字产品制造业

1. 持续提高数字产品研发能力

要继续巩固苏州在集成电路、移动通信、新型显示、物联网等领域的产业基础优势，拓展关键核心技术创新应用的广度和深度，提升苏州在优势产业上的技术显示度。建议对关键核心技术（装备）建立攻关项目库，以"揭榜挂帅"等方式组织开展高端芯片、高端软件、核心电子器件等领域技术攻关，广泛吸引市内相关企业提供解决方案。鼓励企业加大自主创新研发投入，重点聚焦高端工业软件、人工智能、区块链、信息安全等新兴领域，实施重大科技专项，加快突破一批技术瓶颈。对企业实施分类培养和重点引导，指导企业开展关键核心数字技术评估，分析存在的瓶颈和潜在风险，促进科研院所与企业通过对前沿引领技术、优势核心技术和共性关键技术的共同研发、联合攻关，培育自主可控的数字产品制造核心能力。

2. 创新工业互联网应用场景开发

加快推动制造企业尤其是中小型制造企业的数智化转型，通过大企业带动引领，借助产业链传导机制促进相关配套企业上云、上平台，在装备制造、生物医药、纺织、钢铁等苏州重要支柱产业中积极探索"5G＋工业互联网"的创新应用场景，将有效市场和有为政府相结合，形成企业创造、政府推动的良性通道，总结形成标准化、可复制、推广性强的工业互联网应用"苏州经验"，并在此基础上结合苏州制造业发展现状，有选择地进行规模化推广，输出行业性系统解决方案。

3. 外引内培相结合，着力打造一批高质量数字龙头企业

一方面，要积极移植外面的"大树"，另一方面，要着眼于培育苏州本土具有发展潜力的"幼苗"。建议由政府出资设立天使投资基金，为中小企业提供金融支持，同时可以联合现有的创业投资基金和各类社会基金，比如苏州

高新创业投资集团有限公司、元和投资有限公司、苏州国发创业投资控股有限公司,搭建高水平的投资平台,畅通融资渠道,扶持企业发展。唤醒资本意识,鼓励企业特别是本市科创型上市企业通过兼并收购等资本运作方式,加强垂直整合,扩大规模,将A股上市公司认定为总部企业,享受总部企业奖励补贴政策,对入选"世界500强""中国500强"或细分行业百强企业的上市公司给予分级奖励。

（二）聚焦新要素,以产业创新集群化推进数字产品服务业

1. 基于制造优势,大力发展面向商业端的工业软件服务业,将制造优势转化为数字优势

数字服务是连接生产与组织资源的黏合剂、催化剂和增强剂,数字产品服务要紧紧围绕数字产品制造本体,通过服务实现数字产品价值增值和产业链延伸。建议在电子信息、装备制造、生物医药、先进材料四大产业创新集群中开展工业软件应用的需求调研,鼓励苏州软件开发厂商通过联合大院大所的方式开展科研攻关,支持产业园内工业软件企业或联盟开展活动,对申请上市的工业软件企业按推进环节分阶段给予前期费用补助;提高服务要素的地理集聚度,引导相关配套企业在产业集群内布局设点,通过产业集群化发展有效扩大辐射半径,加强服务对制造的支撑力度,实现数字产品制造业和服务业的互促协同发展。

2. 大力发展数字生活领域面向客户端在线经济,聚力培育高端平台

按照政府引导、市场运作的方式,大力发展消费端互联网平台,瞄准在线医疗、在线金融、生鲜电商、移动出行等具有比较优势的细分赛道,采取奖励、资助、贷款贴息、购买服务等方式,精准、连续、滚动支持一批拥有核心技术、稳定用户流量、成熟商业模式的在线经济领域创新型企业,推动更多企业成长为头部企业、领军企业,以食行生鲜为代表,培育本地数字生活领域高端平台。

（三）提速新基建,以绿色新基建做强数字技术应用业

1. 高水平推进5G网络建设

优先推动中心城区、交通枢纽、工业能源、重点园区等核心区域5G网络建设,加快老旧高能耗设备退网和升级改造,推动智慧多功能灯杆建设。统筹推动苏州市域范围内公共网络设施和各类塔杆的共享利用,完善小型5G基站布局和5G室内分布系统建设。鼓励苏州移动等基础电信企业加强与新材料、新能源领域的跨界合作,依托技术创新、模式创新等方式降低5G用电成

本，探索适合苏州的建网、用网绿色模式。利用 AI 技术精准预测网络业务与网络无线资源，自适应采取休眠等措施，节省基站电力消耗。

2. 统筹优化现有的 IDC 数据中心和超算中心

全面梳理苏州现有的 IDC 数据中心，按照绿色集约、需求牵引原则，统筹优化全市数据中心建设布局，以国家"东数西算"战略工程为契机，加快对现有 IDC 数据中心的改造升级；鼓励各数据中心借助 AI 智能运维技术，对机房静态及运行数据进行存储、清洗和建模分析，生成节能方案，通过"云—边—端"三层架构的方式提升效能。

3. 以智慧应用为核心，打造数字城市底座

在现有布局的基础上，完善智慧路灯杆、智能充电桩、智能公交站亭、配送快递柜等城市数字设施建设，实现运行安全"一屏通览"、综合治理"一网统管"、政务服务"一网通办"，建议积极与华为、腾讯等互联网企业合作，以政务云为基础，以数字平台为支撑，全面整合视频资源、时空要素、数据信息、管理手段等内容，构建城市智能综合体。

(四) 加强新治理，以数字交易市场化培育数据要素驱动业

1. 提高数据供给质量

在数据的采集、标注、分析、存储各个环节实行全生命周期价值管理，拓宽数据获取范围，建立数据标准体系和分级分类管理规范，强化数据安全管理，提高数据供给质量。

2. 建立数据产权交易制度

要积极探索数据产权制度建设，为数据确权和资产化运营提供先行先试的"苏州经验"，以隐私计算、区块链技术为代表的现代数字技术为数据定价提供了算法支持，苏州应充分利用产业和市场主体多元化优势，探索数据产权的规则体系和地方立法，形成数据资产目录，完善数据定价体系，在促进数据要素流通的同时，将数据变成可量化的数字资产，有效整合企业数据资源与银行金融服务，赋能企业发展。

(五) 融入新格局，以良好的数字生态促进区域协同发展

1. 深化区域数字合作

积极融入数字长三角，推动形成统一的数字市场准入机制、监管规则、要素流动机制和常态化沟通协调机制；在探索建立区域数字经济一体化标准上积极发出"苏州声音"。加强与上海高端资源的嫁接融合。强化沪苏在数字创新领域的一体化规划与建设，充分发挥苏州产业门类齐全的制造优势，密

切与上海"链主"的深度合作,鼓励企业与上海龙头企业主动对接、积极配套,以沪苏产业协同推动共建沪苏世界级产业链"核心链"。

2. 优化数字经济产业布局

推动市域数字经济均衡发展,促进数字产业化和产业数字化双轮驱动。鼓励各市(区)结合自身优势,选择发展重点特色数字产业。充分考虑各市(区)的经济发展特点,实现各市(区)数字经济核心产业的差异化发展,避免资源浪费与同质竞争,对试点建设、应用标杆、"苏州特色"应用建设进行专项资金精准扶持,不断强化多中心、网络化发展格局,实现多点突破。

3. 多措并举创建良好的数字经济生态

着眼于行业发展动态前沿,梳理更新苏州市域内数字科创资源,协同整合既有创新要素,以环太湖科创圈、吴淞江科创带为实践支撑,合理布局重大创新平台载体,根据创新主体实际需要,谋划建设一批功能设施齐备的高品质特色园区,更好地促进创新成果孵化、转化和产业化。大力推动数字人才引进和培育,打造数字产业人才地图,加强苏州大学、苏州科技大学等本地高校的信息技术学科与国内数字行业重点院校的对接合作、联合培养,定期发布数字产业技术需求清单,实现数字人才靶向引进、产才高效融合;着力完善各方面服务配套,为数字人才提供优质的科研环境、工作环境、生活环境,让"人到苏州必有为"成为最好的苏州特质。

(赵霞,苏州科技大学商学院教授、江苏省长三角一体化发展决策咨询基地研究员)

关于突破苏州制造业"卡脖子"技术的若干建议

中共苏州市委党校
中共苏州市委市情研究基地　单　强

所谓"卡脖子"技术就是指在国际竞争中起到决定性作用的关键共性技术、大型精密仪器、核心零部件、稀有材料和用于产品设计的工业软件等,通俗地说就是用钱买不到的技术。2020年,中美贸易战、科技战以及新冠疫情的暴发加速了全球产业链和供应链本地化、区域化的趋势,这既对苏州制造业的安全提出了新挑战,也为供应链向产业链两端延展、推动经济高质量发展提供了历史机遇。

近期,对苏州大市范围内新一代信息技术、纳米技术、人工智能、生物医药等领域的325家先导产业企业的调查表明,在未来的3~5年内,27.6%的新一代信息技术企业、19.5%的纳米技术企业、26.7%的人工智能企业、35.4%的生物医药企业在核心产品、零部件、元器件、材料等方面受制于国外市场,如材料领域的石墨烯、氮化镓,电子信息领域的高性能集成电路、第三代半导体,智能装备领域的光刻机等50类产品在国内找不到替代品。如何防范和化解"卡脖子"技术风险,成为苏州先进制造业发展性命攸关的问题。针对这个问题,本文提出以下建议。

一、防范供应链"断链"风险

供应链中的各企业之间有三种主要关系,即市场交易关系、契约关系和产权关系。市场交易关系是最经济、最简单、最直接的连接,企业间是纯粹的商业伙伴关系。契约关系是对市场交易关系的进一步深化,供应链中的企业结成了战略联盟,相互之间已从纯粹的商业伙伴变成了战略伙伴,联盟之外的企业被排斥在"朋友圈"之外。产权关系则是利用资本作为纽带,把供应链上的重要节点企业变成集团的一员,供应链成为集团的内部交易,企业构建了安全可控的生态系统。如美的集团对库卡机器人公司的收购,就使二者之间从交易关系、契约关系变成了产权关系。从苏州智能制造产业的核心技术分析，机械手、工控系统有汇博、汇川等企业，而机器视觉系统目前完全依赖美国的康耐视和日本的基恩士，是苏州智造的"软肋"，需要加以突破。先进制造业中的高端装备、新材料、软件和操作系统、核心零部件（如芯片）是最容易被别人"卡脖子"的环节，市场容易失灵，契约也不可靠，只能想办法用产权来控制。因此，要大力支持制造业龙头企业开展跨地区、跨行业、跨所有制、跨国（境）高端并购，用产权关系的强链接来"补链、强链、延链"，消除苏州制造业供应链的"断链"隐患，为攻克"卡脖子"技术赢得宝贵的时间和战略空间。

二、尽快组建先导产业发展智库，跟踪研究新装备、新材料、新工艺、新系统等关键技术，列出"卡脖子"技术清单

智库专家应该多元化，既要有学者，也要有企业家；既要有国际顶级专家，也要有本土实践者。特别是制造业各细分领域的龙头企业，如科创板企业应该担负重要责任。对照苏州制造业的产业基础和优势，根据技术的紧迫性、必要性、隐患性与重要性进行分析，尽快列出"卡脖子"技术清单，制定技术创新战略，寻找关键突破点，提出详细攻关计划。从全国范围来看，与北京、上海、深圳等城市相比，苏州最大的优势在于制造业产业基础雄厚，应用场景丰富，技术迭代快。从技术链的角度考虑，苏州最有可能突破的环节应该是智能装备、制造工艺和工业互联网系统。

三、设立"卡脖子"技术重大专项引导资金

重点解决"卡脖子"技术的研发、特殊技术和工艺创新、特种人才引育和隐形冠军企业孵化问题，打造"产业链、创新链、人才链、资金链、政策链"五链协同的生态系统。重点围绕生物医药、半导体和集成电路、软件和信息服务、智能网联汽车、智能制造装备、高端医疗器械、机器人、光通信、高端纺织、钢铁新材料10个战略性主导产业，选择合适的技术突破口，集中财力，投入巨资进行研发。提倡政府引导、多方参与，财政资金主要用于扶持新型研发机构和重大项目攻关，企业和风险投资机构、私募股权投资机构等社会资本可以通过各种方式参与，促进"政产学研金"形成利益共享、合作共赢的创新共同体。

四、实现从招商引资到招才引智的转型

加快对以科研院所为代表的新型研发机构的引进,加大重大科技载体和基础设施建设,借鉴创新型公司的运行模式改革研发机构。一要创新组织形式,新型研发机构的性质可以是事业单位、民办非企业单位或者股份制公司等;建设主体可以是政府、企业、院校,甚至个人,要能有效调动各方的积极性。二要创新管理机制,实行理事会领导下的院(所)长负责制,院长独立行使法人权力,使其能够高效地配置研发资源。三要创新运营机制,充分扩大科技创新自主权,推行项目管理制,由项目组自主选题,自行组建研发团队,自主安排科研经费的使用。四要创新用人机制,实行绩效考核,提高待遇,推行聘用制、股权等激励制度,在全球范围内聘用尖端人才,率先制定国际顶尖技术人才落户苏州的有关政策。五要加大知识产权保护力度,建立需求驱动的协同创新链,实现基础研究、技术研发、工程应用及产业化整体创新的无缝衔接。

解决苏州先进制造业"卡脖子"技术问题,需要围绕产业链部署创新链,围绕创新链完善资金链。"卡脖子"技术的攻克涉及基础研究(大学)、技术开发(科研院校)、实践应用(企业)、政策推广(政府)和生态搭建(第三方)等多个环节,这是一个非常复杂的超级系统工程,更是一个艰苦和漫长的过程。现在投资圈有一个比较流行的说法,叫"耐心资本",把科创领域的投资周期延长到 8~12 年。苏州政府也要成为"耐心政府",十年磨一剑,就一定能突破制造业领域的一批"卡脖子"技术难题。

(单强,苏州工业职业技术学院教授、苏州专家咨询团成员)

优化"产业链+法律服务"护航苏州"一号产业"高质量发展

中共苏州市委党校
中共苏州市委市情研究基地　　卜泳生　范秋林

自 2020 年起，苏州生物医药产业集群发展工作连续 3 年获得国务院办公厅落实有关重大政策措施真抓实干成效明显地方督查激励。生物医药行业高技术、高投入、高风险、高收益的特点决定了生物医药企业尤其是初创企业，对生物安全合规、知识产权、企业合规和投融资等方面的法律服务具有较大的需求，因此，优化"产业链+法律服务"研究迫在眉睫。

一、苏州推进"产业链+法律服务"的初步成效

贯彻落实江苏省政府《江苏省"产业强链"三年行动计划（2021—2023）》工作要求和部署，苏州充分发挥法律服务在提升产业链与供应链稳定性、安全性和竞争力中的专业作用，并结合发展实际，聚焦"企业控链""创新补链""基础强链""开放延链""解纷护链"，深入推进"产业链+法律服务"，护航产业链上企业高质量发展，助力打造法治化营商环境。

第一，成立苏州市"产业链+法律服务"联盟。苏州市司法局在调研走访苏州生物医药产业园及龙头企业的基础上，制定了《关于开展"产业链+法律服务"专项行动的意见》，成立了由部分强产业链企业、苏州市律师协会各专业委员会、相关律师事务所作为发起单位的正式联盟，并通过联盟章程。

第二，明确重点任务推进计划。依托各市（区）产业链，组建专业服务团队，利用苏州大学法学院的教学资源研发法律服务产品；建立常态培训机制，针对不同产业链所涉及的法律问题开展政产学研讨；建立联盟定期信息通报制度，内容包括新法解读、案例动态等；招募律师事务所与产业链、龙头企业加入联盟，推动各市（区）律师协会的联盟工作；拓宽社会资源渠道，深化与苏州市工商业联合会的协作，以"万所联万会"推进联盟工作。

第三，打造"产业链+法律服务"的"苏州特色"。结合"两在两问"

建新功行动,指导"产业链+法律服务"联盟开展工作,充实服务力量,落实各项工作。建立联盟工作绩效评价机制,坚持效果导向、数字说话、案例为证,真正为企业在防范风险、应对市场、保护知识产权方面提供帮助,积极回应企业在生产、经营、管理等方面的法律需求。截至2022年7月,"产业链+法律服务"联盟已走访包括生物医药在内的企业3 234家,帮助企业化解风险、解决问题8 738件,提供法律意见和建议2 344条,帮助企业挽回经济损失3.8亿余元。

二、苏州生物医药法律纠纷案例中折射出的问题

如何优化"产业链+法律服务",打好《苏州市生物医药及健康产业强链补链三年行动计划(2021—2023)》攻坚战,规避生物医药企业经营之路上的雷区和陷阱,是生物医药类企业长期关注的话题,也体现在法律纠纷案例之中。如2022年2月,苏州某地市场监督管理局公示了一则苏州某公司侵犯商业秘密案。又如2021年8月,苏州某法庭成功促成了一起标的额高达数亿元的涉高科技生物医药公司解散纠纷案的当事人达成和解。上述案例不仅反映了生物医药企业对于生物安全合规、知识产权、企业合规和投融资等方面的法律服务存在着较大的需求,而且也说明以下问题迫切需要引起关注。

第一,监管部门的监管水平和能力不能很好地适应社会的发展。生物医药行业健康医疗数据由于形成场景的复杂性,其分级分类管理也较为复杂,既有与个人的身份、活动情况关联非常紧密的个人信息和个人隐私,也有关系到医院与金融机构作为运营主体的商业秘密数据,还有公共数据,以及关系到国家传染病防控、国民健康状况等具有一定公共安全属性的数据,这几类数据受到多项法律的约束。当前,监管部门的监管水平和能力不能很好地满足各方面的要求,同时,各监管部门之间的协同合作尚不深入。

第二,企业在人才利用方面的问题尚需关注解决。从事生物医药领域的公司,特别是医药研发公司和机构,其运营和发展有赖于核心人员,包括核心技术人员,而核心人员的流失势必影响企业的生存和发展。目前,企业之间因保护公司商业秘密、防止核心人员任意流动、限制核心人员加入竞争公司、追究违约责任等相关问题发生冲突的情况不断产生,尚需关注解决。

第三,以知识产权公共服务助推投融资并购的力度有待加强。2022年以来,各路投资机构纷至沓来,苏州投融资活动非常活跃,尤其是生物医药行业,因其技术壁垒高、具有核心知识产权而备受市场青睐。知识产权逐步成为该领域投融资关注的重点,知识产权公共服务也日益在该领域投融资并购中发挥关键作用。如何发挥知识产权公共服务，特别是提供自由实施分析（freedom to operate，FTO）服务，又是投融资中的重中之重。苏州以知识产权公共服务助推投融资并购的力度还不足，有待进一步加强。

三、优化"产业链+法律服务"，护航苏州生物医药产业高质量发展的几点建议

围绕生物医药产业链的特点，统筹优秀法律服务资源，采取更多具有针对性的措施为生物医药企业提供全生命周期法律服务，优化法律服务供给。

第一，生物安全合规风险优先评审。疫情之后各国政府必将大力建设公共卫生体系，更加重视生命科技，长期支持生物医药行业发展。我国继续稳步推进有利于创新的药政改革：优先评审成为常态；有条件上市的范围扩大；突破性疗法的通道开通；设立评审地域分中心。《中华人民共和国生物安全法》则更加规范了对遗传资源的管制，另外，临床申报拥挤、新技术监管政策不明确及临床资源短缺等因素在一定程度上影响了新药研发的效率。为了提高临床研究的效率，北京发布了《北京市加快科技创新发展医药健康产业的指导意见》，提出伦理和遗传办审批平行进行，这种做法可以供苏州借鉴。

第二，加强生物医药行业的数字化风险防范。生物医药数据具有广泛的真实性和隐私性，属于敏感个人信息。生物医药数据涉及的主体广泛，包括医疗服务机构、信息系统供应商、人工智能医疗设备制造商、卫健管理部门、关键信息基础设施运行者等。随着新冠疫情的持续影响，生物医药行业数智化加速，越来越受到资本青睐。同时，随着《中华人民共和国网络安全法》《中华人民共和国数据安全法》《中华人民共和国个人信息保护法》的先后发布实施，数据合规越来越重要，已经成为合规审查的重点。建议加快建立生物医药数据管理组织架构，制定生物医药数据安全制度，完备技术支持系统，实施分类、分级、角色、分域数据管理。

第三，做好生物医药企业的IP排雷和FTO工作。产业律师"专业+行业"已经成为法律服务领域的新共识。在了解境内外上市规则特别是A股科创板及港股18A规则的前提下，把握行业特点，甚至是生物医药产品特点，是助力苏州生物医药企业满足监管合规性要求与境内外上市审核标准的必要条件。生物医药行业是一个强监管行业，律师不仅需要及时了解法律及政策变化，也要同步跟踪最新行业动态，更要做好生物医药企业的IP排雷和FTO工作。特别是在监管严格的生物医药业务领域，只有深度解读法律法规背景与行业未来趋势，才能透彻理解立法与监管本意，从而把握未来政策的演变

趋势，及时为生物医药企业发现问题、化解风险并解决问题，帮助苏州生物医药企业在行业内、在境内外资本市场保持领先。

第四，搭建生物医药企业商业秘密保护与管控体系。技术是生物医药企业发展的根基与命脉。企业在技术研发、产品生产、销售等过程中产生的各种信息与数据都有可能构成商业秘密，属于重要的无形资产，更是打造核心竞争力的关键。企业必须积极主动地采取各种风险防范措施以防止商业秘密泄露。同时，为预防侵犯他人商业秘密，企业还须定期自查自纠，评估是否存在使用他人商业秘密的风险，并对获知的他人商业秘密进行严格保密。制定企业保密制度，明确定义保密信息的范围、保密信息的级别、员工的使用权限、员工违反保密义务的违约责任和处罚制度等内容，系统化规范员工的保密义务。评估技术信息作为商业秘密保护和申请专利保护的利弊，选择适合企业自身的知识产权保护方式。对于独有的、不容易被反向研究与不适合申请专利保护的特殊技术信息，可以通过商业秘密进行保护。如不宜再适用商业秘密保护，应及时申请专利。加强对员工在入职前、在职时、离职后的全过程跟踪管理。

第五，探索和创新生物医药法律监管和投融资并购政策扶持的"苏州方案"。生物医药方面的法律监管和政策的特点是监管多、法规杂，业务模式又复杂多样。监管部门既要让监管措施"防得住"，又要让企业创新发展"稳得住"。优化整合与规范政府引导基金，建立健全绩效考核机制，更好地发挥包括苏州财政或苏州创新投资集团在内的国资资金引导作用，创设合格境内有限合伙人（Qualified Domestic Limited Partner，QDLP）基金，发展直投及创新投资模式。以政府引导基金存量优化和整合为契机，助推基金高质量发展，助力苏州生物医药产业规模早日突破 4 000 亿元大关。

（卜泳生，中共苏州市委党校；范秋林，北京大成（苏州）律师事务所）

关于加快苏州汽车及零部件产业发展的建议

中共苏州市委党校
中共苏州市委市情研究基地　甘　平

汽车产业是国民经济的重要支柱产业,是制造业的标杆,代表着制造业最高的制造能力及管理水平,其典型特征是以整车装配企业为核心,以汽车零部件供应商为支撑,产业链长、供应链密、涉及面广、带动性强。近年来,苏州汽车及关键零部件产业发展迅速,已初步形成产业集聚,在全国乃至全球汽车产业链分工中占据了不可或缺的位置,并具备了强大的产业链协作能力。但同时也要看到,本地整车企业带动力弱,关键核心部件领军企业仍处于成长阶段,高附加值的产品较少,竞争力不足。在数字经济时代背景下,苏州可充分发挥自身的比较优势,抢抓产业数字化大势,加快信息技术在汽车及零部件产业的生产、销售、服务等环节的融合应用,抢占新一轮发展制高点,把握产业链主动权。

一、比较优势

(一) 产业集聚已经形成

苏州汽车及零部件产业经过多年发展,通过外资引进和本地培育,已经形成了整车、零部件和售后市场的完整产业链,产品覆盖了汽柴油车、新能源汽车、关键零部件、智能网联和氢燃料电池等。根据企查查数据显示,截至2022年5月底,苏州全市注册在业/存续的属于汽车制造业的企业已达4 295家,占全省的15.2%(28 342家),占全国的2.3%(185 047家),超过上海市的3 956家。昆山、太仓、常熟等地纷纷入围国家级特色产业基地和省级汽车零部件产业基地。

(二) 零部件产业具备特色优势

零部件及配件制造是苏州汽车产业最大的基础,其门类齐全,已覆盖传统汽柴油车的动力系统、电子电器系统、底盘系统、车身及内外饰件、模具及工艺件等，新能源汽车的"三电"及充电设施等，以及智能网联汽车的TSP服务、开发测试、自动驾驶解决方案、辅助驾驶系统等。近几年，我国汽车零部件及配件制造业产值占汽车制造业产值的比重平均保持在40%左右，而苏州的占比在80%以上，已形成了具有一定规模优势的零部件及配件产业链，苏州制造已完全融入上汽、广汽、大众、福特、特斯拉、比亚迪、奇瑞、五菱等品牌整车厂商供应链体系。

（三）智能网联汽车运用领域具备竞争力

2020年7月，"苏州5G车联网城市级验证与应用"项目成功获批国家5G车联网新基建项目，成为长三角唯一入选项目。在2021年发布的《中国城市智能网联汽车产业发展综合评价指数和发展指南（2021）》中，苏州在全国17个重点城市中排名第七，处于第二梯队头部。全市从事智能网联汽车产业直接相关企业超200家，产值超250亿元，构建了以智能汽车、基础支撑、信息交互为核心的产业链生态，基本覆盖了自动驾驶算法、激光雷达、高精地图、高级辅助驾驶等30余个细分领域，集聚了魔门塔、智加科技等一批车联网龙头企业，促成了曹操出行、华为、滴滴等一批头部企业落户苏州。

二、存在困难

（一）整车企业引领效应不明显，对上下游企业带动力不足

目前苏州整车企业共5家，分别为奇瑞捷豹路虎、金龙联合汽车、光束汽车、观致汽车和前途汽车，其中奇瑞捷豹路虎和金龙联合汽车2021年的零售销量分别同比增长9%和37%，形成了一定的拉动作用，光束汽车还在申请新能源汽车整车生产资质，观致汽车和前途汽车基本处于停产状态，因此，苏州的整车制造企业对整体汽车产业产值的规模贡献度不足7%，未形成有效的整车企业带动效应。

（二）零部件龙头企业偏少，整体企业规模偏小

苏州汽车零部件企业以二三级配套为主，为整车配套的一级零部件供应商较少，目前，苏州市汽车零部件企业涉及的产品种类虽然很多，但主要集中在附加值较少的零部件配套生产方面，产品缺少核心价值和增加值，总体规模仍然偏小、偏弱。外资品牌零部件企业以就地集成总装为主，上游研发设计尚未完全在苏布局。

（三）核心产品竞争优势不突出，关键核心部件的生产企业较少

在新能源汽车"三电"领域，苏州企业仅有汇川技术一家，占电控系统

全国市场份额的9%左右,排名第三。苏州在电机和电池系统领域尚无全国市场份额排名前十的企业。在汽车电子领域,苏州重点企业主要集中在刹车防抱死系统、电子稳定系统、车用电机等领域,但在整车成本占比越来越高的车规级芯片方面,国内自主研发领军企业中鲜有苏州企业身影,相关企业还处于成长阶段,如纳芯微电子(信号芯片)、长光华芯(激光雷达芯片)、裕太车通(以太网芯片)等在各地细分领域仍处于布局成长阶段,需要进一步加大培育力度。

三、对策建议

当前,全球正在进入以数字化生产力为主要标志的全新发展阶段,苏州应积极抢抓数字经济发展战略机遇,牢牢把握"创新集群"和"数字经济"的互促关系,加快推动汽车及零部件产业的数字化,带动并推进数字经济时代的产业创新集群建设。

(一)出台市级汽车及零部件产业发展专项政策

目前,苏州汽车相关产业政策主要围绕新能源汽车推广应用,市级层面尚无针对产业发展的专项政策,全市仅常熟市在2019年发布了《常熟氢燃料电池汽车产业发展行动计划(2019—2022年)》,相城区高铁新城在2020年发布了《苏州高铁新城关于支持智能网联汽车产业集聚发展的实施细则》。国家层面自2020年起,已围绕产业规划、推广应用、技术路线出台了多部政策,建议紧扣国家政策,结合苏州自身特色优势,锚定"智、新、轻"(智能网联、新能源、轻量化)方向,制定支持苏州汽车及零部件产业发展的专项政策。

(二)重点培育细分赛道龙头企业

苏州汽车产业在整车领域不具备明显优势,应当进一步聚焦零部件、电池、汽车电子等有基础的优势赛道,加大对上述细分领域的企业梳理挖掘,通过建立大、中、小企业发展梯队的模式开展培育。依托苏州电器科学研究院股份有限公司、清华大学苏州汽车研究院、长三角汽车工程研究院等科研院所,鼓励支持院企合作,支持整车、零部件、芯片企业协同创新,对核心技术实施攻关,3年内做强做精新能源汽车和智能网联汽车关键产业链环节,5年内布局完备氢燃料电池汽车、汽车芯片相关产业链,强化苏州汽车产业链、供应链的稳定性和韧性。

(三) 深化汽车及零部件生产环节的智能化改造与数字化转型

支持本地的智能化改造与数字化转型服务商加强对汽车及零部件垂直领域解决方案的探究，探索建立工业 APP，通过数据采集及分析，调整优化生产流程和工艺，建立完善的研发、生产及质检体系，从而保证汽车零部件的高质量生产并降低成本。同时，鼓励企业积极融入国内整车龙头企业的数字化进程，加强零部件配套协同，优化供应链推动销售前置。

(四) 提前布局智能驾驶新赛道关键领域

智能驾驶是提升道路交通智能化水平、推动交通运输行业转型升级的重要途径，同时还将促进交通、汽车、通信等产业融合发展。作为全世界都在追求的科技高地，更高级别的自动驾驶技术逐步应用到汽车上是智能网联汽车未来发展的必然趋势。苏州可依托吴江江苏省智能网联汽车创新中心成为省级制造业创新中心和苏州工业园区建成全省首个正式通过认定的智能网联测试公共道路等契机，通过政策引导，多方协同，支持企业参与国家车规级芯片统一的技术规范和标准制定，布局发展第三方检测认证平台、供需对接平台等。

（甘平，中共苏州市委党校）

苏州文化产业高质量发展的挑战与策略

中共苏州市委党校
中共苏州市委市情研究基地　王世文

近年来,苏州市入选国家文化和旅游消费示范城市,苏州高新区、元和塘文化产业园区、大禹网络等分别入选国家文化和科技融合示范基地(集聚类)、国家级文化产业示范园区和"全国文化企业30强"提名企业。在看到苏州文化产业发展成绩的同时,也需把脉短板,提升市场主体竞争力,打造"江南文化"IP策源地,建设工业与科技文化全球名城。

一、苏州文化产业发展面临的挑战

当前,苏州文化产业发展主要面临三方面的挑战。

第一,文化产业规模同城市地位不相称,实现"十四五"规划目标具有一定挑战。2015年至2019年,苏州市文体娱规模以上法人单位营业收入年均增长7.11%,仅累计增长31.61%,处于服务业行业倒数之列。2019年,86家文体娱规模以上法人单位营业利润仅576万元,除娱乐业之外,其余营业利润均为负值,特别是文化艺术和体育业亏损总额较2015年成倍增长。2015年至2019年,企业利润总额大幅回落81.10%,资产总额也出现1%的下滑。要实现"十四五"文化产业发展目标,亟须改变这一现状。

第二,市场主体竞争力尚需提升。2019年年末,86家苏州市文体娱规模以上法人单位资产均值仅为1.51亿元,营业收入为0.19亿元。其中,12家文化艺术企业平均资产规模为2.5亿元,平均营业收入水平为0.12亿元。在200多家文化传媒、文教休闲、旅游酒店、体育产业A股上市公司中,并无苏州本土企业。独角兽企业排行榜也存在类似情况。同北京、上海、深圳、杭州,甚至长沙、成都横向比较,苏州行业知名品牌与优秀产品数量的明显不足制约了文化优势资源的整合能力。

第三,苏州江南文化"产品属性—产品利益—个人价值"的手段目的链远未形成,苏州文化产业对消费和出口的拉动作用尚不显著。

制约苏州文化产业发展的主要原因有三个方面。一是企业市场竞争意识与实力有待提升。政府搭台,企业唱戏。企业是文化产业发展的主体,发展文化产业应以公众需求为引导,让文化活起来并"飞入寻常百姓家"。故宫实现文创产品数量超万件和收入超15亿元是这方面的典型范例,但苏州尚无有影响力的商业案例与品牌,"苏州文化"的市场影响力有待提升。二是产业生态系统尚需优化。文化产业发展应以优良的生态系统为基础,数据、算法、网络、装备已成为当前文化与科技融合发展的关键点,也是孕育文化新模式与新业态的基础,但苏州新基建发展优势并不明显,一定程度上制约了新文创市场优势的形成。三是苏州文创类国资国企业务分散、管理多头,其公共服务实力与优质资源整合能力尚需提升。

二、推动苏州文化产业高质量发展的策略与建议

为实现苏州文化产业高质量发展,完成"十四五"规划目标,建议着重在以下三个方面发力。

第一,加强市场主体招引与培育。一方面,要选准重点,提升大项目、大企业招引执行力,大力引进国内外头部文化企业特别是平台型企业,来苏州设立地区总部、研发中心、技术研究院等。另一方面,应借鉴深圳南山区"文化+科技+金融"经验,系统化推进文化创新体系与产业生态建设,打造最佳创新创业和做强做大发展环境,培育苏州本土头部和链主企业。建议率先探索区块链技术在版权确权与交易服务中的应用,提升市场效率,畅通"创新+投资+消费+贸易"的发展机制。此外,加速苏州大市范围内文化产业相关国资整合与改革也迫在眉睫。

第二,打造"江南文化"IP策源地。IP是具有高辨识度、强变现能力优势的自带流量的文化符号。品牌需要消费者认知和认可,打造"江南文化"品牌离不开高辨识度IP的创造与转化。IP是构建江南文化"产品属性—产品利益—个人价值"手段目的链的关键,既是江南文化"飞入寻常百姓家"的翅膀,也是传承文化并将其发扬光大的有效途径。故宫、敦煌、哪吒、汉服等中国符号受到消费者热捧,表明传统文化潜在市场规模巨大,也为"江南文化"IP创造提供了经验。苏州应关注新文创发展趋势,把"江南文化"IP作为"厚植苏州特质文化根基"与"推动文化产业高质量发展"相融合的重要举措:一是战略性开展同类似腾讯的实力企业合作;二是面向全球开展"江南文化"IP创新赛事,对"揭榜挂帅"者进行重金奖励,打造文化内容与产品策源地。

第三，建设工业与科技文化全球名城。文化软实力是制造业硬实力的重要支撑，而文化内容也需要借助制造业实现价值。历史上，苏州的织造染色、缂丝金砖、铜炉琴弓都代表了手工业时代的全国或全球最高水平，近代率先拥抱工业文明也是江南历史文化的重要组成部分。建议苏州的图书馆、科技馆、工业展览馆、航空航天博物馆等深度挖掘苏州工业文明的灿烂历史并展望科技发展趋势，组织开展丰富的活动，打造全球知名的科普之城和学术会议之城，培育工匠与创新风尚。

新时代，为满足人民群众对美好生活的需要，制造业发展更需要文化产业的强力支撑。设计为深圳工业产品、黄金首饰、服装时尚竞争力提供了支持，也是深圳文化产业的重要行业。同为制造业强市，苏州应借鉴学习深圳"设计之都"的发展经验，加速实现工业设计跨越式发展。此外，苏州还可围绕科学普及和工业精神，支持发行类似《流浪地球》和《山海蓝图》的影视文化作品，建成科技史、工业史和科幻题材作品发行中心，彰显苏州工业文化时代魅力。

（王世文，苏州科技大学教授、苏州市大数据与信息服务重点实验室专家、苏州专家咨询团成员、中共苏州市委市情研究基地特聘专家）

重庆部分国企申请破产的兆示及思考

中共苏州市委党校
中共苏州市委市情研究基地　王志明

2022年4月11日,重庆市能源投资有限公司、重庆能投资产经营有限公司等16家企业向重庆市第二中级人民法院提交了破产和重整程序申请,目前该诉讼请求已被法院受理。由于上述国企与重庆政府融资平台相关联,因此上述企业的申请破产反映出重庆财政状况不佳,很可能预示重庆快速发展趋势的减缓,并兆示向境外的产能转移的影响正"山雨欲来风满楼"。

一、重庆的崛起

改革开放40多年来,中国发展最快的城市是深圳;从1995年至2008年,中国发展最快的大中城市可能是苏州,其间,苏州GDP在2000年超过南京、2001年超过重庆、2002年超过天津;从2005年至2012年,中国发展最快的大中城市可能是天津,其间,天津GDP在2011年反超苏州;从2010年至2019年,中国发展最快的大中城市可能是重庆,其间,重庆GDP在2014年反超苏州、在2017年超过天津。2019年苏州GDP再次反超天津后,重庆继续显著领先苏州。

重庆是国家中心城市、超大城市,长江上游地区的经济、金融、科创、航运和商贸物流中心,西部大开发重要的战略支点,1997年升格为直辖市。重庆的经济发展模式本质上与苏州相似,都注重开发区建设和投资环境改善,通过招商引资实现经济的快速发展。但作为一个地处偏僻的大西南、没有港口、进出口运输成本更大的城市,重庆实施开放型经济发展模式并不容易。重庆的崛起也是在国家提出西部大开发战略十年以后才开始实现的。从宏观方面来看,2007年出台的《中华人民共和国企业所得税法》终结了东部地区外商投资企业"两免三减半"的优惠,同时给予西部企业15%的优惠税率及税收减免优惠,这激发了外商向西部投资的热情。此时,东部的上海、深圳、苏州等城市都遭遇土地资源短缺、劳动力成本上升等问题,当地的一些企业原本想搬迁到东部的苏北、粤北等相对落后地区,但西部在政策上的优惠使得这些企业更愿意到西部投资。在这种宏观大背景下,重庆市抓住机遇,创造性地大力改善投资环境,实现了开放型经济的快速发展。

重庆的崛起在很大程度上起因于吸引笔记本电脑产业落户和开通"渝新欧"国际五定班列这两大关键性措施。而这两大关键性措施的实施又都是起因于对美国惠普公司跨境财务结算中心的招商。

惠普公司的跨境财务结算中心落户重庆后,重庆市政府继续请求惠普公司介绍其笔记本电脑代工企业来重庆投资,并承诺给予投资企业财税支持。因此,原投资苏州昆山的仁宝等笔记本电脑代工企业纷纷转投重庆。

另外,重庆市用巨额财政补贴推动开通"渝新欧"国际五定班列,也是起因于美国惠普公司的建议。"渝新欧"国际五定班列直接利用了新欧亚大陆桥。而新欧亚大陆桥是20世纪90年代修建的,它东起中国连云港,西至荷兰鹿特丹。20多年来,中亚各国一直利用欧亚大陆桥连接日本等太平洋海上运输。欧亚大陆桥也曾开创了到欧洲的铁路运输,例如一直存在从连云港至莫斯科的铁路运输线路。尽管如此,美国惠普公司从连云港运输笔记本电脑到欧洲的最先尝试是失败的,是重庆把这条线路真正做起来了。这一是因为重庆作为直辖市比连云港权限大,与中央各部委沟通方便、办事容易;二是因为重庆有充分的财力办大事,单中央拨付的三峡移民安置费用就有千亿规模;三是因为重庆已经首先建立了笔记本电脑产业,自己有充分的运往欧洲的货源,而连云港产业实力薄弱,笔记本电脑产业远在500千米外的苏州市。所以,尽管连云港首创了至新疆阿拉山口的国内五定班列,但并没有足够的动力来开通国际五定班列。

二、财政补贴是重庆快速发展的关键因素

重庆之所以能招引到电脑产业落户,地方财政的补贴起了很大作用。最初的补助可能包括:每台电脑出口补贴100元;每公斤电脑出口运费补贴3元;不但对出口补贴,对从苏州采购的原材料、配套零部件也给予从苏州到重庆的运输补贴;电脑生产企业不但可零地价供地,而且还配套给予周边商业设施用地,并由政府提供工人宿舍。在采取措施成功招引到台湾地区的笔记本电脑生产公司后,重庆继续花5年左右的时间建立了整个电脑产业链,并运用财政补贴开通了"渝新欧"国际五定班列。

运用地方财政补贴引进笔记本电脑产业并开通"渝新欧"国际五定班列成效是明显的。毕竟,引进IT产业以及开通中欧班列对西部大开发意义重

大。也正因为IT产业以及开通中欧班列都是很好的实体项目,所以2015年至2018年,重庆能够在与天津的激烈竞争中,最终击败天津,取得GDP遥遥领先的发展成效。

重庆市财政支出的扩展并不仅限于此,这使得重庆的地方财政高度依赖于中央的转移支付。2010年,苏州上缴中央收入1 000多亿元,上缴江苏省300多亿元,本市财政留成只有600亿元不到;而重庆2011年获中央补助、上年结转等共计1 843.4亿元,单中央补助一项就远超苏州的年可用财政。当时中央对重庆的补助款有一大块是三峡移民安置款。但10年后,2020年,重庆仍然获得2 184亿元国家巨额转移支付,扣除上缴中央税收的1 155亿元后,净得1 029亿元;而同期苏州净上缴国家2 303亿元。

正因为财政补贴在重庆的快速发展中起到关键作用,所以此次重庆国企破产事件很可能反映出重庆快速发展趋势的减缓。

三、重庆发展趋势的变动具有风向标意义

重庆GDP高于苏州但一般财政预算收入低于苏州,说明重庆的产业结构偏低档。即使是笔记本电脑产业,其毛利率也只有5%以下,但由于笔记本电脑产业的产值和出口额很高,江苏省要求苏州保住了一部分笔记本电脑产业。

重庆的产业很大程度上来源于苏州等东部城市的转移,而东部城市的产业又很多来源于境外的转移。由于苏州等东部城市在开放型经济转型升级以及创新驱动上要领先于重庆,因此,如今的重庆更容易受国际产业转移的影响,也更具有国际产业风向标的意义。

无论如何,尽管经历了2018年以来的中美贸易摩擦和2020年以来的新冠疫情,但重庆的发展趋势并没有大的改变,2018年、2019年、2020年和2021年重庆的GDP不变价增速分别为6.0%、6.3%、3.9%和8.3%,同期苏州为6.8%、5.6%、3.4%和8.7%,天津为3.4%、4.8%、1.5%和6.6%。

2017年,天津在与重庆争夺GDP全国第五名的竞争中败北,经济和财政收入的增幅在过去数年大幅落后于全国其他城市,逆转了天津2017年之前的GDP增速趋势。这次重庆国企破产申请,也在一定意义上兆示重庆的快速发展趋势已经开始减缓。

四、产能转移面临严峻形势

2018年,由于中美贸易摩擦不断升级,由中国向境外的产能转移开始呈现战略性和规模性。理论上,既然中国生产的产品不能以最惠国税率出口美

国，企业必然考虑将生产转移到境外。这些设备全新的新建工厂不但将生产出口美国的商品，今后还将与中国原来的工厂争抢世界各地的订单。实践中，佳世达等台资企业已经回到中国台湾地区，新投资了专门用于出口产品生产的全自动化生产线；三星、佳能、鸿海在越南北宁的工厂已经大批量生产；仁宝已经恢复在越南永福省的投资计划；苏州名硕目前已经完成了在越南等国的投资生产；富士康甚至已经在印度投资 iPhone 生产线；苹果中国"红色供应链"的一些企业也已经在越南投资。

如果说重庆的快速发展趋势已经开始消失和逆转，那么原因之一便与中美贸易摩擦引起的产能转移有关。历史地看，如果说 2011 年开始的苏州笔记本电脑产业向重庆的转移是符合国家战略布局设想的，那么，现今中国电子信息以及其他制造业产能向东南亚、墨西哥、美国的转移则是中国当下面临的严峻挑战。2012 年，苏州曾经有很多人认为，尽管重庆可以把笔记本电脑终端装配厂吸引过去，但不可能把面广量大的整个配套产业吸引过去，事实上，重庆等西部城市用了 5 年时间就基本建起了 IT 产业链。现在，也有很多人认为，东南亚可以把终端装配厂吸引过去，但不可能把面广量大的整个配套产业吸引过去。但笔者认为，如果美国遏制中国的政策不变，东南亚也可以用 5 年多的时间建立起整个产业链。

必须说明的是，向东南亚、墨西哥、美国的转移是产能转移，而非产业转移。因为中国的相关工厂一般是不会关闭的。跨国公司会在东南亚等地建设新的工厂，这些新的工厂使用最新设备，与中国的工厂形成对于订单的竞争关系。

未来的世界，将存在中国供应链和非中国供应链之分，两者之间将形成竞争关系。这样的竞争虽然增添了中国的负担，但不会对中国产生根本性伤害，因为东南亚的市场和人口均极为有限。但是，如果印度建起了 IT 和其他制造业的产业链，则会动摇中国的制造业基础，因为印度的人口甚至已经多于中国，印度替代的规模效应将会非常强大。

五、苏州和中国的应对

按当前的中美贸易摩擦规模，已生效的美国对中国 2 500 亿美元的征税措施，涉及苏州对美国出口金额约为 252 亿美元，相当于美国统计的 342 亿美元。如果加上对 1 200 亿美元的中国商品加征 7.5% 的关税措施，那么总体而言，可以粗略估算为苏州每年减少 300 亿美元的对美出口。

从 2012 年开始，苏州的笔记本电脑等 IT 产能向重庆等中西部城市转移造成的年出口减量在300亿美元左右。从2011年至2017年的7年时间里,苏州的出口增幅与全国平均水平的差额分别是－11.1%、－3.4%、－7.3%、－3%、3%、－2%、6.3%个百分点。可见,苏州花5年的时间弥补了这个出口凹陷。在2019年年初,笔者曾依据以上经验预测苏州弥补因中美贸易摩擦造成的出口减量估计也应需要5年左右的时间。实际上,因2020年以来的新冠疫情,苏州出口在2021年就已创出了历史新高。但这是因为疫情破坏了境外供应链,这个因素从2022年开始就基本不存在了,此时苏州将再次面临境外产能转移的挑战。

如何应对向境外的产能转移是一个大课题,需要专门分析研究。单就化解产能向东南亚和印度转移这个严峻挑战而言,我们可以从三个方面来看:一看印度发展情况,二看中国供应链能否不断提升竞争力,三看中美关系能否可控并向好。关于第一点,要看印度自身,不由我们;关于第二点,我们无论如何要做到通过创新驱动,继续大力发展开放型经济,完善市场规则,降低生产成本,巩固中国制造优势,持续提升中国供应链的竞争力;关于最有变数、弹性最大的第三点,我们不能因为美国要遏制中国就认为无策可施,美国遏制政策的弹性空间极大,我们仍要主动作为,积极影响美国政策的走向并最大限度地规避和减少美国政策带来的负面影响。

(王志明,苏州市商务局原副局长、中国国际贸易促进会苏州市委员会原会长、中共苏州市委党校智库特聘专家)

区域协调发展与长三角一体化示范区建设

聚焦长三角一体化发展 打造湿地生态新典范

中共苏州市委党校　　顾益坚　王丽君　冯育青　范竟成　李　欣
中共苏州市委市情研究基地

为深入落实习近平总书记关于美丽中国建设的重要论述和视察江苏时强调的必须把保护城市生态环境摆在更加突出的位置，带头做好深度对接上海大文章，推进示范区生态绿色发展，笔者选择了一体化示范区最具代表性的先行启动区吴江汾湖高新技术产业开发区（黎里镇）开展湿地生态实地调研，形成调研报告如下。

一、基本情况

吴江区是典型的江南水乡，湿地资源密度高、分布广，是湿地生物多样性较为丰富的典型区域，同时，由于位于上海市水系上游，也是影响上海及周边地区生态安全的重要区域。根据全国第二次湿地资源调查，吴江区区域自然湿地面积219平方千米，约占吴江区总面积的19%，目前已经初步形成了分级分类的湿地保护体系，自然湿地保护率达72%。汾湖高新区是一体化示范区中湿地资源最丰富的区域，共有湿地面积105.87平方千米，其中自然湿地62.869平方千米；作为上海黄浦江源头的太浦河，有1/3的长度在汾湖高新区境内；有元荡、汾湖等市级重要湿地23处，总面积37.29平方千米；已建立湿地公园1处，为章湾荡市级湿地公园，面积2.04平方千米；已划定湿地保护小区22个，总面积35.56平方千米。

二、存在问题

（一）湿地生态质量与生态绿色一体化的高标准不适应

根据调研，目前三白荡、太浦河等湿地的水质在Ⅲ类以上，区域生态质量基本能够支撑区域目前的人口和经济发展规模，但与生态绿色一体化发展的高标准仍有差距。生态较敏感的元荡、钟家荡、诸曹漾等区域受农业种养殖活动、生活污水排放等因素影响，普遍水体透明度低于50厘米。章水圩、诸曹漾和雪落漾周边受养殖废水排放的影响，水体氨氮含量显著增高，达到非养殖区域的2倍。河湖硬质驳岸多，元荡、三白荡等自然岸线比例偏低，总体透明度不高，影响水生植被生长，导致生物多样性不高，湿地生态系统稳定性不足。目前，汾湖高新区常住人口约25.6万，根据《长三角生态绿色一体化发展示范区国土空间总体规划（2019—2035年）草案公示稿》测算，到2035年，汾湖高新区人口规模将达38万，增长约为48%。区域的生态状况和生态环境容量将无法适应一体化示范区基础设施、创新产业、人文社会等方面快速发展的需求。

（二）湿地管理水平与生态绿色一体化的高标准不适应

一是区域政策法规示范性不足。目前，汾湖高新区的政策法规基本能够保护和利用好生态资源，但在一体化发展的大背景下，政策法规的应用仍然存在局限性。生态环境不受行政区域限制，具有明显的"短板效应"，元荡、淀山湖、太浦河等河湖均跨行政区域，苏州、浙江、上海三地生态保护管理的法规、政策不同，影响了统筹规划、保护修复、工程审批等工作的开展。二是生态执法体制示范性不足。目前，生态资源破坏的案件执法由吴江区农业、水务、环保等部门分别执行，各部门依据的法律政策不同、执法效率不同、执法考量不同，难以满足生态绿色一体化发展的高要求。三是生态保护体系示范性不足。汾湖高新区已初步构建了湿地保护体系，但缺乏生态亮点和特色，而毗邻的上海青浦区已打造出大莲湖湿地公园、青西郊野公园等生态亮点。汾湖高新区作为先行启动区中湿地资源的主要聚集区，与打造生态优势转化新标杆的目标仍有差距。

（三）湿地生态产业与生态绿色一体化的高标准不适应

根据国家战略，一体化示范区将打造成绿色创新发展新高地，依托优美风光、人文底蕴、特色产业，集聚创新要素资源，打造国际一流的产业创新生态系统，构建更大范围区域一体的产业创新链。汾湖高新区目前处于以制造业为主导或制造业与服务业双轮驱动的阶段，主要产业类型包括电梯、纺织、金属加工等。根据初步调研，汾湖高新区注册企业约300家，其中涉及环保、绿色产业的企业仅18家，涉及生态产业特别是湿地生态、水生态的研发型机构和企业几乎没有规划布局，湿地相关科学理论研究及生态修复示范推广能力与生态绿色一体化的高标准仍有差距。

三、对策与建议

（一）以改善生态环境为导向，科学恢复湿地生态系统

根据湿地保护利用现状，结合长三角一体化相关规划，可以将汾湖高新区分为重点保护区、一般保护区和城市发展区三种类型。重点保护区位于汾湖高新区太浦河以南，主要包括太浦河与汾湖区域、章湾荡湿地公园及周边区域、东南部与嘉兴市西塘镇毗邻的袁浪荡周边区域，面积为71平方千米，占区域总面积的27%，开发强度较低，生态区位重要，生态资源本底条件较好。该区域以国际标准打造亮点，提升章湾荡湿地公园品质；通过截污控污、建设净化型人工湿地等措施，提升进入太浦河的水质；预留袁浪荡区域的生态空间，增加鸟类栖息地，提升生物多样性。一般保护区位于北部和东部区域，面积112平方千米，占区域总面积的44%，主要包括农田、村庄聚集区等，农业种养殖生产较多。该区域结合乡村振兴战略、美丽乡村建设等，保留自然岸线，在实施退渔还田等措施后加强入湖面源污染控制，建设乡村湿地、小微湿地，提升生态承载量。城市发展区主要包括以三白荡、元荡为核心的区域，面积为75平方千米，占区域总面积的29%，是未来人口聚集和城市化程度最高的区域，湿地资源与人民生活关系密切。该区域要着力构建人与自然和谐共生的关系，打通关键节点，联通河湖水系，元荡等大水面湖泊湿地可以借鉴太湖湿地的修复经验，建设生态复层围堰，修复生态岸线；在水流速度较慢的支流与主干河道交汇处、绿廊、居民区周边建设净化型人工湿地，提升入湖水质。

（二）以协调一体化为目标，积极推进湿地保护管理

一是推进区域政策法规一体化。加快对接上海和浙江两地，实现由苏州、浙江、上海三地分别指定一个部门，比如由汾湖高新区综合执法局全面梳理本辖区各类政策法规，在长三角一体化示范区执委会牵头下，制定区域一体化的政策法规，建立相互合作、相互支持的长效联动体制与机制。建议涉及生态类的政策采用从严和从优原则，推广应用有利于苏州、浙江、上海三地生态保护的政策；涉及民生类的可以简化审批流程，加强事中、事后监管，确保重大工程高效审批，高质量实施。经过十年的实践和发展，苏州的湿地保护管理工作已领跑全国，例如"全国地级市最严"的湿地征占用准入制度、"湿地好不好，鸟儿说了算"的第三方因子评价湿地健康体系、"天—空—地"结合的湿地资源动态监测模式等，均可推广作为长三角区域的生态保护政策措施。二是推进乡镇综合执法一体化。将湿地保护执法纳入乡镇综合执法体系，由汾湖高新区综合执法局统一实施，执法力量集中下沉到乡镇。三是推进生态项目系统化。以汾湖高新区为单位，集中规划、申报和建设生态项目，从生态系统的角度综合考虑水体、大气、野生动植物等生态因子，提高项目层次和质量，综合各部门投入，充分整合资源，突出做好生态大文章，着力打造现代化生态精品工程。

（三）以政策支持为抓手，打造生态产学研平台

加大对涉及人工净化型湿地、小微湿地建设、生态监测等领域的科研机构和企业的支持力度，促进生态研发和创新产业链逐步形成。利用好一体化发展先行区的战略优势，放大"磁场效应"，建立以项目合作为纽带的产学研合作平台，以企业、科研机构为主体，通过技术转让、联合开发等形式开展产学研合作；建立以共建创新载体为纽带的产学研合作平台，通过共建研发中心、中试基地、孵化器等创新载体的形式开展产学研合作；建立以人才交流与培养为纽带的产学研合作平台，为高校院所、企业技术团队等建立人才通道，转移转化重大科技成果。通过高标准的产学研平台，系统研究生态保护、修复、重建与可持续利用的相关科学理论、工程技术、评估体系等，为区域生态绿色发展提供技术支持和决策支持，逐步打造具有国际先进水平的生态保护交流示范平台，为推动长三角绿色发展打好基础。

长三角一体化是苏州当前和"十四五"发展面临的历史性机遇，作为江苏省唯一被纳入一体化示范区先行启动区的汾湖高新区，应当聚焦高质量发展，扛起一体化示范区担当，用更高标准打造湿地生态保护与恢复的新典范，做好深度对接上海、融入长三角一体化这篇大文章。

（顾益坚，苏州市园林和绿化管理局党组成员、副局长；王丽君，苏州市园林和绿化管理局自然保护地处处长；冯育青，苏州市湿地保护管理站站长、江苏太湖湿地生态系统国家定位观测研究站站长、研究员级高工、苏州专家咨询团成员；范竟成、李欣，苏州市湿地保护管理站高级工程师）

深化沪苏同城发展还需处理好"五个关系"

中共苏州市委党校
中共苏州市委市情研究基地 王世文 郝良峰

以沪苏同城引领长三角一体化发展是苏州在新发展阶段的历史机遇,也是时代应有之担当。近年来,苏州积极贯彻国家决策部署,大力推动沪苏同城发展,成效令人瞩目。但在沪苏同城的深化过程中,还需要关注和处理好以下五个关系。

一、处理好行动与认识的关系

建设"一极三区一高地"和"率先形成新发展格局"是一个改革创新过程,没有现成的路径和模式照搬,因此,要对一体化工作的"难"与"繁"做好充分准备,处理好行动与认识的关系。目前,苏州各界对长三角一体化普遍高度重视,但不熟悉上海发展和国家政策、过度期待上级文件对任务的具体指导的现象仍然存在。没有对长三角一体化的深刻认识,就很难有不断解决问题、破解难题的历史耐心。为深化对党中央战略意图的领会和对长三角一体化工作规律的认识,需要做好以下几点:一要加强沪苏干部交流,以相知相熟促一体化发展;二要积极加入长三角一体化有关机构并参与论坛会议,走出去看一体化发展;三要成立专业研究机构,对长三角一体化发展进行深层次与时效性研究;四要加强学习,邀请有关政策制定者和上海执行单位来苏州开展专题讲座、深度交流,甚至进行多途径考核;五要对标上海政府网站,完善苏州政府网站架构与功能,实现网络风格与功能的率先一体化,突出长三角主题和沪苏同城发展的苏州机遇相关内容,发挥媒体宣讲功能。

二、处理好项目与功能的关系

2020 年,习近平总书记在扎实推进长三角一体化发展座谈会上指出:"让要素在更大范围畅通流动,有利于发挥各地区比较优势,实现更合理分工,凝聚更强大的合力,促进高质量发展。"① 长三角一体化的重点不是简单地实现溢出效应与虹吸效应,而是通过合理分工和协同合力,提升要素效率与创新、集聚竞争力。"推动区域一体化发展从项目协同走向区域一体化制度创新"也是《长江三角洲区域一体化发展规划纲要》的重要部署。项目功能是协同发展的基础。为推动沪苏同城,苏州一批重大项目加速落地。在此基础上,还需继续强化功能设计与实现。以项目功能提升区域比较优势,夯实协同发展基础,一是在项目立项阶段就以区域"比较优势"和"协同发展"功能提升为设计出发点,二是以干成事为目标确保项目运行达到预期功能,三是建立以项目功能和成效为重点的考核体系。

三、处理好百舸争流与聚力重点的关系

建设"一极三区一高地"与"率先形成新发展格局"是多方面的改革创新过程,需要激发各方面的主动性,形成百舸争流的发展局面。但是,长三角一体化发展还需要聚力重点,以只争朝夕的紧迫感,尽快拿出有影响力的标志性成果,以优异答卷取得上级部门信任,以显著成效增强信心和激发干劲。当前,一是要聚焦《长江三角洲区域一体化发展规划纲要》《长三角生态绿色一体化发展示范区总体方案》和《虹桥国际开放枢纽建设总体方案》等交办苏州的任务,有力破局,尽快交出阶段性优秀答卷,树立苏州有担当、有作为的地区形象,提升赋予更大使命和更多改革开放权利的可能性。二是基于苏州的比较优势和发展战略,在"苏州制造"与"江南文化"品牌建设重点领域和关键环节深化协同发展机制,积极寻求重大项目合作,以标志性成果增强全社会对长三角一体化的认同度。

四、处理好资源集聚和资源流出的关系

竞合实力与资源配置能力是比较优势和合理分工的基础。从外部看,"参与全球合作和竞争"与"提升参与全球资源配置和竞争能力"是长三角一体化的重要目的;从内部看,以一体化促进要素在更大范围内畅通流动,是城市发展格局的重塑过程,也是新模式、新理念下的城市竞合实力与资源配置竞争力的演化阶段。在沪苏一体化和长三角一体化的过程中,一方面要关注苏州对上海资源、全国资源以及全球资源集聚竞争力的提升,另一方面也要

---

① 习近平:《紧扣一体化和高质量抓好重点工作 推动长三角一体化发展不断取得成效》,《人民日报》2020年8月23日,第1版。

深入把脉苏州资源"高端东流、中低端西流"的新趋势与新特点。仅从上市和挂牌企业公告来看，具有一定技术水平和投资规模的项目落户苏北、安徽、重庆、上海等区域的不在少数。"高端东流、中低端西流"现象有其合理性和必然性，但其影响与成因不能忽视。此外，以一体化促进要素在更大范围内畅通流动，也包括城市内要素的畅通流动。上海以"五个新城"建设推动城市组团式发展，形成多中心、多层级、多节点网络型城市群结构的重要战略，为苏州提供了经验借鉴。在深化沪苏同城发展的过程中，苏州也应借鉴上海"五个新城"的发展模式，深化苏州内部一体化发展，畅通资源在苏州内部的流动，增强苏州的资源配置竞争力。

五、处理好政府与中介、企业的关系

政府在一体化机制和互联互通基础设施建设方面具有不可替代的重要性，但打破行政壁垒与提高政策协同是一个渐进过程，而以产业联盟为代表的中介组织和企业合作具有更强的灵活性和现实性。其中，产业联盟是长三角一体化多层次工作机制的重要环节，被赋予重任。《关于支持长三角G60科创走廊以头部企业为引领推动产业链跨区域协同合作的实施意见》和《长三角G60科创走廊产业联盟高质量发展指导意见》都明确了产业联盟体系发展方案。目前，14个G60科创走廊产业联盟已建成使用，成为跨省市协同创新融合发展和产业集聚引领升级的重要载体。进一步看，在《长三角科技创新共同体建设发展规划》的推动下，2021年又成立了长三角集成电路、生物医药、人工智能、新能源汽车产业链联盟。此外，历史上的"星期日工程师"和近两年苏州涌现的一批特斯拉供货商等市场主体行为都是推动长三角一体化的重要驱动力。因此，在强化政府作用的同时，苏州还应探索"政府+中介组织+企业"一体化有机发展模式，加强包括产业联盟在内的中介组织建设，发挥中介组织和企业在关键核心技术突破和加快产业优化升级中的作用。

总之，长三角一体化发展不是一日之功。既要有历史耐心，又要有只争朝夕的紧迫感，既要谋划长远，又要做在当下。以沪苏同城打造长三角一体化发展的标杆，苏州还需要处理好行动与认识，项目与功能，百舸争流与聚力重点，资源集聚和资源流出，政府与中介、企业等五方面的关系，在不均衡和均衡的动态演化中实现长三角一体化的高质量发展。

（王世文，苏州科技大学教授、苏州市大数据与信息服务重点实验室专家、苏州专家咨询团成员、中共苏州市委市情研究基地特聘专家；郝良峰，苏报智库专家、苏州科技大学教师）

加快沪苏同城化进程
大力推进苏州"新制造"的发展

中共苏州市委党校
中共苏州市委市情研究基地　　段进军　张婷婷

为加快推进长三角一体化，须高度重视沪苏同城化。沪苏同城化是长三角一体化的重要组成部分，是长三角一体化深入推进的必然选择，也是将长三角打造成为世界级城市群的必然选择。苏州与上海地理邻近、文化同源，在沪苏同城化的过程中，要合理分工、发挥优势、加强合作，以提升整体的竞争力。对于苏州来讲，要借助沪苏同城化，大力推进苏州"新制造"的发展。

一、制造业是苏州产业发展的战略选择，也是沪苏关系的核心内容

苏州参与沪苏同城化涉及全方位、多领域的合作，是一项重大的系统工程，但这个系统工程必须有一个灵魂来统帅，这个灵魂就是"新制造"。无论是 20 世纪 80 年代苏州利用上海星期天的工程师发展乡镇企业，还是 20 世纪 90 年代利用上海浦东开放推动苏州外向型经济的发展，制造业都是苏州产业发展的战略选择，都是沪苏关系的核心内容。

研究发现，世界级的城市群，从结构上来讲，都有一个核心城市，这个核心城市一定是国家或大区域的金融中心、交通通信枢纽、人才集聚地和进入国际市场最便捷的通道，即资金流、信息流、物流和技术流的交汇点。土地需求较高的制造业和仓储等行业则扩散或集聚在核心区的周围，形成制造业的中心。在长三角范围内，上海无疑承担着城市群最核心的职责。为了支撑上海这个长三角乃至世界的服务业中心，苏州及周边其他城市必须将制造业作为产业发展的重要选择。因此，在长三角建设世界第六大城市群的过程中，苏州的定位一定是制造业中心，但这个制造业中心不是一般的制造业中心，而是高端的制造业中心，是"新制造"的中心。上海如果要建设全球服

务业中心，苏州必须选择建设全球的制造业中心，这二者是联系在一起的。上海的发展离不开苏州，同样，苏州的发展也离不开上海。

二、苏州的产业发展要抓住制造业，把握制造型的研发和创新

近年来，苏州在经济社会发展中取得了辉煌的成就，由原来的中等城市规模发展到今天的特大型城市规模，这些都离不开制造业的快速发展。离开制造业，苏州不可能在中国乃至世界拥有这样重要的地位。苏州制造业取得的巨大成就客观上也为苏州未来发展奠定了重要的基础。

着眼未来，苏州发展要紧紧地抓住制造业，抓住制造业就等于牵住了"牛鼻子"。但时代的变化使得今天的制造业内涵已经完全不同于昨天。如果把今天的制造业称为"新制造"，那么昨天的制造业就是"旧制造"。传统外向型经济产业结构可形象地用"微笑曲线"来表示，苏州制造主要是中间附加值较低的以制造为主的组装环节，这个制造环节对资源环境的消耗比较大，它主要是建立在廉价劳动力、廉价土地资源和廉价环境容量的基础上。"微笑曲线"上端的研发与苏州无关，下端的销售和品牌与苏州无关，苏州被紧紧地锁定在附加值较低的制造环节。苏南模式在技术上是典型的"拿来主义"，人们形象地称苏州经济是"只长骨头不长肉"。但今天为了满足人们对美好生活的向往，传统的"旧制造"必须转型，必须从需求端和供给端着手重塑制造业的组织和内涵。如果说昨天的制造业遵循的是福特制的大规模、标准化、同质化的思维，那么今天制造业的发展更多的是遵循后福特制的个性化、差异化和小众化的思维。"新制造"不仅仅是单一的制造环节，而且是制造与研发、制造与消费之间的频繁互动，制造和研发之间、制造与消费之间的互动形成交集，被形象地称为"灰度创新"。因此，制造型的研发和创新应成为苏州产业发展最重要的方向。

苏州在基础型创新方面不如北京、上海等地，但是在制造型的研发和制造型的创新方面以及制造业服务化方面则占有巨大的优势，也就是说在"灰度创新"方面具有巨大的优势。为此，制造业的组织结构将发生重大变化，制造业的结构越来越扁平化，制造业竞争也将由单个企业为单位变成以平台组成产业生态系统为单位。竞争主要变成生态系统的竞争。

三、沪苏同城化过程中，推动"新制造"要高度关注六个"新"

为了更好地推动新制造的发展，要在沪苏同城化过程中高度关注六个"新"。第一，"新制造"。"新制造"是沪苏同城化的战略定位和目标，以下

的"五个新"都应紧紧围绕着"新制造"。第二,新战略。为了推动"新制造"的发展,在战略上要由传统的"后发优势"战略转型到"先发优势"战略,要将创新纳入整体的发展战略之中。苏州积极参与和推动沪苏同城化,从根本上就是利用上海和全球的创新资源,推动跨区域创新生态系统的形成。要将产业链、创新链、人才链、资金链等有机融合起来,以此来支撑苏州"新制造"的发展。第三,新要素。"新制造"发展必须依靠微观要素结构来支撑,如果要素结构不能得到有效转变,"新制造"只能是一句空话。要素结构是产业结构的重要基础。要通过沪苏同城化实现苏州对全球高端生产要素的集聚。第四,新空间。传统制造业主要根据一种"板块思维",即依靠开发区来支撑经济发展,是以土地等要素来支撑制造业的规模化扩张。"新制造"必须依靠"节点"思维,沪苏同城化很重要的一点就是提升长三角在全球的枢纽地位,打造中国开放的"新门户"和"新节点",以此来集聚全球的高端要素。苏州要对接虹桥国际开放枢纽,加快北向拓展带规划与建设。第五,新生态。如果说传统制造业主要是以单个企业为单位的竞争,那么"新制造"更多的是以多个企业构成生态系统的形式存在的,平台经济越来越重要。同时要建设跨区域的创新生态系统等。第六,新品牌。"新制造"的发展必须以打造苏州制造"新品牌"为最高目标。在全球制造业的发展过程中,德国制造、日本制造、法国制造等都是被消费者认可的,消费者从这些品牌中都能获得一种价值,但苏州制造还难以形成一种区域品牌。进入新阶段,制造业发展的最重要目标就是打造苏州制造品牌。以上"六个新"都是为了支撑"新制造"的发展,在沪苏同城化的过程中,要充分地考虑以"新制造"为核心的"六个新"。

在推进沪苏同城化的过程中,"新制造"应成为战略核心和目标,只有如此才能与上海形成错位,合力打造世界级的城市群。同时,沪苏同城化也是加快推进长三角一体化,构建疏通国内循环和国际循环战略节点的必然选择。

(段进军,苏州大学东吴智库执行院长、东吴商学院教授、博士生导师、中共苏州市委市情研究基地特聘专家;张婷婷,苏州大学东吴商学院博士研究生)

从全球港口演进看苏州加强港际联盟的发展思路

中共苏州市委党校
中共苏州市委市情研究基地 　徐成华

港口是国民经济发展的"晴雨表",港口的吞吐量直接折射出经济发展的韧性和潜力。交通运输部的数据显示,2021年苏州港货物吞吐量位列全国第六;集装箱吞吐量名列全国第八,增速第一,为29%,远超增速第二、排位第六的天津港(10%);太仓港更是实现了集装箱吞吐量700万标箱的历史性突破,同比增长35%,吞吐量增速位列全球百强港口第一,连续12年领跑长江,首次晋级为全国第8大集装箱港口,跃居全球排名第30位,谱写了苏州港口历史的辉煌篇章。但"大有极限,强无止境",港口的吞吐量不可能无限扩张,如何做强效益质量、实现可持续发展,如何更好地发挥苏州港口作为航运服务枢纽与联系东北亚及海上丝绸之路沿线国家的重要中转枢纽的作用,如何促进港、航、运、产、城联动发展全面提升,推动港口之间以及港口与城市之间实现有序协调和高质量发展是下一步值得思考的问题。

一、港际联盟是全球港口发展的新阶段

港口的重要地位决定了各国政府都把港口作为国家参与国际竞争的重要基础和经济、产业发展的依托。世界港口的发展大体经历了四代(表1)。目前,世界先进港口多处于从第三代向第四代发展的阶段。我国沿海港口整体完成了向第三代港口的转型,少量港口完成了向第四代港口的转型。对苏州而言,应顺势而为,加强港际联盟,进而推动港口转型升级、提质增效和资源优化配置,这是港口实现高质量发展的必由之路。

表1 港口代际定位与功能一览表

港口代际	港口定位	港口功能（经营范围）
第一代港口	运输枢纽中心	运输、仓储、驳运
第二代港口	装卸服务中心	运输、驳运、仓储、简单加工流通
第三代港口	贸易和物流服务中心	运输、驳运、仓储、流通加工、信息处理
第四代港口	供应链综合服务中心	在第三代港口功能的基础上，加强港际联盟，实现信息化、柔性化、绿色可持续发展，实现共同利益最大化

从全球第四代港口的发展特点可以看出其基本策略是形成港际联盟。什么是港际联盟？一是以提升港口自身价值为基础，以网络化嵌入相应的港口物流服务和航运服务，延伸产业链，提升供应链和创造价值链。二是以港口间的紧密协同为方向，强调海港与内陆无水港的联动发展等，进一步加强航运中心建设以及优化港口布局。这不仅体现在同一行政区划内的港口之间的相互竞合，还包括突破行政区划限制的港口之间的协同发展。三是以港口、产业与城市的联动发展为目标，强调港口信息化与网络化，发展低碳绿色经济，大力发展和吸引陆向腹地物流，通过产业集聚、规模经济等提高城市的经济效益和创新效益，使三者之间形成相互配合、互相协调的联动关系，实现区域经济的高质量发展。立足中国实际，港际联盟的形成及加强必须有组织、有规划、有政策，这离不开政府强有力的领导，有效市场和有为政府缺一不可。

二、苏州加强港际联盟的现实依据

（一）加强港际联盟是推进港口高质量发展的基本要求

港际联盟为了实现强强联手、合作共赢，可突破国家和地域的限制，如美国洛杉矶和长滩的组合港以及丹麦哥本哈根和瑞典马尔默的组合港。为打造一流苏州港口，必须实现港口由追随者向引领者的转变，由规模扩张向品质提升、创新驱动的高质量发展的转变。2021年，国家公布的虹桥枢纽建设总体方案明确提出加强江港、河港与苏州港的对接，很明显将以苏州港为龙头引领长江沿岸港口的发展，推动长三角港口一体化发展，促进长江经济带的繁荣，提升苏州港口作为国家物流枢纽服务区域经济的能力，这是国家对苏州的高度信任和重视，也是苏州的责任与担当。而苏州境内各港口特色明显，且拥有独特的区位优势和优良的长江岸线资源。但同时港口间存在"同质化竞争"且建设中矛盾也较为突出：港口结构不尽合理，非公用码头的能力超过公用码头的能力，集装箱码头和大宗散货码头仍显不足，深水岸线资源和部分港区土地资源利用不尽合理；港口智能化水平不高，各自为政、条块分割、信息闭塞，各港口之间以及港口和部门间的信息数据交换与共享较为困难；港口物流设施和装备的标准化程度还较低，各种运输方式之间的装备标准不统一，也影响了多式联运的规模和效率。

（二）加强港际联盟是深度融入"一带一路"的现实需要

目前，苏州货物有九成通过船运走向世界。其中，约七成通过公路运输抵达上海洋山港，再发往欧美（远洋航线）；剩余两成通过苏州港发往日本、韩国和东南亚国家（近洋航线），打通了国与国间的经济合作走廊，进一步巩固了苏州企业"走出去"的战略成果。作为省内主要支线公司的中转，苏州地区货物经太仓港进出比经上海港进出所需成本明显降低，每个标准集装箱至少能节省物流成本200元，且苏州境内长江主江共有岸线139.9千米，内河岸线（京杭运河、苏申内港线、苏申外港线、申张线等）共计93.16千米，随着劳动力成本上升和环保要求日趋严格，货物运输"陆改水""散改集"已成必然趋势。因此，拓展"水水中转"优势明显。另外，太仓港通过与上海港、宁波港、安徽港和省内其他港口开展合作，覆盖了长三角37个港口，搭建了完善的长江（内河）航运体系。但苏州其他港口与沿江港口群的互动不足，江河联运的功能和优势没有得到有效发挥，且内河港口布局相对分散，码头岸线利用效率不高，服务功能有待加强，综合效能和比较优势尚未充分发挥，内河港口的集装箱喂给和转运功能极不明显。

（三）加强港际联盟是实现港产城共荣的必由之路

港际联盟有助于实现资源优势互补、区域市场开发、合作共赢的目标，推动以港促产、以产兴城、以城育港，有助于加快港区功能规划与临港产业、交通物流及城市经济发展相融合，有助于依托港口优势和辐射效应，促进要素资源集聚，服务临港产业升级，实现港产城融合发展。如在太仓港的临港地区集聚了一大批物流企业，沿江地区吸引了一批制造业入驻，建设了一批特色项目，使太仓经济社会发展取得了新突破。但与国内外先进港口相比，苏州的港口服务仍以装卸、仓储和转运等为主，尚未实现多样化且附加值低；先进的港口供应链管理模式运用不足，高层次的相关服务如供应链集成方案设计、航运融资、海上保险、信息咨询、公证公估、海损理赔、航运人才培训等配套增值服务较为缺乏；港口产业间同质化竞争激烈，大都以煤炭产业、钢铁产业以及集装箱产业等为主；港产城联动不足，港口与城市发展衔接不够紧密，港城食宿、医疗、公共交通、教育等配套设施不够健全，港口与港区招商团队联动配合有待加强，港航配套产业支撑不够。

三、苏州加强港际联盟的对策建议

鉴于苏州境内港口众多且各具特色，应在实施全市港口一体化管理的前提下，通过有效整合港口资源，以各种协议、契约方式使不同区域港口间形成优势互补、风险共担、生产要素合理流动的合作模式。

（一）以打造国际江海联运枢纽港助推港口高质量发展

一是大力加快区域港口中转枢纽建设。拓展长江航线网络覆盖范围，加强与长江沿线港口、物流和口岸等单位合作，搭建长江运河运输平台，覆盖长江沿线所有主要港口，吸引腹地集装箱货源向苏州港集聚，引导长江中上游和浙北、苏南内河集装箱在苏州港集拼中转。二是显著提升港口码头深水化水平。充分发挥长江12.5米深水航道效益，研究进一步浚深苏州境内航道的可能性。重点突出5万~20万吨级码头建设。加快对太仓、张家港等地区一批等级、效率、专业化程度较低的已建码头的挖潜改造和提档升级。加快推进重点港区深水专业化泊位建设，力争实现沿江港口20万吨级码头的突破。三是积极推进智慧港口建设。整合苏州港电子口岸平台、跨境电商、智慧港口等平台综合数据，协调推动电子口岸、区域大通关及国际贸易"单一窗口"建设。加快推进集装箱码头自动化等智慧港口建设，推动在封闭场区开展基于5G的无人集卡试点，推动集装箱场桥远程操控技术的研发和推广应用，推广自动导引车（AGV）的应用。四是不断优化营商环境。对标全国最好、世界一流，在持续提升运营能力的同时，应保障通关一体化、通行便利化、监管高效化，以提高港口服务效率。以搭建港航一体化服务平台、口岸一体化监管模式推动实现口岸单位、查验中心、码头堆场、代理公司间的信息互通、实时共享，压缩流程时长。

（二）以深度融入长三角一体化强化港口协作

一是畅通苏州干线航道网络。持续推进干线航道整治，重点加快苏申内港线、苏申外港线、长湖申线等长三角一体化航道项目建设，构建联网成片、通江达海的内河航道网；着力解决碍航桥梁、局部浅段等瓶颈问题，加强长江、京杭大运河两大黄金水道的便捷联系。二是不断完善航线航班网络。进一步加大对内贸沿海航线的开辟力度，增强内贸枢纽港功能。优化远洋喂给体系，完善江海联运支线网络，发展苏州内河集装箱运输，拓展"苏南（长江中上游）—太仓港—远洋"贸易通道，进一步完善外贸支线。三是加快港口间资源整合，实现互补发展。加强苏州市域港口资产合作，以龙头型国有码头企业为主体，通过交叉持股、委托经营等方式积极推动苏州沿江港口资源整合并加强信息互联互通；加强与江苏省港口集团有限公司的合作，深化与长江中上游及内河港口在战略、经营层面的联动合作，开辟点对点直线运输航线，鼓励有条件的港口企业积极参与内河码头、物流设施的建设和经营。

（三）以促进产业转型升级加快实现港产城共荣

一是积极引导产业功能转变。引导港口由传统的仓储运输向物流、商贸和金融功能转变，大力发展高端装备、智能制造、新一代信息技术、冷链物流、跨境电商等产业，着力培育临港先进制造、国际分拨分销等特色产业集群，形成具有较强辐射带动力的枢纽经济增长极。二是始终坚持科技创新。不断细化专业分工、延伸产业链条，通过科技创新和技术升级提高产品附加值，培育一系列新兴产业，如发展新材料产业、新能源产业及节能环保产业，培育海洋生物医药和健康产业等，在临港相关产业中积极融入新一代信息技术和智能手段。三是充分延伸产业链。加快发展现代物流、专业市场、服务外包、研发设计、休闲旅游、文化创意、金融保险等现代高端服务产业。同时，培育具有特色的文化创意产业，打造多元化的文旅产品体系。

（徐成华，中共苏州市委党校）

以"五个一"推动苏州和无锡融合发展

中共苏州市委党校
中共苏州市委市情研究基地　丁轶军

苏州和无锡作为国内两座相邻的重要城市,长期以来占据着全国地级市的头两把交椅。两座城市同为吴文化源头,依太湖相伴而生,地缘相近、文化相亲。伴随着改革开放后40多年快速现代化进程,苏州、无锡两地城市边界日渐接近,空间距离不断缩短,两地居民相互通勤、居住、生活的需求日益增强。但由于行政管辖分属两市,苏州和无锡在自发融合的过程中受到交通体系、区域规划、基础设施布局等因素的影响,客观上阻碍了两市的进一步融合发展。

一、苏州、无锡融合发展的制约因素

(一)城市交通体系连通度严重滞后

苏州和无锡城市中心距离仅35千米,城市建成区边界在望虞河两侧已呈现出连绵趋势。苏州、无锡两地经济体量均十分庞大,2021年两地GDP分别达22 718.34亿元和14 003.24亿元,均位居全国前列,域内制造业、物流行业发达,经济要素聚集性、流动性强。两地同处太湖之滨江南文化区域,域内山水名胜和人文景观众多,2020年两地国内旅游人数分别达6 502.75万人次和6 010.2万人次,相互访问或串联旅游的需求旺盛。两地同为吴地,人文相亲、文化相近、方言相通,居民异地探亲访友、置业居住、就业工作已成常态。从复旦大学教授、经济学院院长、长三角一体化发展研究院院长张军的《从人员流量看长三角一体化的未来》研究报告中可以看出,2021年,苏州、无锡两地之间人员流动频次较高,跨市联系密切。

和强烈的现实通勤需求形成鲜明对比的是,两个城市之间的基础交通设施显得十分滞后。两地之间因望虞河这一天然分界线而存在客观上的割裂带。两地之间目前城际轨道交通通道方面仅有京沪高铁、沪宁城际、沪宁普铁3

条通道，城市道路连接方面只有沪蓉高速、沪常高速苏锡支线2条高速公路，太阳路（新312国道）1条高等级公路和沪霍线（老312国道）及2条乡村级道路跨河连通。城市轨道交通和城市快速路目前仍没有任何对接。交通体系对接的滞后客观上导致了两地官方与民间的经济文化往来不畅。

（二）城市产业结构同质化程度较高

苏州和无锡同为制造业大市，以悠久的工商业传统著称。改革开放以后，两地几乎同步兴起乡镇企业热潮，带动工业化起步，制造业水平一直都处于全国领先地位。2021年，两地规模以上工业企业总产值分别达41 308.10亿元和21 376.39亿元，位列全省前二。当前，随着产业结构的不断优化，两地的工业制造业也在逐步提档升级，从原先的低端代加工产业逐步向电子信息、新能源、环保、生物医药、机械装备等先进制造业转变。但和工业化初期类似的是，两地产业同质化趋势依然十分明显。此外，两地的新兴产业布局主要依托于域内数量众多的开发区和产业园区。仅国家级开发区而言，苏州目前有国家级经济技术开发区9家、国家级高新技术开发区3家，无锡分别有3家和2家。同时还有各类省级开发区，数量之多、密度之大，均位居全国前列。这些开发区从设立之初就都将目标瞄准了高端装备制造、新能源、新材料、生命科技、信息技术等尖端制造业领域，尤其是苏州、无锡两地开发区与开发区之间同质竞争更加激烈，有时甚至为引进大项目、大企业落户，出现拼土地和税收政策优惠的恶性竞争。

（三）城市历史文化争论较为激烈

3 200多年前，泰伯从中原地区到江南梅里建立吴国。500多年后，吴王阖闾令伍子胥建造吴国新国都阖闾大城。吴国的政治经济活动中心即在今苏州、无锡一带，因而苏州和无锡两地就吴文化源头、阖闾大城的所在地产生了较为激烈的争论。按《史记》记载，一般认为阖闾大城即是现在的苏州古城。2008年，据有关方面考古调查确认，无锡胡埭镇附近的阖闾城遗址才是阖闾大城的所在。此后，两地按各自口径对外宣传，给国内外相关研究领域造成了困惑。此外，由于苏州、无锡都是江南地区重要的历史文化名城，文化遗产、自然景观、历史遗存都比较多，苏州现有国家级重点文物保护单位61处，无锡有34处，多为明清时期的江南建筑，因此，一直以来两地都对"江南文化""运河文化"品牌十分重视，均强调本地是江南文化的发祥地，在进行对外宣传和理论研究时，无论是形式还是内容都趋于雷同。

(四) 太湖的生态旅游和环境保护缺乏协同机制

太湖是苏州和无锡两地共同的母亲湖，两地加起来占据了太湖面积的98%以上，因而太湖区域的旅游资源主要集中在苏州、无锡。国务院批复的国家级太湖风景名胜区中包含13个景区，其中苏州占据8个，无锡占据5个。在太湖生态旅游领域，无锡起步早，国内外名气大，主要依托开发较早、较为成熟的惠山蠡湖以及马山半岛佛文化主题的灵山拈花湾。而苏州太湖旅游主要依靠东山、西山、光福镇、镇湖的自然风光、农家风情、岛居生活观光。两地其实在旅游的性质和体验感上存在很强的互补性和可联动性。但在现实中，两地太湖生态旅游几乎不存在联动，游客需要进入两地市内旅游集散中心之后再分别分流至太湖区域旅游，人为割裂了太湖湖区旅游的整体感。太湖先天水深较浅，在200多年前已达到富营养化水平。随着改革开放后太湖周边地区的工业化进程不断加快，太湖污染一直呈现加快、加深趋势。2007年，太湖暴发蓝藻危机，给太湖周边城市敲响了警钟。此后，周边城市纷纷行动起来，关停污染企业，拆除养殖围网，强化污水处理。经过十多年的努力，太湖水质有了一定的好转，总体达到了4类水平。但是也要看到，太湖水质和环境离人民群众的期待还有很大距离，每年盛夏时节蓝藻还是会不同规模地出现。苏州、无锡两地都把太湖环境治理放在重要位置，但相互之间的协同配合仍显得偏少，治理的举措、频次、程度都不尽相同。

二、加强苏州、无锡融合发展的建议

长三角一体化发展是习近平总书记亲自谋划、亲自部署、亲自推动的重大国家战略。在2022年2月8日召开的江苏省推进长三角一体化发展领导小组第四次全体会议上，时任省委书记吴政隆强调要进一步提升基础设施的互联互通水平，推进一批重大项目，努力实现区域要素流动更畅通、群众出行更便捷。

(一) 建立一个"群"

苏州要把握高质量发展的大局，主动服务和融入发展新格局，关键在于创新集群建设。在产业科技创新领域，苏州和无锡起步都较早，创新资源有一定积累。关键是要推动苏州和无锡两地在太湖科创带的统一协调下，进一步高效整合创新资源，推动两地产学研的分工协作，联合开展核心技术的研究攻关。加快苏州和无锡两地的产业数字化优势整合，推动苏州工业互联网、无锡物联网等产业数字化、智能化方式的深度应用。推动姑苏实验室和太湖实验室等创新平台协同联动、联合攻关。有效整合南京大学苏州校区、东南大学无锡校区，以及华东理工大学、同济大学等联合实验室等高校、科研院所资源，汇聚科技创新合力，共同推动苏州和无锡产业集群发展。促进苏州和无锡两地科技创新型领军企业的技术合作和交流，共同推动高新技术向制造业、实体产业聚集。

（二）织密一张"网"

加强苏州、无锡两地综合交通运输规划的对接，真正实现两地之间交通基础设施布局一张网。在机场建设方面，抓住硕放国际机场提升为长三角城市群国际枢纽机场的机遇，加大对硕放机场的投入，共同推进机场二跑道和T3航站楼规划建设。协调苏州公交、出租车进场本地化待遇，争取更大程度的本地权限，真正实现一体化待遇。在城市轨道建设方面，加快推进无锡3号线和苏州3号线的对接，满足硕放机场通勤需求。同时，加快苏州7号线与无锡5号线以及其他线位对接的研究，形成苏锡之间互联互通的轨道交通网络。在城市快速路网方面，加快推进沪霍线（老312国道）全线快速化改造，对接无锡长江东路快速化，形成快速连通通道。加快研究规划高新区快速路跨贡湖湾对接无锡蠡湖快速路，强化苏州城西与无锡太湖新城的联动。在城市断头路对接方面，加强两地协调，增加跨望虞河通道，加强对接无锡薛典路、鸿运路等一般道路的研究规划。

（三）创建一个"区"

围绕苏南硕放机场，在机场周边划定苏州望亭、黄埭和无锡新安、硕放部分区域建立苏锡协同发展示范区。示范区依托硕放机场升级扩容的发展机遇，构建临港经济，更大力度地吸纳与引进先进科技、尖端人才和资本项目。立足两地科技创新的雄厚基础和苏州、无锡籍院士数量众多等优势，合力提升人才吸引力度，充分发挥人才优势，努力将示范区打造成两地协同发展的科技创新服务中心和先进制造产业中心。在示范区内试点居民同城化待遇，探索医疗、养老、住房、社会事业的对接。同时，将示范区建设作为苏州积极融入环太湖科创带协同发展的现实举措，将示范区打造成为环太湖科创带的引领示范中心，共同编制好环太湖科创带的发展规划，联合提升科技创新的策源能力，推动科技创新与产业的深度融合发展。

（四）共建一条"带"

以苏州和无锡大运河文化带协同建设为契机，不断强化两地之间吴文化、江南文化和运河文化的交汇交融和文旅协同，构建两地大运河文化带建设官方和社会力量协作机制,将无锡运河十二景和苏州运河十景有机整合串联,共建江南运河文化圈。推动建立苏锡运河文化旅游发展联动机制,串联起苏州和无锡两地运河沿岸深厚悠久的文化资源,将运河观光与江南非物质文化遗产结合起来,推动苏州评弹、昆曲及无锡锡剧的传承弘扬与联合展演。以江南运河为纽带,将无锡老城和苏州古城有效衔接起来,串联起苏州古城、古典园林、水乡古镇,无锡惠山古镇、城中古运河、泰伯庙等重要历史文化遗存,打造一条具有鲜明江南文化特色的历史文化廊道,共同打响吴文化、江南文化和运河文化的品牌。

(五)共护一片"湖"

建立苏州和无锡太湖生态环境保护协同机制,在沿湖地区规划布局方面进行沟通协调,科学合理地布局两地沿湖居住、产业、科技创新等资源要素,突出环保优先。推动两地太湖环境保护合作与协调,逐步实现太湖污染联防联治、信息共享、环保事件通报机制,在太湖生态环境涵养方面相互支撑、相互促进。有效整合环太湖旅游资源,建立太湖生态旅游协调机制,加密湖区内部观光船舫班次,提升两地太湖旅游资源的可通达性,将太湖生态岛、沿湖古村镇与无锡太湖山水、禅意文化旅游有效整合起来。加强太湖沿岸无锡太湖新城和苏州高新区太湖生态城、苏州太湖新城的沟通联动力度。加密苏州市内太湖湾和苏锡之间贡湖湾通道,高效连通太湖几大新城片区,加强创新产业集群的集聚,进一步促进太湖沿岸的商贸互动、消费联动,促进产城融合、文旅融合。

(丁轶军,中共苏州市委统战部)

关于将昆太合作打造成市域一体化先行区的建议

中共苏州市委党校
中共苏州市委市情研究基地　段进军

市域一体化是苏州发展到新阶段的必然要求,是苏州发展产业创新集群的必要条件,是解决"散装苏州",高质量融入长三角一体化的战略选择,其本质是市场一体化。昆山与太仓作为苏州东部的重要板块,是虹桥国际开放枢纽北向拓展带的两个重要节点、沿沪重镇,地缘相邻、人缘相亲、业缘相融,二者在很多领域都具有重要的互补性,具有广泛的合作领域。目前,昆山、太仓积极响应苏州市委、市政府的战略决策,深入探索协同发展的新路径,打造协同发展的新样板,在推动苏州市域一体化中展现更大的作为,扛起更大的担当。昆太一体化不是"浅"的一体化,而是对涉及交通、产业、创新、生态、社会治理等全方位、系统化的一体化路径探索,更是进入新时期对区域跨界治理模式的一个全新探索。昆太一体化的实践探索对于苏州市域一体化乃至中国其他区域一体化都具有重要的借鉴价值。为此,本文提出以下几点关于把昆太合作打造成为市域一体化先行区的建议。

一、昆太合作应以市场一体化为基础

苏州市域一体化战略提出以后,各方积极行动,但在交通、规划、产业、创新,以及生态和社会的跨区域治理深度合作方面仍待全面展开。目前,昆山和太仓之间的合作走在全市市域一体化的前列,两地政府在诸多领域达成了合作共识,双方合作具有客观基础,也有主观愿望,在各领域紧锣密鼓地推进。第一,昆山和太仓的合作是基于市场强大的需求,是基于微观企业跨界经营和发展的需求,这种自下而上的主体需求构成了双方合作最重要的动力基础。第二,政府为适应市场发展的要求,积极"修路搭桥",建立合作机制,破除阻碍市场主体跨界经营和发展的体制机制障碍。第三,两地之间生态社会经济联系紧密,人员、资本、商品的跨界流动,迫切需要政府建立协调机制,探索新时期跨区域治理的新模式。第四,两地深度合作对于彼此可持续发展具有重大的作用。昆山、太仓两地资源禀赋、产业发展、创新需求方面彼此互补性强,两地合作会产生"1+1>2"的效果。第五,昆山、太仓的深度合作符合进入新时期苏州发展的底层逻辑。伴随国内外形势的变化,苏州发展的动力正由廉价要素支撑的产业集聚走向创新驱动的产业创新集群,而创新是一个重要的区域化过程,即市域一体化的过程。基于上述考虑,昆山和太仓两地政府应顺应时代发展的新要求,在宏观的交通、规划、产业、创新方面都应以微观市场主体需求为基础,这是一个重要原则,要依据此原则扎实推进两地合作。

二、昆太合作应探索出系统化合作的新路径

昆山、太仓两地积极响应苏州市委、市政府的战略决策,共同建立紧密高效的联动机制,达成了诸多共识。构建昆太"一高三快"高快速路网体系,推动苏州市域轨道交通 S1 支线、S2 主线延伸太仓线尽快开工建设;畅通水路运输通道,积极融入苏州港口一体化管理,加密苏州内河港直达太仓港航线,保障昆山至太仓港集装箱船舶运输的时效性;两地提出共同强化产业创新的协同协作,按照优势互补的原则,强化在项目合作、产业创新等领域的联动发展,提升嘉昆太协同创新核心圈的发展质效;统筹发挥好昆太两地科创资源优势,共同探索建设娄江科创廊,加快打造昆太环大学科创生态圈;研究文旅产品的错位发展,共同打造精品旅游线路;进一步强化全方位合作,不断完善教育、医疗、养老等基础配套,持续扩大高品质公共服务的辐射半径;深化昆太交界河道联合河长制,强化跨界生态环境违法行为打击力度;完善跨区域社会治理联动机制,打造智慧城市治理组团,共同维护和谐稳定的社会环境。以上是两地合作的具体领域,可以看出,昆太合作已不仅仅局限在交通、规划、产业等领域,实际上已经发展为创新、社会、生态等全方位、系统化的合作。这是昆太合作走在市域一体化前列的重要标志,值得其他板块借鉴。

三、昆太合作应积极探索新时期跨界治理的新模式

传统的区域治理更多的是基于行政区范围内的治理,区域一体化带来的要素跨界流动,将对政府传统治理模式提出重大挑战。政府面临的治理已经从传统的具有明确边界的地理空间走向一个边界模糊的流动空间。局限于行政区范围内的治理模式越来越不适应时代发展的要求,昆太一体化应在跨界治理上探索出一条新路,如生态治理的跨界性、社会治理的跨界性,以及产业发展、创新等领域的跨界性等。昆太双方提出要厚植生态优势,共抓绿色发展,实施跨界河道共建共管机制,形成生态保护联防、联控、联治格局,

打造水韵江南宜居样板区。共同建设娄江科创廊,加快打造昆太环大学科创生态圈等。这些实践领域提出的重大课题都要求政府转变职能,要从行政区内部纵向的事务管理转变为横向跨界的协同治理。随着合作的深入,这种横向协同治理的事务就会越来越多,要在双方行政管理部门之间建立一种横向的协调沟通机制,这种机制要充分推进市场一体化,不能对跨界的要素、商品、资本等设立诸多障碍。目前,双方在诸多方面事实上形成了一种分工合作关系,比如太仓市科技产业园内优质企业密布,创新活力迸发,它与昆山市光电产业园接壤,先后引进了中淳电子、奥特润滑设备等10个昆太合作项目,亿迈齿轮、瑞铁机床等企业在原材料、成套设备及仓储物流等方面也与昆山企业保持着良好合作。除了经济领域,对于跨界的生态问题、社会问题的治理也要建立部门协调机制,同时要充分发挥社会组织的协调作用等。总之,要积极推进政府职能的转变,加强重点区域、重大事项、重要项目的统筹衔接,有力保障交通互联、产业融合、民生共享等举措的落地、落实。

四、将昆太深度合作打造成为市域一体化的先行区

昆山位居全国百强县榜首,始终走在改革开放与发展的最前沿。因此,昆山也要在市域一体化的进程中走在最前列。太仓这些年发展得也非常迅速,在百强县排名中位列第七,二者的合作属于强强联合。市域一体化是进入新阶段的新要求,也是体制机制改革的突破口,是苏州进入新阶段发展的新动能。当年昆山政府排除万难,自费建开发区,勇当第一个"吃螃蟹"的政府,开创了举世闻名的"昆山之路"。进入新阶段,中央提出"双循环"战略新格局,提出要建设全国统一大市场。全国统一大市场不是一个抽象的概念,苏州市域一体化就是对建设全国统一大市场的重要贡献,昆太一体化也是对建设全国统一大市场的重要贡献。谁率先突破行政区划,谁就可以获得发展和改革的红利。昆山、太仓两地作为苏州最重要的临湖重镇,在新时期要勇于第一个"吃螃蟹",探索出一条协同发展的新路来,这对于推进市域一体化具有重大的作用。昆太一体化的深度合作,可以为市域内的其他板块树立榜样。进入新发展阶段,在苏州全市范围内,也有像昆山和太仓一样的具有合作潜力的关键区域,比如吴江与吴中、常熟与相城、昆山与苏州工业园区等,这些区域的协同发展必将释放出巨大的市场潜力,形成区域发展重要的增长极。昆山与太仓的深度合作理应成为市域一体化的先行区,对其他板块的协同发展起到重要的引领作用。

(段进军,苏州大学东吴智库执行院长、东吴商学院教授、博士生导师、中共苏州市委市情研究基地特聘专家)

关于四个维度推进苏州港产城一体化发展的建议

中共苏州市委党校
中共苏州市委市情研究基地　张明康

港产城一体化发展是指以港口为龙头、产业为核心、城市为载体，依托海陆腹地和综合运输体系，开展生产力布局，发展港口枢纽经济，实现港口、产业、城市三大要素之间有机结合、良性互动、协同发展。本文结合国内外港产城一体化发展经验，立足苏州全市，从四个维度进行分析阐释，为推进苏州港产城一体化发展提供参考。

一、市域一体化视角下的港产城一体化

推进港产城一体化发展，一个必须厘清的范畴就是"港产城"的空间尺度的界定。在区域一体化不断向纵深演进的大背景下，港口、产业、城市的发展早已突破原有界限，因为港口具有准公共物品属性，承担着市内、省内乃至区域内经济腹地对外联系的门户口岸功能，港口借助航运线路组成海向通道，借助公路、铁路及内河水系形成陆向通道，港口的空间范围和经济范围得到了前所未有的拓展。所以，港产城一体化的空间范围至少可分为区域、市域、县域三个空间尺度，并且在这三个空间尺度上互相影响、相互叠加。区域层面是宏观尺度，区域内城市群与港口群遵循各自演化规律相互作用，决定了港口城市的发展特性，以及港口在区域港口群中的功能定位。市域层面是中观尺度，港口与所依托城市根据各自发展规律相互作用，决定了港口城市的空间结构、临港产业空间布局，以及不同港区间的分工及定位等。县域层面是微观尺度，又细分为两个层次，即港口和港城（区镇）、港口和主城在功能及用地上相互作用，决定了港城和主城的功能以及布局，是港产城一体化的直接落脚点。

在县域层面，要形成以太仓港为主港区和核心区，三大港区优势互补、错位竞争、协同发展的良性格局。苏州市委明确指出，太仓要将港产城一体化作为城市发展的第一战略。太仓港要做大做强、做精做优集装箱业务，举苏州全市之力将太仓港打造成为苏州港高端航运业务和港航服务业的主集聚

区、主功能区,代表苏州港参与全球竞争。三大港区要充分发挥现有的化工、钢铁、汽车、大宗商品、装备制造、物流仓储等产业基础优势,不断延长临港产业链条,迈向产业链中高端。要在港口和主城、港口和港口之间规划建立"三纵一横"廊道空间,即"港口—港区—县域主城—市域主城"纵向廊道以及"太仓港—常熟港—张家港港"横向廊道,探索产业协同和城镇体系的更多可能。要站在全局高度认识港产城一体化的重要意义,市、县两级项目、土地、人才、政策要向港口倾斜,破除港口发展的瓶颈制约。

在市域层面,要建立"3+X"港口体系。"3"指沿江三大主力港区,"X"指若干内河港区,即要加强统一管理,打通制度堵点,实现抱团发展,以"三港合一"的态势提升苏州港在全国乃至全球的竞争力。要抓住长江经济带、长三角一体化、上海大都市圈建设等战略机遇,坚持"一张图"规划、"一盘棋"发展,握指成拳推进苏州市域一体化发展,促进港产城功能优化配置。要优化港区产业和功能布局,统筹太仓、张家港、常熟长江岸线和临港土地的开发,推动与港口关联度低的产业和功能向外迁移,为苏州港建设综合实力一流的世界强港预留空间。要超前谋划沿江市(县)撤市(县)建区的可行性和推进步骤,推动县域经济向都市经济、都市圈经济转型,为苏州中心城区空间优化提供支撑。

二、系统理论视角下的港产城一体化

港、产、城三者之间既相互独立,又通过内在联动和交互影响共同构成港产城复合系统。港产城一体化的过程是各子系统及其要素通过内在联系和协调机制,逐步实现耦合发展,进而形成良性循环的利益共同体的过程。其中,港口是战略核心资源,对产业培育和城市发育具有辐射带动作用;产业是必要支撑条件,对港口壮大和城市繁荣具有持续支撑作用;城市是重要功能保障,对港口运转和产业升级具有基础保障作用。参考实践案例和历史经验,在港产城一体化的一个完整演变周期中,往往要经历"以港聚产—以产兴城—以城育港—港产城一体化"四个阶段。但是在不同地区和不同发展阶段,港口、产业、城市三个系统在整个港产城复合系统中的角色并不一致。当港口资源优势明显但城市综合实力不强时,港口在系统内部居于主导地位;当港口资源优势不明显且城市综合实力不足时,产业在系统内部处于主导地位;当港口资源和产业发展优势均不明显,而城市综合实力较强或具有区位、资源禀赋、政治、文化等特定优势时,城市在系统中处于主导地位。主导因素的不同,决定了港口、产业、城市的相互关系不同,也决定了推进港产城

一体化的重心和模式不同。

在苏州港内部，张家港港口实力和城市实力同时较强，钢铁冶炼、化工、木材交易加工等临港产业颇具特色，相对而言港产城一体化水平较高。常熟港港口实力在苏州港中较弱，且港城集聚度偏低，港产城一体化水平不高。太仓港是苏州港的龙头和核心，集装箱吞吐量一枝独秀，但主城区和港城集聚度都偏弱，产业能级有待提升，目前还处于港口主导下的港产城一体化发展阶段，当前战略导向应为"以产兴城"。因此，太仓港应依托港口功能定位，着力引进与之匹配的临港产业及城市服务功能，尤其应当抓住长三角一体化、虹桥国际开放枢纽建设、上海大都市圈空间协同等战略契机，承接上海港功能溢出，吸引总部物贸、高端装备制造、生物医药、航空航天、汽车等适于港产城互动的产业。

在苏州市级层面，就城市而言，苏州经济总量、常住人口总量等重要指标均位列全省第一，但若剔除区县单论市区，则优势地位不再明显，从这个角度讲"苏大强"之"大而不强"有一定道理。就港口而言，单太仓港集装箱吞吐量已经跃居全国第8位、世界第25位，不可谓不"强"，但就港口综合实力而言，在货物结构、国际业务、高端航运服务等方面与一流港口还有差距。就产业而言，苏州是全球第一大工业城市，是国内工业体系最完备的城市之一，其中电子信息、先进材料、装备制造和生物医药已形成明显的产业创新集群。综上所述，在推进"港产城一体化"的进程中，苏州正处于由"以产兴城"迈向"以城育港"的过渡阶段，要以数字经济时代产业创新集群引领城市更高质量发展，为苏州港能级跃升提供强劲内生动力。

三、产业升级视角下的港产城一体化

产业是连接港口和城市的纽带，是港口和城市协同发展、空间互动的基础要素。为避免讨论过于泛化，此处重点聚焦临港产业，因其是港口与城市共同的需要，是港城空间互动的结合点和着力点。临港产业的类型和布局是决定港城空间关系的核心变量，如果以此作为分类依据，则可将港口和城市的关系分为三类，即"以港聚市"阶段、"以港兴市"阶段和"以港强市"阶段。在"以港聚市"阶段，区域内主要经济活动都源于港口，城市与港口无缝衔接，港口的主要功能是运输，城市的核心产业是运输业。港口以大规模、低成本运输优势，集聚大量商品和生产资料，进而形成区域集散中心，吸引商人、企业到港口附近聚集，衍生出运输、装卸、仓储、贸易等服务，使城市逐渐成长发育。在"以港兴市"阶段，港口城市逐步步入工业化发展

阶段，钢铁、石化、装备制造等临港产业快速崛起，出口加工业和外向型生产企业大量集聚，商品交易市场、生产资料交易市场蓬勃兴起，城市空间快速膨胀。随着工业化进程的加速，低效企业和市场逐渐搬离港区，城市得以向更大范围拓展。在"以港强市"阶段，临港产业不断转型升级，制造业新兴产业和高新技术产业占比持续提升，研发设计、检验检测、商务服务等生产性服务业加速涌现。港口发展逐渐深水化、大型化和集装箱化，催生了航运物流、航运金融、海事仲裁等航运服务业的出现。产业多元化格局形成，港产城良性互动。

在苏州港内部，太仓港、张家港港、常熟港均处于从第二阶段"以港兴市"向第三阶段"以港强市"的过渡时期，作为核心港的太仓港必须以领跑探路的使命感率先完成这一跨越。太仓港要瞄准建设国内一流、国际知名的临港经济区这一契机，持续壮大高端装备、航空航天、生物医药、先进材料四大产业创新集群。要探索布局新一代信息技术、人工智能、清洁能源、互联网智能汽车、深海空天信息等未来产业，打造具有世界影响力的产业创新集群和标志性产业链。要依托港口建设物流中心、商品车和大宗商品交易平台、跨境贸易中心，促进要素资源集聚，培育壮大跨境电商、保税制造维修等新业态，探索发展数字贸易、离岸贸易、跨境结算。

在苏州市级层面，产业升级视角下的港产城一体化应该有更大的雄心，而不能囿于以上三个阶段划分的框架。伦敦、纽约、新加坡等头部港口城市，事实上已经跨越了"以港强市"阶段，甚至可以认为已经超越了"港产城一体化"的理论范式。这些城市依托港口成为世界级的开放枢纽，港口仅是城市的众多优势资源之一，临港产业弱化而高技术产业和服务业成为主导产业，这应当是苏州市域层面港产城一体化的发展愿景。这一阶段，产业发展更多依靠城市集聚全球优势人才、科技、信息等资源的能力，港口的作用更多体现在从促进"物"的流动转为促进"人"和"制度"的流动，浸润出一座城市的开放基因和国际化的营商环境。只有形成对全球优势人才、科技与信息有吸引力的文化，才能催生源源不断的科技创新、企业发展和产业迭代。

四、空间布局调整视角下的港产城一体化

根据伦敦、纽约、汉堡、鹿特丹等国外著名港口和上海、青岛、厦门、香港等国内老牌港口的发展经验，港产城空间布局调整一般会经历"发育""成熟""衰退""新生"等四个阶段："发育"阶段港产城联动关系初步形成；"成熟"阶段港口带动城市和产业快速发展；"衰退"阶段港口和产业搬

离城市;"新生"阶段港口原址开发带动城市、产业焕发新活力,港口外迁促进新的城市、新的产业形成。因此,梳理国内外较为成熟的港产城一体化案例,可以总结出两条并行的实践路径,即以"老港区"为核心的港产城一体化转型升级和以"新港区"为核心的港产城一体化新建重构。老港区和城区一般空间相邻,因产业升级、基础设施落后、城市扩张、功能冲突等因素而搬迁改造,港口区位外移远离城区,从而为城市更新和功能再造腾挪出宝贵空间资源,或依托港航产业发展现代服务业,或利用港口建筑遗存发展旅游休闲产业、利用滨海资源优势引入高端产业,形成历史文化与现代文明交织的新型港口城市。新港区的选址要兼顾建港条件、发展空间和环境约束,因此往往远离城区,因而在规划建设、产业方向、空间纵深方面具备先天优势,适合产业集群的聚合和产业链的延伸,也能实现重工业和生产性服务业的齐头并进。新港区与城市之间的廊道空间,可借助新港区形成的产业和集疏运优势大力发展新型城镇化,从而实现港口、产业、城市在新环境下的再度融合。

　　由于苏州港的大规模开发建设相对较晚,在改革开放以后才陆续展开,所以并不完全遵循共性意义上的港产城空间布局规律。即苏州并非典型的港口城市,历史上虽曾兴办过海运但并不持久,主要还是依托内河、运河开展航运。当前苏州港的三大港区都是长江岸线港口,实质上都是新港区,港口不仅远离苏州市区,也相对远离各自所在县(市)的市区(城关镇),发展空间较为宽裕,港口功能定位明晰。港产城空间布局目前整体处于由"发育"向"成熟"过渡的阶段,在未来可预见的较长时期内不会经历大规模"衰退"阶段。但这并不意味着先行者的实践经验不具备参考借鉴价值,相反,诸如纽约曼哈顿南街海港、汉堡港口新城、伦敦金丝雀码头、鹿特丹老城南北岸等港区"新生"的案例,给我们描述了某种港产城融合的未来图景,即产业由"重"到"轻"、生态由"黑"到"绿"、岸线由"断"到"通"、核心由"货"到"人"。"运河时代"的苏州独领风骚,"太湖时代"的苏州再续辉煌,未来的苏州要跃升成为"综合性全球城市",开启面向全球的"海洋时代",应当站在市域一体化的角度将沿江"滨江城市组团"提升到和主城"滨湖城市组团"相当的战略层次,实现"太湖时代"和"长江时代"双轮驱动、并行发展。珍贵的长江岸线既要为产业服务,也要为城市服务,未来的苏州必须拥有世界级的滨江城市空间和生态岸线,只有这样才能织就滨湖城市、滨江城市与滨海城市联动发展的精彩"双面绣"。

(张明康,中共太仓市委党校)

第四篇

绿色发展与苏州生态文明建设

关于苏州国际湿地城市建设的思考和建议

中共苏州市委党校
中共苏州市委市情研究基地　陈来生　查金荣

2022年4月，苏州市政府印发了《苏州市申报国际湿地城市工作方案》，要求更全面、更有效地加强生态修复和环境治理，促进人与自然和谐发展，为城市高质量发展"加分"提速，同时让民众享受更多的优质生态，感受到城市的美好。苏州的湿地保护工作起步较早，多项工作走在全省乃至全国前列。近年来，围绕长江大保护、长三角一体化、太湖生态保护战略布局发展，苏州的生态保护能力不断提升，湿地修复持续拓展，生态效益成效显著，但还存在一些不足，有待科学引领、提升完善，助力国际湿地城市建设。

一、厘清发展思路，强化顶层设计

（一）厘清创建理念

牢固树立绿水青山就是金山银山、保护生态环境就是提升竞争力的理念。良好的生态是城市发展的亮丽名片和必要基础。在城市化加速发展、生态环境不断恶化的背景下，为了保护生态湿地，使之造福人类，必要时要勇于舍弃眼前的经济利益。对石湖、太湖等周边破坏山水景观和天际线的门板型超大建筑，当拆则拆。要大力保障，通过多种渠道解决资金问题，通过引入高效的生态技术降低成本，通过有效的监管确保资金真正落实到项目上去；扶持、提升苏州的生态环保产业，最大限度地节约自然资源与各种能源，以最合理的投入获得最佳的综合效益。

（二）凸显苏州市情

苏州是东方水城，是江南文化名城，要展现江南水乡的独特风貌。同时，苏州人多地少，要最大限度地发挥每块绿地的景观、生态和社会效益。要优化废弃、污染土地的生态修复和再利用，推进节约型生态绿化，优化种植方式，慎建大草坪，推广乔、灌、草配植，增强绿地的综合生态功能，降低养护成本，并增加休闲散步的好去处，让同等面积绿地发挥更大的生态效益。要结合苏州"人工山水城中园、自然山水园中城"的独有风貌格局和特点，高质量布局、多功能融合、多维度提升，构建点、面、线布局合理的城乡生态绿化体系，强化江南水乡特色；强化立体绿化，实施"百个绿色社区""千个微花园""万窗花台"计划；推进"四角山水"建设；完善专类园林布点，打造一批具有景观吸引力的特色花卉展示区，实现大地园林化；培育一批生态绿色游憩步道，城乡联动，促进"两山"资源转化，推动第一、二、三产业融合，打造国际湿地城市的江南水乡苏州范本。

（三）推广常熟经验

2018 年，首批 7 个国家的 18 个城市被授予了国际湿地城市的称号，中国的常熟等 6 个城市获此殊荣。地理相邻、人文相亲、资源相近的常熟的创建经验，对苏州大市的国际湿地城市创建工作无疑更有示范意义。常熟的湿地总面积达 3.1 万公顷，它先后荣获"湿地建设最佳典范奖""全国湿地保护先进县（市）""全国生态建设示范市"等荣誉或称号，被誉为"建立在湿地上的城市"。其特点有：一是全面推行河长制，推进城乡污水治理，落实污染减排；二是领导高度重视，措施扎实有效，部门协调到位，规建标准较高。"国际重要湿地—国家湿地公园—省级湿地公园—湿地小镇—乡村湿地"的全域创建体系既有高度又有广度。三是突出"江南水乡湿地"特色，从而有别于湖泊湿地常德、石油城市沼泽湿地东营、海洋湿地海口、西部黄河河流湿地银川以及哈尔滨之东北高寒湿地和沼泽河流湿地等其他首批国际湿地城市。

（四）营造共建氛围

强化宣传引导，充分利用各种宣传载体，多渠道、高密度、全方位宣传，营造浓厚氛围。通过世界湿地日、爱鸟周、野生动物保护宣传月、湿地科普课堂等多种形式的宣传，通过创建绿色社区、绿色学校、绿色企业、绿色家庭等方式，倡导绿色低碳的生产生活方式；将湿地文化与苏州传统文化艺术相融合，创新推出湿地与自然科普教育相融合的模式，大幅提高社会知晓率和参与度。

二、坚持规划引领，统筹建管布局

（一）坚持规划先行

系统谋划，借鉴先进规划理念和湿地城市建设经验，将湿地保护工作纳入全市国民经济、社会发展和国土空间规划，高起点制定各专项发展规划，充分整合区域资源,充分保护生态原真性和生物多样性,提升对湿地生态保护的管理水平。坚持科技、人文、生态相结合,科学引导产业发展、城乡一体化建设和生态保护、宜居宜业环境建设等。加大环保基础设施投入,坚持"路到管网到""环保设施建设适度超前于产业项目",规划区内各类管线全部到位,工业废水和生活污水全部集中处理,工业和生活垃圾全部集中收运。

(二)优化功能布局

在生态保护方面,不断扩大生态保护范围,加大对山体、河湖、湿地等自然资源的保护力度,尤其要强化对长江、太湖、阳澄湖等重点区域的生态保护和管理,合理规划、整理、造景;对重要生态功能区实行生态环境补偿机制,对地处生态功能区的乡镇取消 GDP 考核。在产业布局方面,大力推进产业优化升级,让产业变"绿",构建生态经济体系;大力发展循环经济,让生产变"绿";大力创建生态工业园,让发展变"绿",走高效益、低污染、生态化的发展之路。在社会发展方面,调整产业、企业和社区、写字楼布局,实施生态产业链招商和联动,大力发展低耗、低排的高新技术产业,建设宜居、宜业的生态新城和生态社区。

(三)强化统筹联动

生态湿地是交互关联的生物圈,国际湿地城市建设是一个系统工程,需要各部门和单位协同推进,所以要切实强化统筹协调,尤其要理顺管理模式,破除政出多门、治理乏力的弊端。一要共抓生态环境保护,完善协调会商机制,加快构建联防、联治格局,形成生态治理的整体合力;二要推进基础设施联通,打造综合交通走廊,促进生产要素合理流动;三要协同发展特色产业,合作共赢,推进生态绿色发展。为系统谋划和推进国际湿地城市保护、建设和管理,建议依托现有政府和国资平台,成立苏州国际湿地城市建设研究院和相关公司,与在苏高校联合培养专业人才。

(四)坚持长效监督管理

进一步强化生态湿地综合治理,提高生态监管水平,建立和完善环境监控和预警系统,确保点面结合,不留盲点和盲时。坚持长效化管理,全面推进《苏州市湿地保护规划》和《苏州市申报国际湿地城市工作方案》,并纳入考核体系,通过严格考核和责任倒逼,督导各地各部门遵循自然生态规律,实现能源、物质和资源的有效利用,将工程建设与后期管理,运营管理与绩效考核挂钩,让先进的生态科技发挥作用,将有限的资金真正用在实处,进一步形成创建氛围,加大湿地保护合力,提高生态保护成效。

三、确保生态为先,注重"三生"融合

建设国际湿地城市,要注重生态、生产与生活的和谐发展,城市、产业与生态的完美融合,既强调山水绿化的生态价值,又体现诗意栖居的生活价值和绿色低碳的生产价值,构建资源节约、环境友好、宜居宜业的国际湿地城市"苏州范式"。

(一)强化"三生"融合

提高科学决策、项目策划和管理运营水平,保护为主、统一规划、合理利用、适度开发,在生态保护的前提下兼顾商业配套的完善,在注重环境公益的同时合理发挥湿地的生态经济功能,在切实增强和提升城市湿地生态功能的基础上积极探索"绿水青山"向"金山银山"的转换路径,严格划定不同湿地区域,有针对性地采取不同的保护和开发利用措施,培育相关绿色业态。对房地产项目尤其是湿地周边区域建筑的密度、高度、外观要强化引导和整治,力求形成高低错落、层次丰富的湿地城市空间景观。

(二)注重项目平衡

既要注重绿化,又要兼顾其他。苏州环古城河风貌带、虎丘湿地、石湖景区等,环境优美,绿化建设一流,但配套服务设施不足,对游人需求考虑不够。"做美"是做到了,但离"做优"和"做强"还有不小差距。应研究提升相关的功能定位,完善必要的商业和服务设施,并力求与生态环境相协调。可借鉴成功经验,大力挖掘吴地文化和湿地农耕文化,突出江南山水田园特色,采用传统造景手法做成特色小品乃至精品,完善基础设施,丰富游憩类型,提升休闲体验。

(三)发展绿色产业

在生态培育层面,突出水环境治理和绿化造林两大重点,大规模实施封山育林、山体覆绿和宕口整治,建设城乡各种大小公园、生态乡村等,不断扩大城市"绿肺"系统,提升地表水质和空气质量,持续改善城乡生态环境。重点推进环太湖、环阳澄湖生态圈建设,通过整治、搬迁、规范相关业态,实施各种生态工程,高标准构建生态体系,打造宜居、宜业生态环境。在产业层面,通过绿色招商,以生态环境要求为标准决定项目的去留,严控污染源头,进一步优化产业结构,打造并完善生态工业链。在企业层面,研发绿色产品,全面推行清洁生产,引导企业开展生态设计,充分降低资源消耗,减少污染排放;引导企业实施资源循环利用,提升水资源和工业用水的重复利用率、充分利用

率，构建绿色生态链，奠定湿地城市建设的绿色发展基底。

四、推广生态技术，夯实绿色基底

引进先进理念，推广生态技术，坚持系统化的生态治理，推行生态化的生产方式，通过集规划、设计、实施、运营、数据管理于一体的系统化工程，在治理水体污染的同时展现美丽的水生态景观，综合考虑调、蓄、赏、用、净的系统生态净化功能，促进周围水系、地下水及土壤的生态修复，最大限度地减少对能源的消耗、资源的损耗和环境的破坏。

（一）强化生态治理，减少硬化铺设

在生态修复、湿地保护乃至城乡建设中，应强化透水铺装的推广，多使用碎石基、砂石混合垫层、透水混凝土，按湿地生态群落调整配置植物，尽量采用竹、木、石等材质的环境艺术小品；在城镇河道建设治理中，河岸护坡避免使用直上直下的硬质石驳岸，尽量采用石笼网箱和会生根、发芽的柳树桩加固等生态环保驳岸形式，大面积区域则采用自然放坡的浅滩形式，既能保持土壤，又能给水生动植物提供合适的生境。对横穿、割裂生态湿地的公路、铁路、门板式建筑等，除了用高密林带遮挡，还可尝试用创意手法加以弱化和美化。湖边、湿地的大树不能都被小灌木所围绕，使游人无法坐在树荫下休憩赏玩；阳澄湖边很多游客步道被铁栅栏硬性分割，费钱耗力却割裂了人与自然的亲和，需要改进。

（二）强化水资源利用和水环境整治，进一步改善区域水环境质量

苏州虽然降水比较充沛，但随着经济的发展和城市化进程的加快，"水质型"缺水问题却日益突出，必须合理用水、节约用水。要引导和鼓励企业开展中水回用，不断提高水资源的循环利用能力。要鼓励种植不需要频繁浇灌的乡土植物，喷泉、瀑布、人工湖等景观用水要减少使用自来水，加大使用循环水，甚至要慎建，以节约用水和运营成本。可以用模拟自然的方式处理村庄生活污水，通过分片治理进而达成连片整治；对工业尾水也可用模拟自然的方式，通过"前置库净化模式"等相关生态单元组合和净化，完成湿地系统的生态链。

（三）强化人工湿地技术应用，提高湿地生态净化功能

一是在取水口对水源进行预处理，在周边设立湿地生态保育区，以生态恢复和生物多样性保育为主，重点考虑水源地保护区人工湿地、生物生态廊道的营建。二是结合乡村环境整治及乡镇景观设计，规划建设人工湿地公园，

利用湿地处理乡镇生活污水和改善、恢复水体环境,防止水体的富营养化,同时又可种草养鱼,发展"水八仙"等生态种植,此举既能节约大量的土地资源,还能改善人们的生态观念。三是推广"生态实岛"和"生态浮岛"运用,更好地发挥其涵养水源、净化河道和美化生态的功能。在湿地项目的休闲点和观景区,可以进行必要的园林与景观设计,与水乡文化、渔文化、稻作文化、舟楫文化、桑蚕文化相结合,为公众生态休闲、科研及科普教育提供场所。

(四) 重视屋顶绿化和立体绿化

苏州城区建筑密集,人口集中,可用于绿化的土地十分有限,在高位上再做增量很难。而且市区新增绿化用地的征用和拆迁费用是屋顶绿化成本的数倍。屋顶、墙面、垂直和立体绿化,既可增加绿地又不占用土地,还能改善生态和景观环境、节约能源、储蓄天然降水、缓解热岛效应、降低空气中可吸入颗粒物。苏州的屋顶绿化起步相对较晚,发展进程较为缓慢,亟待按照生态园林城市的建设标准,将屋顶绿化纳入城市整体规划,从源头抓起,从规划做起;同时建立和完善屋顶绿化的标准规范,对现有单位成本、植物选择、屋顶荷载、屋面防水处理等予以明确规定,对屋顶绿化加以科学指导;要努力培育市场,降低价格,推进屋顶绿化的产业化。同时,屋顶绿化的法治化管理体系也要跟上。

(陈来生,苏州城市学院文正智库研究员、苏州专家咨询团成员;查金荣,苏州启迪设计集团总裁、苏州专家咨询团成员)

推动全民共创湿地城市
实现大众共享生态福祉

中共苏州市委党校　　冯育青　范竟成　朱铮宇　李　欣
中共苏州市委市情研究基地

2022年11月5日，习近平总书记在《湿地公约》第十四届缔约方大会开幕式发表题为《珍爱湿地 守护未来 推进湿地保护全球行动》的致辞。当前，苏州依托丰富的湿地资源禀赋和独特的江南文化传承，正积极创建国际湿地城市，把"绿水青山就是金山银山"理念转化为生动实践，将秀美湿地转化为城市发展优势，为百姓带来更多生态福祉。本文就苏州全面推动国际湿地城市建设提出如下思考。

一、积极推进，国际湿地城市申报取得新进展

2022年以来，在苏州市委、市政府的高度重视下，各地、各部门协同推进，国际湿地城市申报工作取得了阶段性进展。一是高位推动有实效。苏州市委、市政府成立苏州市申报国际湿地城市工作领导小组，印发《苏州市申报国际湿地城市工作方案》，制定8项主要任务，分解细化30项重点工作。苏州市政府召开了全市申报国际湿地城市动员会，为创建工作奠定了工作基础。二是部门协同有进展。由苏州市申报国际湿地城市工作领导小组办公室牵头，召开成员单位联络员会议和培训会，开展现场调研，建立协调沟通机制，实现信息共享，形成湿地保护工作网络。各地、各部门梳理科普宣教、保护修复城市湿地和乡村湿地的亮点和成效，挖掘张家港世茂湿地自然学校、吴中区太湖生态岛、昆山市海绵城市创新示范基地等一系列典型案例现场，为创建工作奠定了资源基础。三是认证指标有突破。在全省率先出台《苏州市"十四五"长江经济带湿地保护修复实施方案》，为全市湿地保护工作衔接《中华人民共和国湿地保护法》做出制度探索，将湿地保护纳入正在编制的"十四五"国土空间规划，将自然湿地保护率纳入全市高质量考核指标体系，完成了国际湿地城市认证的重要指标，为创建工作奠定了制度基础。

二、正视问题,市民群众"三度"不高

调研显示,虽然创建申报工作整体进展较顺利,但主要工作仍处在由政府部门主导阶段,市民群众对相关工作尚不了解,公众知晓度、参与度和体验度不高。一是公众知晓度不高。目前,对多角度、多类型展示湿地保护亮点特色的挖掘不够,尚未从城市发展与湿地保护视角解读和展示。涉及湿地保护的宣传主题和内容较为分散,尚未以国际湿地城市创建为主题开展系统性宣传,未发挥宣传集中效应。宣传对象以政府部门工作人员为主,面对市民群众的宣传报道内容不多,数量、频次不够,覆盖面较窄,影响范围有待扩大。二是公众参与度不高。从市民群众方面看,国际湿地城市表面上与其生活较远,不清楚如何参与、何处参与相关活动,导致公众参与度较低。从政府部门方面看,以湿地保护主管部门推动为主,相关部门主动性不足,尚未把本部门、本行业工作与国际湿地城市创建工作相结合,未形成网络化、机制化协同模式。三是公众体验度不足。目前的创建工作以政府推动为主,创建成效仍未与市民群众建立更多联系,参与体验湿地生态福利的渠道不畅,缺乏对国际湿地城市的正确认知,"事不关己"的心态导致市民群众对创建工作认同感不高,主动参与意愿不足。

三、全面推动,共享湿地城市生态福祉

创建人与自然和谐共生的国际湿地城市是苏州推进生态文明建设的重要举措,更是为广大市民创造生态福祉的有效途径,要全面广泛宣传,通过加强体验,引导全民参与,变"要我做"为"我要做",形成全社会共同创建的良好氛围,提升群众的幸福感和满意度。

(一)推动全社会广泛宣传

一是全面挖掘典型亮点。加大资源挖掘深度和广度,从湿地管理、科研、科普等多方位提炼经验成效,开展湿地生态保护十大事件、十大人物、百佳修复项目等主题评选,挖掘典型案例和资源。二是开展系统化宣传。按照国际湿地城市申报总体安排,各地、各部门可在宣传部门的指导下,制订宣传方案和计划,明确宣传重点内容、时间节点、方式方法等,分解任务目标,加强新闻宣传、社会宣传、公益宣传等,形成系统化宣传体系。例如,各地、各部门和新闻媒体可形成宣传合力,按照申报国际湿地城市宣传计划,创新宣传形式和方法,多角度、多渠道、深层次开展宣传工作。湿地保护主管部

门可集中梳理成效和经验，策划推出专题宣传片、画册、专著等，围绕"世界湿地日""野生动植物日"等开展宣传教育活动。相关部门重点梳理本领域与湿地生态相关成效，将湿地保护融入宣传内容，如生态环境部门将"世界环境日""世界地球日""生物多样性日"等宣传活动与湿地生物多样性紧密结合，水务部门将"世界水日"、"中国水周"、水生态科普等宣传与湿地净水功能、水源涵养、湿地生物多样性等紧密结合，农业农村部门将农村人居环境整治、乡村振兴等方面的宣传与乡村湿地、小微湿地紧密结合，自然资源和规划部门将"全国土地日"、水土保持等宣传与湿地碳汇、生物多样性紧密结合，住建部门将海绵城市宣传与城市湿地紧密结合。各级媒体通过报纸、电视、网络和新媒体平台等加大湿地主题宣传，各地将湿地纳入公益宣传，通过各种方式向市民群众广泛宣传。

（二）推动全社会共同参与

创建国际湿地城市是一项广泛性、系统性的工作，涉及城市发展的方方面面，要全面发挥各地、各部门的工作优势，共同参与推动湿地城市建设。一是将湿地保护融入城市综合治理。在城市河湖管理中，建立健全四级河湖长制度，加强生态保护红线监管，重点实施河湖生态修复、水系整治、蓝藻监测预警、生物多样性监测和保护，持续提升河湖湿地水环境质量。加强海绵城市建设，在合适区域打造亮点和示范，发挥湿地生态和社会效益，加强城市湿地管理，推动企业绿色集约化发展，在发展中减少对湿地的影响，推广建设人工净化型湿地，提升污水处理质量。二是将湿地融入农村建设发展。在乡村振兴、美丽乡村建设等战略背景下，充分发挥湿地保护的作用。在农村人居生活环境整治中，加强乡村河道治理，通过建设小微湿地等方式提升农村污水处理能力，改善河湖水质。在农业面源污染治理中，推进高标准农田改造和高标准池塘改造，通过尾水循环、净化等方式降低农业面源污染。在区域土地综合整治中，综合考虑农田、路桥、民居、河湖等，系统化提升生态功能，充分发挥湿地生态效益。

（三）推动全社会共享福祉

在国际湿地城市创建中打造更多、更优的绿意空间，打响湿地宣教特色品牌，完善湿地志愿者体系，使得红利惠及更多市民群众，提升生态福祉。一是改善湿地生态质量。运用基于自然的解决方案（NbS）理念在全市选择合适地点，如太湖生态岛、湿地公园、农业示范园区等开展生态修复措施和科研监测模式试验，实施鸟类栖息地修复、农田尾水减排和"四季水田"等项目，布局具有自动环境监测功能的设备，开展环境质量监测研究，将成功经验推广应用，打造更多的湿地生态亮点，提升现有的湿地资源质量，为市民群众提供更多的休闲共享绿意空间。二是发展湿地自然教育。持续擦亮"苏州湿地自然学校"品牌，出台湿地自然学校建设地方标准，规范制度体系。加强湿地自然教育"阵地＋队伍＋课程"体系建设，提升湿地公园硬件设施，加强从业人员科普能力培养，完善行业人才队伍发展体系，创新科普课程研发，持续为市民群众提供优质的自然科普产品，满足日益增长的自然教育需求。针对"双减"政策持续深入的新形势，探索建立"学校＋"湿地科普示范体系，促进学校传统课程与湿地自然教育课程的融合，让苏州的少年儿童常态化体验湿地自然，树立全省乃至全国新标杆。三是完善湿地志愿者体系。围绕国际湿地城市标准，建立健全湿地志愿者体系，提升市民群众的体验感。促进企业志愿者履行企业社会责任，以团队方式参与湿地生态保护与修复的相关体验活动。创新融合湿地自然教育与家庭志愿者体系建设，采用"家庭＋体验＋进阶"的志愿者培养模式，以家庭带动社会，让家庭成员成为湿地志愿者队伍的主要来源，扩大湿地保护和湿地城市影响力。

（冯育青，苏州市湿地保护管理站站长、江苏太湖湿地生态系统国家定位观测研究站站长、研究员级高级工程师、苏州专家咨询团成员；朱铮宇，苏州市湿地保护管理站副站长、高级工程师；范竟成、李欣，苏州市湿地保护管理站高级工程师）

对标"公园城市" 推进苏州高质量建设生态保护利用典范之城和世界一流旅游目的地

中共苏州市委党校
中共苏州市委市情研究基地　　陈来生　韩惊雷

江苏省委要求苏州打造向世界展示社会主义现代化的"最美窗口"。作为全球首个"世界遗产典范城市"和国内首个历史文化名城保护示范城市，苏州有着江南文化的独特魅力。正如新加坡国家艺术理事会主席刘太格在苏州古城保护论坛上所说，苏州是美和艺术的象征，建筑、园林、道路综合在一起就是一件艺术品；苏州位于江南水乡城市带内，要用心把人造环境和山水景观再融合得更浪漫一点，争取做到既现代，又有中国传统建筑文化的元素。在生态保护、品质生活、美丽城乡、全域旅游的语境下，对标"公园城市"，生态与生产、生活"三生融合"，是高质量建设生态保护利用典范之城，打造世界一流旅游目的地的有效抓手，亟待高度重视、大力推进。

一、"公园城市"新范式与苏州生态保护、旅游发展新机遇

苏州现已先后建成"国家绿化模范城市""国家生态园林城市群""国家生态文明示范市"等，苏州中心城区已基本形成"人工山水城中园、自然山水园中城"的生态园林城市形态。不过，对标上海、杭州、深圳等城市，苏州园林绿化尚有诸多不足，"苏州园林"品牌尚未发挥应有效能，苏州园林产业的市场竞争力和市场占有率明显偏低，与园林之城、经济强市不匹配。

城市作为有机生命体，需要寻求人与自然的和谐、文化与生态的和谐、保护与发展的和谐。"公园城市"是人、城、境、业高度和谐统一的现代城乡形态，是新时代高质量发展的全新模式，是高水平建设令人向往的生态之城、宜居之城、优游之城的新范式，也是苏州推进城乡和谐融合发展的全域旅游、建设世界旅游目的地、打造高质量发展的生态保护利用典范之城的关键。

苏州古城是传承了江南典雅生活方式的美好人居之地，这种精致生活方式应该在现代化的进程中不断发扬光大，在建成环境的保护和有机更新中，

要用好老城区各类小微空间，建立与古城配套的规划建设管理模式，与文化的挖掘、经济的重塑、社会活力的重塑联动；苏州古城是园林之城，苏式生活离不开园林，以前有上百座各式各样的园林、府邸，现在园林的精髓也还活态保存于城市建设、庭院绿化、空间美化中。

公园城市是与城市公园不同的概念。城市公园是孤岛式的公园，公园城市则是覆盖全市，将建筑与绿地、公园有机连接起来的大系统。至少具备两大特征：一是普惠，不仅要提升绿化，还要提高全民生活品质；二是系统，将生态理念和生态价值引入城市，推进生态与生产、生活的共同发展。而这是与苏州古城保护与提升，打造世界旅游目的地的宗旨和理念完全一致的，也是高质量建设生态保护利用典范之城的必由之路。

作为城市发展的高级形态和全新范式，公园城市建设注重山水绿化的生态价值，重视人与自然和谐发展的新格局；注重诗意栖居的美学价值和以文化人的人文价值，通过园林等富有诗情画意的多元文化场景和载体，在城市保护和发展中留下绿色烙印；注重绿色低碳的经济价值，着力构建资源节约、环境友好、循环高效的生产方式。苏州气候温润，湖河众多，物产丰饶，人文荟萃，是城乡一体化发展国家级试点城市，自然资源禀赋极佳，城市绿化功能完善，江南水乡风貌优美。园林文化及营造技艺的传承和利用是绿色发展的新路径；公园城市建设理念的落实，能弘扬和谐共享的社会价值，优化绿色公共服务，营造高品质生产生活环境，提升民众幸福指数，高质量建设生态保护利用典范之城和世界一流旅游目的地。

二、做优做美苏州名城，高质量建设生态保护利用典范之城和世界一流旅游目的地

要对标公园城市建设的理念，立足"世界一流，国内领先"，传承苏州园林优秀文脉和卓越技艺，弘扬高品质绿色发展经验，顶层设计、政策到位。

（一）围绕"公园城市"，加强顶层设计

要着重围绕生态廊道、公园体系、园林遗产、林业湿地、生态产业各个维度开展工作。要在现有"人工山水城中园、自然山水园中城"的基础上，进一步挖掘山、水、林、园、湖资源和空间三维元素，把苏州古典园林的精髓延展到城市绿化和生产、生活中，将生态空间与生产、生活有机融合，与经济、社会、人文有机融合，把苏州建设成为人、城、环境、事业高度和谐统一，最具文化底蕴、最具时代风尚、最具品质生活、最具苏州特色的世界

一流公园城市。

要结合地方特点，积极利用国家政策，制定符合高质量发展需求的地方配套政策，保护并优化苏州古城风貌，推进古城"园林之都"和全域"美丽苏州"建设，提升生态、生产、生活、空间的质量。一是以人为本，共享发展，将生态游憩服务作为基本的公共服务，满足人民对美好生活的向往，更强调绿色生态空间的复合功能，更突出公园绿地与城市空间的耦合协调；二是城乡并举，协调发展，将区域风景名胜区、森林公园、湿地公园体系构建作为城乡统筹发展的重要抓手，将公园化的城市风貌作为城市转型发展的重要引领，更强调美丽宜人的城市景观风貌塑造；三是多元共生，开放发展，打造和谐繁荣的城市公共空间营建，把苏州城乡打造成特色鲜明、环境优美、人城和谐、诗意栖居的国家"公园城市"和世界旅游目的地。

（二）完善生态空间，生态绿化与经济协调发展

以"公园城市"为总抓手，狠抓生态质量，系统、有序、协调地全覆盖城乡园林绿化建设，绿色惠民；在实现传统优势向现代优势的融合与转换，与文化旅游业、现代服务业、现代制造业、现代商贸业深度融合发展中寻求和发展一批生态高效的衍生产业，推动文旅行业转型升级，助推文旅产业倍增。

要以惠民、利民、乐民为导向，坚持把城市园林绿化建设与改善生态环境、提升城市品质、优化人居环境相结合，建成类型丰富、功能完善、布局合理的城市绿地系统；同时优化生态产品的供给方式和功能，在山水、植物之外，开发具有休闲、健身、康养、旅游、度假、商贸等形态和功能的产品，更好地发挥其经济价值，使生态"红利"不仅满足人民对美好生活和优美生态环境不断增长的需求，也能反哺生态建设，实现良性循环。

坚持系统思维，充分发挥苏州山水环绕、襟江带湖的自然禀赋，园林之城的营造技艺和文脉传承，维护和强化苏州特有的"市域一核两带多廊多点，市区两片四楔四环多廊"的山水格局模式，构建古典园林、城市绿化、城市公园、自然公园、森林湿地五大绿色生态系统的一体化发展格局，注重城乡生态空间的连续性、整体性、融合性、系统性，建设"自然山水园中城"的生态空间，早日建成"美丽中国"的先行示范、"美丽江苏"的标杆城市、生态保护利用的典范之城。

（三）精准布局，打造世界一流的生态之城和旅游目的地

精准定位，保护并优化苏州古城风貌，推进古城"园林之都"建设；推进"美丽苏州"建设，提升生态、生产、生活空间的质量，把苏州城乡打造

成特色鲜明、环境优美、人城和谐、诗意栖居的国家"公园城市",提高人民群众的满意度。

精准布局,结合苏州特点,对标国家公园城市建设要求,高质量布局、多功能融合、多维度提升,构建点、面、线布局合理的城乡园林绿化体系:推进"四角山水"建设,重点打造"虎丘湿地—虎丘景区""石湖—上方山""古园—古城"等一体化建设项目;提高生活品质,实施"百个绿色社区""千个微花园""万窗花台"计划,提升市民在生态园林建设中的参与度、获得感和幸福感;提升专类园林品质和服务功能,新增体育公园、科普公园、盲人公园、花卉专类公园,满足各类人群日益增长的休闲、文化娱乐等消费需求,实现大地园林化;强化立体绿化、屋顶绿化,营造绿色发展空间。

打造一批具有景观吸引力的特色花卉展示区,重点建设春花秋叶生态旅游基地、秋季赏叶基地;培育一批生态绿色游憩步道,重点建设沿太湖风光带、沿长江风光游憩步道,提升特色文化旅游功能。同时,以绿道、河网串联城乡,将城市居民带入乡村,促进"两山"资源转化,推动第一、二、三产业的融合,实现从卖门票到卖服务、从线下到线上的转型发展,积极打造世界一流的生态之城和旅游目的地。

(陈来生,苏州城市学院文正智库研究员、苏州专家咨询团成员;韩惊雷,苏州专家咨询团成员、苏州东方水城旅游公司总经理)

关于进一步将苏州生态涵养发展实验区打造成碳中和示范区的建议

中共苏州市委党校
中共苏州市委市情研究基地　李静会　秦天程

2021年，上海提出在崇明打造具有世界影响力的碳中和示范区。苏州市是工业大市，能源消耗总量居江苏省首位，也是国家低碳试点城市之一，实现碳达峰碳中和是一场硬仗、一次大考。2020年11月，时任江苏省委常委、苏州市委书记许昆林在吴中区调研时指出，金庭镇西山岛要对标崇明国际生态岛，高标准建设"太湖生态岛"。2021年4月21日，苏州市委常委会会议听取了《苏州市太湖生态岛条例（草案）》起草情况汇报，会议强调要切实抓好下一步贯彻实施，确保落地见效，着力打造低碳、美丽、和谐、生态、文明的太湖生态岛。我们认为，苏州的"碳达峰碳中和"也应对标上海，对标崇明，主动作为，率先布局，走在前列。为此，本文建议，结合太湖生态岛建设，进一步将苏州生态涵养发展实验区打造成碳中和示范区，全力打造长江经济带和长三角区域一体化"做好碳达峰碳中和工作"的标杆典范，赢得"双碳"格局下的发展新优势。

一、调查分析苏州生态涵养发展实验区碳排放特征，研究制订碳中和示范区行动方案

搭建跨部门、跨领域的专家工作团队，系统开展苏州生态涵养发展实验区碳排放情况调查研究，厘清碳源、碳汇本底和变化规律。精准排摸实验区经济结构、能源结构、产业结构等排放源构成，准确掌握碳排放现状及变化规律，提出碳达峰相关指标并全面核算碳汇消纳量，制定相关标准，将农田、林地、湿地等生态系统纳入碳汇消纳量核算边界，制订碳排放核算方法体系，制订碳中和示范区行动方案和工作方案。

二、探索契合实验区实际的可复制、可推广的碳中和示范项目，谋划切实可行的碳中和示范区技术路线图和实施路径

大力推进绿色低碳技术应用，在重点领域和重点行业试点实施一批覆盖碳排放全生命周期、契合实验区实际的可复制、可推广的碳中和示范项目，率先在实验区建立健全绿色低碳循环发展的产业体系。结合社会经济发展趋势，科学审慎地提出碳中和时间节点，制定碳中和路线图，并将相关任务分解落实到能源、工业、交通、建筑、农业、生活、废弃物处理等重点领域和重点行业。

三、搭建科技创新和产业研发平台，打造实验区绿色低碳技术开发应用和产业高地

苏州市生态环境局联合苏州市科技局、苏州市工信局等部门，搭建低碳环保科技创新和产业研发平台，开展碳达峰碳中和重大政策、关键技术、核心装备研究，谋划好碳达峰碳中和科技创新和低碳环保节能产业布局，建设碳中和科技园。在推进碳中和示范区建设的同时，实现实验区绿色产业的转型和发展。

四、加强市区沟通协作，推进碳中和示范区建设，成为碳中和的引领者

成立市、区合作领导小组，共同推进建设碳中和示范区工作。积极推进相关制度和政策创新试点探索，协调相关部门研究制定专项政策，落实专项资金，开展生态系统碳汇认证与交易、碳中和交易市场的创新探索。

（李静会，中共苏州市委党校副教授；秦天程，苏州市职业大学副教授、石湖智库研究员）

关于推动大运河苏州段沿线美丽乡村建设的建议

中共苏州市委党校
中共苏州市委市情研究基地　　方向阳　陶　莉

2020年12月31日,苏州市委、市政府联合下发《苏州市大运河文化保护传承利用实施规划》(以下简称《规划》),立足大运河历史文化与经济社会同构、开放融合一体的价值特质,营造古朴宁静的江南水乡居住环境,丰富"人间天堂"的时代内涵。推动大运河苏州段美丽乡村建设,是贯彻习近平总书记重要指示批示精神,落实党中央、江苏省委决策部署的重大举措,也是推动运河文化与水乡水韵特色结合、助力乡村振兴的重要抓手。

一、大运河苏州段沿线美丽乡村建设存在的问题

本次调研涉及大运河苏州段震泽镇香洞湾、庄圣港、醋家浜、半片滩、杨家湾、李家埭、宋家门、谢家路等8个自然村,农户255户,人口815人。美丽乡村建设带来的乡村蝶变,不仅从面貌上改善了农村的人居环境,更让群众感受到实实在在的获得感、幸福感。老百姓普遍反映:"干净多了,方便多了,也舒服多了;路平了、地绿了、灯亮了,环境变得更加美丽了,出行更加便捷了。"苏州市美丽乡村示范建设取得了明显的成效,但是通过对大运河苏州段沿线部分乡村建设进行调研后发现不足之处依然存在。

(一) 乡村经济发展不平衡

被调研乡村产业以第一产业为主,有传统种植业和部分渔业,主要为水稻、油菜、苗木、鱼、龙虾、鳖等第一产业,粮食生产专业合作社等第二产业,农家乐、民宿、田园小综合体示范基地等第三产业。由于传统种植不够科学、农户经营分散,缺乏高附加值的产品和品牌,且产业链上下游未得到扩展,农业发展结构亟须优化调整。村工业企业不多,可利用土地资源有限,仅依靠发展村级物业经济的模式,无法保障村级经济发展的可持续性,村级

集体经济与村民收入的水平都有待提高。

(二) 乡村资源要素利用不充分

调研的震泽镇多个自然村,地理位置上紧挨京杭大运河,位于长漾南侧、周生荡北侧,"两湖抱一村",自然环境优越。同时,运河乡村历史底蕴深厚,拥有众多的历史文化、旅游资源,例如香湾寺、吴氏醋坊、范墓、下马浜、周生荡、张墩怀古奇景等,但目前对自然环境、历史遗迹的保护力度不强,缺乏对村庄文化的发掘和培育手段,乡村旅游开发程度不高。蚕桑特色生态的培育水平还不高,和苏州丝绸特色产业的对接还停留在简单的原料供给层面。劳动力外流明显。传统稻米种植对劳动力需求量不大,造成村内劳动力外流,多数村民以外出打工为主。

(三) 美丽乡村环境建设不全面

部分乡村有苏式化改造示范区,建筑经过相关改造后,规整美观。但随着生活水平的提高和生产方式的变化,村内也出现了一些简易搭建的车库和农具储藏间,不美观且有一定的安全隐患。景观绿化多为自发,不成体系。宅前绿地多被用来种植蔬菜,闲置部分杂草丛生。河道水质良好,自然驳岸仍需整理。交通设施、基础设施和公共服务配套方面都有待完善和发展,产业运输受限,生活交通不便。在基础设施方面,道路有断层、坑洼等问题,村内缺乏雨水、污水管网及设施。在公共设施方面,缺乏便民商店、活动室和公共活动空间。

(四) 乡村独有功能未凸显

一是乡村的粮食生产功能。粮食生产是乡村特有的功能,是城市所没有的,更是国家不可或缺的功能。城市越发展,城市集聚的人口越多,乡村所承担的粮食生产功能就会越来越重要。从当前的乡村振兴来看,很多乡村振兴规划随着现代化、城市化快速发展,把农村现代化等同于城乡一体化、等同于工业化,"农村空心化""农业边缘化""农民老龄化"的新"三农"问题并没有得到解决,这个问题产生的主要原因,是弱化了农村粮食生产的功能。二是乡村的生态屏障功能。目前而言,农村并不太重视生态保护,民众的环保意识不足,乡村生态屏障功能弱化。三是乡村的优秀传统文化传承功能。乡村文化更多地体现在这个民族、这个地域的历史传统方面,是一种比较纯粹的文化,但美丽乡村建设更多强调文化的静态保护与传承,没有从用户需求的角度动态传承文化。

二、大运河苏州段沿线美丽乡村建设的建议

基于对大运河震泽段自然村典型案例的调研,苏州运河沿线美丽乡村建设要尽快落实《规划》要求,破解发展难题。大运河文化带苏州段沿线美丽乡村建设涉及航道管理、环境保护、土地使用、景观建设等问题,其中每一个环节都有可能成为问题和瓶颈。《规划》已经出台,接下来就是让《规划》尽早落地,落实苏州市在大运河文化带苏州段的政策举措,发挥政策的指导推动作用,破解土地、资金、规划、产业、环境等瓶颈问题,加快大运河文化带沿线美丽乡村建设。为此,建议如下。

(一)依托精美生态长廊建设,打造生态宜居、和谐绿色的美丽乡村,留住村里人

《规划》提出,要重建"蓝绿交织、水陆并行、古今辉映"的绿水步道生态网络,增加水系和步道的连通性,提升水质,营造魅力开放亲水空间,形成"生态航线、生态岸线、生态步行线"等多线合一的精美生态长廊。从对齐心村、谢家路村的调研发现,乡村"空心化"现象很明显,美丽乡村留不住村里人。只有依托《规划》打造大运河沿线乡村的宜居、和谐绿色环境,才能留住村里人。一是建设好大运河沿线乡村基础设施。设计好、建设好入村公路,更要建设好村落内部道路;建设好活动场地、垃圾清运、雨水污水排放等公共基础设施;民居风格只要适合当地民风民俗,可以"美美与共"。二是注重美丽乡村的高质量长效管理。充分发挥基层党组织和党员群体的模范带头作用,通过村规民约、村民议事、新乡贤群体正面引导等多种形式,发动村民主动参与美丽乡村建设和长效管护。三要宣传推广绿色生活方式。要通过村(社区)综合性文化服务中心宣传推广卫生文化、环保意识、主人翁精神,引导健康自然、环保节俭的生活方式。

(二)依托精致文化长廊建设,以"C端思维"方式活化乡村传统文化,留住乡愁

《规划》提出,结合苏州地域文化特色,优化遗产保护体系,提高遗存展示水平,创新文化传承方式,深入挖掘吴文化内涵,弘扬大运河文化精神,延续苏州历史文脉,打造大运河沿线精致文化长廊。大运河沿线美丽乡村建设要借《规划》的实施,用"以用户为导向、以用户为牵引"的"C端思维"方式,使传统文化能与现代社会对接、共振,使得传统文化得以真正的活化与复兴,从而留住乡愁。一是以用户思维活化传统文化。探索一条优秀

传统文化与新时期美丽乡村、基层治理、乡村振兴相结合的路径，赋予优秀传统文化新的社会功能与内涵。二是强化参与活化传统文化。开展乡村民风民俗讨论、乡村道德讲堂等活动，充分调动民众的参与度。三是通过模式创新活化传统文化。将新的商业模式带入乡村发展中，让乡村传统文化的价值与魅力更多地融入现代社会之中。只有活化的传统文化才能留住乡愁。

（三）依托精彩旅游长廊建设，打造特色产业，做强农村经济，留住年轻人

大运河文化有其自身的历史价值与时代价值，已成为当下宝贵的精神财富，对沿线的乡村环境及经济发展起到很大的促进作用。《规划》提出，要贯彻"运河旅游+"理念，全力打造"苏式生活·运河人家"的大运河苏州段旅游品牌，将运河文化的开发与当地的产业经济相互融合，使运河的保护和发展能够最大限度地发挥其经济效益与社会效益。一是发展"运河+"文旅产业。"运河+"产业链上的文化、旅游等产业既是名副其实的"绿色产业"，又能够聚集人气，促进开放，把大运河文化和乡村传统文化转化为旅游资源，促进农村的休闲旅游、民宿度假和农家乐发展。二是利用好大运河水利优势，发展粮食生产及现代特色农业。大运河苏州段沿线都是鱼米之乡，要优选品种，加快农业机械化的运用，提升粮食产量及品质。同时，苏州大运河乡村都有养蚕缫丝的产业资源优势，要发力蚕桑丝绸产业，打造特色现代农业。三是发展粮食深加工产业。齐心、谢家路两村青壮年外出打工，就是因为单纯的粮食种植挣不了多少钱。应大力发展粮食深加工业，如粮食加工、粮食转化与精深加工、饲料工业，这既能增加农民的收入，也能留住这里的年轻人。四是做大做强苏州地方特色农副产品品牌。以创新科技融入苏州"水八仙"等特色农副产品深加工和精加工，促使具有时令性的农副产品成为携带方便、四时皆宜的旅游快消品。

（四）加强农业农村专门人才队伍建设，留住未来

人才是创新驱动之源，是产业结构调整、经济转型发展的决定性力量。苏州本来有很多农业类学校，如苏州丝绸工学院、苏州蚕桑专科学校、苏州农业中等专科学校等，但随着苏州工业经济的发展，苏州农业职业技术学院等都开始培养机电一体化、计算机等人才，苏州的农业农村专门人才培养存在较大缺口。一是创新完善人才发展体制机制，为农业农村人才健康成长创造更加宽松的环境。推进农业技术人员职称制度改革，引导农技人员把"论文写在大地上"。全面推进以新型职业农民为主体的农村实用人才评价认定，

鼓励各地将扶持政策与高素质农业生产经营者连接起来。出台促进农业科技成果转化的细则，让科研人员合法、合规地分享成果权益。二是培养乡村振兴的"领头雁"和"主力军"。积极举办农村实用人才带头人培训，开展农村妇女带头人、乡村振兴专业人才、农村电商人才培训，深入实施新型职业农民培育工程，不断壮大发展现代农业的"主力军"。鼓励运河沿线"非遗"项目的人才培育工作，以电商、短视频等形式创新营销模式，助力人才成长。三是发挥政策合力优势，壮大农村双创人才队伍。落实金融服务、财政税收、用地用电等支持政策，加强具有针对性的农村创业培训，激发返乡、下乡人员的创新创业活力。

（方向阳，苏州市职业大学石湖智库研究员、教育与人文学院教授；陶莉，苏州市职业大学石湖智库研究员、管理学院副教授）

吴中区城乡有机废弃物处理利用的实践与创新

中共苏州市委党校
中共苏州市委市情研究基地　　中共吴中区委党校课题组

2018年8月,时任中共中央政治局常委、国务院副总理韩正在江苏调研时提出,推进环太湖地区城乡有机废弃物处理利用,形成系列配套保障措施,为长三角地区生态环境共保联治提供借鉴,为全国有机废弃物处理利用做出示范。2020年8月,扎实推进长三角一体化发展座谈会在安徽合肥召开,会议要求"推进环太湖地区城乡有机废弃物处理利用,形成系列配套保障措施,为长三角地区生态环境共保联治提供借鉴,为全国有机废弃物处理利用做出示范"。2021年12月,在北京召开的中央经济工作会议上,时任总理李克强对2022年经济工作做出具体部署,提出要推进资源全面节约、集约、循环利用,加快构建废弃物循环利用体系。如何对有机废弃物进行系统管理、如何实现有机废弃物从处理到利用的转化、如何实现资源与能源的回收利用是地处环太湖地区的吴中区在高质量发展中必须解决的问题。

2018年以来,吴中区先行先试,已在东山镇、临湖镇、金庭镇筹备构建有机废弃物处理利用基地,探索有机废弃物"零"废弃,不出镇、不入河、可回收、少污染,实现化肥减量,支持生态农产品生产,建设城乡有机循环、绿色发展典范,起到了良好的引领示范作用,为"绿水青山就是金山银山"做出了积极贡献。2021年7月,吴中区第五次党代会提出了更高的目标,要求"坚持绿色低碳,推进循环发展,扎实推进环太湖城乡有机废弃物处理利用示范区建设"。

一、推进"质效双提",体现有机废弃物处理利用中的吴中担当

(一)制度设计逐渐释放治理动能

一是资源化布局谋未来。吴中区坚持资源化利用整体布局,积极探索再

生资源利用,精准定位垃圾资源化利用与有机废弃物处理标准。2008年,吴中区人大首先提出进行农用废弃物回收管理,2009年,吴中区将垃圾资源化利用与有机废弃物处理列入民生实事工程,明确资源化回收利用目标,成立区级集散中心,组建三级回收网络,整合零星回收网点。二是系统化管理明目标。根据环太湖城乡有机废弃物处理利用的工作部署,吴中区整合区内资源,围绕西山(金庭)农业示范园区、光福镇、临湖镇等环太湖沿岸地区形成横向治理区域,协同吴中区发改委、城市综合执法局、生态环境局等多条线形成横纵双向治理格局。三是专业化运作增效能。吴中区一直以来强调突出专业处理、精准处理,根据分类、分解、加工、产出四大步骤,实现专业化治理,形成源头资源化分类、运送品种化分解、行业精准化加工、产品工业化产出的处理闭环,实现政府把源头、社会强监督、行业有标准、企业深加工的全方位与专业化有机废弃物处理全过程管理。

(二) 多方合作形成共建治理格局

一是行政引导规范市场秩序。吴中区开展有机废弃物收运体系模式。从提升运作效率、方便管理的角度整体考虑,以企业为主体、市场为导向、政府搭平台,试点进行厨余、水草、园林绿化三类有机废弃物的循环利用处置,并对收运队伍进行有机整合,由试点单位统一进行运营管理,方便行业管理和原料对口,提升资源化利用效率,通过政策规范行业秩序。二是主导企业形成治理势能。吴中区临湖镇投资建设有机废弃物处理利用示范中心,推动全国首个城乡有机废弃物处理利用示范基地落地。该基地可以对有机废弃物进行高效协同生物处理与资源化利用,转化生产出有机肥、栽培基质和土壤调理剂等产品,形成了城乡有机循环、绿色发展典范,产生了良好的引领效应。三是大院大所培育潜在活力。2017年,中国农业大学有机循环研究院与吴中区政府正式签约,落户吴中区。研究院围绕有机资源循环利用领域开展技术研发、平台建设、项目孵化、成果转化及产业化等工作,建设开放式创新孵化和成果转移转化平台,努力打造我国有机资源循环利用领域重要的创新研发和产业集群高地,为吴中区循环经济发展、有机废弃物处理与利用的科技研发提供潜在动力。

(三) 科技研发逐步提升治理能力

一是院校提供科技支撑。依托中国农业大学有机循环研究院(苏州)在有机资源循环利用相关研发领域开展的技术研发、平台建设、项目孵化、成果转化及产业化等工作,为吴中区城乡有机废弃物处理及利用中的具体问题提供技术突破，为推进整体工作提供智力支持。二是政策扶持技术转化。吴中区充分整合行政资源，成立由相关行政主管部门以及各属地板块共同参与的区级环太湖有机废弃物循环处理与利用项目工作领导小组。将项目的推进工作列入各相关部门、属地板块的年度考核目标，进一步完善管理责任体系和考核机制，强化各主体责任的有效落实，推动项目规范化、标准化、系统化建设，支持院校企业大力进行技术研发，切实发挥示范点的引领作用。三是支持企业投产处理。吴中区积极推动垃圾处理设备投产使用，东山镇、金庭镇、临湖镇三处投产使用基地日处理能力近 200 吨。此外，拿出 2 万平方米土地建立设备制造基地，进行原厂房扩建，预计投入 3 500 万元。针对有机肥料加工后的利用，吴中区临湖镇拿出 33 万平方米土地进行农作物施肥实验，东山镇、金庭镇进行有机肥料在花果种植基地的试验，积极推进处理企业投产增量。

二、存在"循环梗阻"，导致有机废弃物处理利用中的发展困局

（一）官、产、学、研运行机制不够健全

一是运行制度不完善。吴中区目前已初步形成了包括官、产、学、研四大主体的城乡有机废弃物处理机制，但就运行制度和管理层面而言仍然存在问题，其中行业标准不够清晰导致产品准入门槛不明，政府的引领地位不强，资金扶持力度不够，尚未实现资金的精准投放。二是生产能力尚不足。根据吴中区临湖镇建设基地的实际运行情况，当下生产能力仍有进一步提升空间，距离环太湖城乡有机废物处理的具体目标任务仍有很大差距，处理中心的日处理能力和产品转化能力空间还很大。三是科技研发还不强。就有机废弃物处理的技术发展而言，目前紧扣肥料化和能源化两大方向，其中肥料化工作持续推进，能源化研发仍然相对滞后，存在一定的技术瓶颈，尤其在有机废物、农作物废物、园林废物等具体技术支撑方面，处理技术还不是最先进的。

（二）企业研发产品利润空间狭小

一是前期投入成本高。有机废弃物处理基地在前期建设过程中所需投资大，除国家及地方相应专项经费及地方扶持资金外，企业仍需要面对高昂的投资。以临湖镇基地为例，企业在土地、厂房、设备等方面的投资为 800 万元左右，总投资在 3 500 万元左右，前期高昂的成本导致企业在市场竞争中可能面临高风险挑战。二是行业市场小。从全国角度来看，有机废物产生的量巨大，但是从事相关处理与利用的企业、行业数量及处理能力远远无法满足

需求，由于市场标准、行业准入、交易渠道未完全形成，导致市场发育尚不完全。

（三）行业服务平台体系尚未形成

一是龙头企业培育缺乏。目前在吴中区从事相关行业并具有引领能力的企业不多，除光大环保外，缺少影响力强、品牌知名度高的行业龙头企业。二是地方配套政策优化不够。2021年6月，国家正式出台有机肥料认定标准。虽然全国范围内已经出台了关于有机肥料的认定标准，但各地仍需要根据当地实际情况，与时俱进，制定与之相适应的配套政策，支持企业的生产经营。三是政策细则制定缺位。吴中区虽然对城乡有机废弃物相关工作出台过相关文件，但是缺少对于整个行业规范发展的指导性文件，缺少官、产、学、研平台架构的具体实施方案和指导意见。2021年9月初，中共中央、国务院出台了《关于深化生态保护补偿制度改革的意见》，吴中区需要及时围绕文件精神落实相关政策。

三、突出"创新引领"，形成有机废弃物处理利用中的低碳发展

（一）形成官、产、学、研、用行业大融合

一是优化管理机制。按照环太湖地区城乡有机废弃物处理利用示范区建设方案要求，完善由吴中区发改委、财政局、农业农村局、资源规划分局、生态环境局，以及金庭镇、东山镇、临湖镇等单位在内的有机废弃物处理利用联席会议制度，协调解决工作中的重大问题，成立由相关行政主管部门以及各属地板块共同参与的区级环太湖有机废弃物循环处理与利用项目工作领导小组，切实加强该项工作的组织推进。二是加强多元投入。认真总结现有经验，深入探索有机废弃物处理利用的市场化运作模式，利用好太湖生态岛建设资金。作为国家级重点生态保护功能区的环太湖地区，应该建立国家、省、市、区四级财政专项资金，通过专项资金进行精准引导，采用多元化投入吸引社会资本积极参与。积极完善有机废弃物源头减量、分类收集、利用优先的激励政策和补贴政策，引导市场参与、群众参与。三是增强处理能力。做好废弃物产量测算，做好前瞻性预测，合理布局处理点。市、区级层面以集中处理、设点收集为主，重点做好生活垃圾、餐厨垃圾源头分类；对园林废弃物、市政污泥实行定点拖运处置；为秸秆、畜禽粪污建立区域性收储中心，逐步完善农村范围内的有机废弃物处理利用。因地制宜，通过政府采购服务、PPP、特许经营等多种模式，引导社会资本全周期参与有机废弃物收

储、利用、处置各个环节。大力推进绿色循环产业园、农村废弃物集中式处置资源化利用中心、餐厨垃圾扩建处置项目等工程建设。

（二）利用技术升级扩大利润空间

一是提高肥料化处理效率。政府部门要指导企业明确主攻方向，加快提高肥料化处理生产效率，扩大饲料化生产规模。对固体肥料、液体肥料的生产成本进行进一步控制，缩短产品制作周期。加快设备系统化集成，避免二次污染的潜在危险。二是加快能源化处理研发。相关部门要帮助企业提升研发能力，以厌氧消化作为资源化处理的主要途径，提高废弃物的资源化利用水平，实现利用厌氧技术完成废弃物向清洁能源的转变，实现向处理利用低耗能的转变、向处理利用低碳化的转变。三是实现智能化分析突破。政府部门要与企业协同作战，对城乡有机废弃物进行大数据检测分析，在废弃物成分的分析、分解、提取、转移、处理、加工各个环节融入智能化的管理监测，精准把握，促使传统机械化处理方式向智能化处理模式升级优化，努力实现无人化处理，真正做到大数据下的无害化处理。

（三）促进行业发展定位三大转变

一是促进产品研发向能源化转变。在企业进行城乡有机废弃物处理的肥料化和资源化利用过程中，当地政府要帮助企业推动农作物秸秆、禽畜粪便等有机废弃物的生物处理技术、工艺设备、产品设计向资源化方向靠拢，实现肥料化与能源化双轨并行的产品研发方向。二是推进企业机构向创新型转变。政府要引导处理企业积极转型升级，积极主动从事设备研发、处理技术的应用与实践，积极参与行业标准制定，擦亮企业名片，提升企业知名度。三是完成发展理念向低碳化转变。市、区级政府在研究制订碳达峰碳中和行动方案时，要充分考虑提高资源的综合利用能力，以"低碳"标准，贯穿处理利用全过程，加大主题宣传，鼓励有机废弃物源头减量和循环使用。大力宣传有机废弃物处理利用的各项政策措施、工作成效和典型经验，形成有利于推进城乡有机废弃物处理利用工作的舆论氛围，为环太湖地区建设"无废城市"树立榜样。

（姚月明、杨晓晨，中共吴中区委党校）

关于高质量推进吴江汾湖片区滨水空间有机更新的对策建议

中共苏州市委党校
中共苏州市委市情研究基地　季丽　杨晓晨

吴江汾湖片区湖河众多，水体面积约占区域总面积的30%，流域整体地貌呈现出河湖交错相连、骨干水系发达、岸线形态多样的特点，形成了大量的天然滨水空间。滨水空间不仅是承载"人、水、城"三大发展要素的特殊地带，也是区域生态文明建设、地域文化形象的特色名片。同时，滨水空间更新还是城市更新的重要内容之一，苏州要充分利用汾湖片区地处长三角"黄金街角"的地理区位和先行启动区的先发优势，率先探索长三角一体化背景下存量资源利用的对策路径，高质量推进汾湖片区滨水空间的有机更新。

一、以"三生融合"理念引领滨水空间有机更新的实践做法

（一）推进滨水空间生态修复

一是水体共保联治。实施"五个联合"工作机制、太浦河共保联治、滨水缓冲带建设，与上海青浦区、浙江省嘉善县共建跨界联合河长制，推进重点跨界水体联合治理。二是沿岸专项治理。通过加大沿岸建设投入，提高沿岸防汛能力。对黑臭河流水体及沿岸进行治理，建设生态美丽河湖，遏制非法占用岸线水域的行为。三是滨水建设工程。通过建设环元荡岸线贯通工程、"曲水善湾"工程、水乡客厅"蓝环"工程吴江段重点工程等，打造蓝绿慢行体系，推进滨水空间一体化进程。

（二）提高滨水空间生产效能

一是加快重大项目落地。通过擦亮优质滨水生态名片，吸引重大项目落户。英诺赛科氮化镓项目、中车集团"汾湖星舰超级工厂"项目、京东华东智能产业基地等重大项目相继落地。二是加速产业技术研发。通过绿色动能转换，形成电子信息、光电通信、智能装备、高端纺织四大制造集群，获批

国家先进功能纤维创新中心，为关键共性技术研发、工程验证与产业化改造提供支撑。三是加强传统行业创新。打好滨水生态牌，促进城市和产业双优融合，加快电梯产业、电子信息业、丝绸纺织业等传统产业的质效提升。康力电梯、威特电梯、蒙特纳利等一批电梯企业获批省级电梯特色产业园和省级电梯出口基地。

（三）提升滨水空间生活品质

一是探索城市治理路径。探索"滨水岸线网格＋社会治理网格"两网融合，连通河流湖荡，建设"海绵城市"，提高城市韧性。推动城市"微改造"，增加绿色公共空间。提升公共服务水平，探索党建工作引领社会治理创新。二是展示美丽村落特色。挖掘"吴根越角"文化内涵，加强区域文化合作，推动古镇、古村联合保护开发。紧抓乡村人居环境整治，通过水系连通、河道清淤、水源涵养等整治方法，恢复乡村湖泊群的自然形态。其中"美丽湖泊群"项目获评水利部、财政部水系连通及农村水系综合整治试点县"优秀"等级。三是打造招才引智平台。水乡客厅项目及周边地区目前共有创新载体10家，其中国家级4家。以汾湖科技创业园为例开展校地合作，探索产业研发新模式。获评国家海智计划工作基地等荣誉，做强汾湖人才招引工作。

二、"宜居典范"目标下倒逼滨水空间有机更新破解难题

（一）滨水生态资源保护路径问题

一是水体保护依然艰巨。水体个性化治理难度大，黑臭水体常态化管理仍不精准，"一河一策""一湖一策"具体治理方案需要优化升级。太浦河等主要干流河流上下游联合治理、环湖沿岸协同治理的实施标准和治理措施仍不一致。存在小范围污染风险，大型船舶航运中造成的水体环境污染还不能完全杜绝。氮、磷等营养物质在夏季造成的水体富营养化呈现斑块化爆发现象。二是岸线设施亟待优化。早期部分岸线驳岸形式单一、去弯取直、硬化驳岸等历史遗留现象仍未解决。流量大、路面宽的沿湖沿河道路行人步道数量不足，阻碍行人与亲水景观、观水设施联系，造成水陆联系受阻。公共设施急需升级，如母婴室、医疗急救点等分布不均。部分水闸、蓄水池等防洪防汛设施标志有破损、缺失。三是管理盲区仍然存在。仍存在系统规划漏洞，水体、对沿岸地区缺少系统性整体规划设计和全流程闭环的控制和引导。存在日常管理漏洞，对游人垂钓、非法捕捞、游泳嬉戏等现象不能全面禁止。仍存在维护修缮漏洞，对沿河流、湖泊停泊的破旧船只、老旧水利基础设施

及部分历史文物的管理、修复及再利用缺少指导意见和具体工作方案。

（二）滨水区域创新主体布局问题

一是面临空间挤占的客观现实。传统工业产业和早期房地产开发起步早，占据大量滨水地块，客观上加速了产业用地存量更新的需求。城市更新行动中缺少市场化参与的有效路径，民营企业参与度不够，导致市场主体在创新空间开发运营上的优势不明显。二是需要特色鲜明的空间设计。滨水空间景观设计特色不足的现象突出，"千水一面"依然存在。滨水环境作为重要参考元素，在创新空间整体设计中得到的重视不够，往往存在只解决"有没有"，不管"好不好"的现象，如何融入滨水元素以改善居住景观、公共设施、交通出行等问题仍需继续思考。三是缺少共同更新的合作途径。落地项目对本地滨水资源、人文历史资源的利用与开发未形成有效路径。调研显示，汾湖片区已启动的重大产业项目并没有与当地进行滨水自然、文化资源共同开发利用的意向。此外，以重大项目落户为契机，有意识进行水体、滨水空间推广宣传的创新举措较为缺乏。

（三）滨水空间服务升级供给问题

一是存在服务需求提高与设施功能不足的矛盾。滨水地区的人口聚集带来了教育医疗、公共空间、防灾抗灾等刚性需求的增加，但目前城市交通、供电、供水、环卫等公共设施供给仍然不足。面对暴雨、台风及疫情等灾害的风险防御能力、灾后快速恢复能力也有待提高。二是存在精神需求提高与文化元素缺位的矛盾。居民文化需求不断提升，汾湖片区范围内滨水文化资源利用依然缺位。吴越文化的内涵挖掘，古镇、古村落的升级改造，太湖、太浦河流域历史遗存载体的保护利用等需要有机更新。三是存在发展需求提高与总体规划滞后的矛盾。先行启动区 660 平方千米实现城镇、乡村、生态、创新空间复合发展和融合渗透的一体化空间规划需要探索创新。当前，先行启动区部分空间规划与发展需求不相适应，部分蓝网、绿网空间布局已不能满足发展要求。

三、以"低碳集约"导向高质量推进滨水空间有机更新

（一）锚定"双碳"目标，系统治理滨水空间

一要以"低碳"理念推进滨水生态修复。推动部分企业退出太浦河等滨水空间，实现源头降碳。依照常态化、制度化防止水体富营养化的主要目标，加快恢复水体原生风貌，采用水生植物自然净水、治水降碳。开展水体沿岸

地区污染溯源调查，坚持自然恢复与人工恢复相结合，退还水域岸线，形成滨水绿廊。二要以"汇碳"能力提升滨水生态功能。明确滨水空间保护范围，因地制宜建设"水下森林"和开展"退渔还湿"。以太浦河、元荡、汾湖为重点，大力推动岸线整治，优化"三生"空间结构，形成空中、陆地、岸线、水面、水下五维融合的汇碳绿网，增强滨水空间汇碳能力。三要以"零碳"导向完善滨水生态管理。积极落实《城乡建设领域碳达峰实施方案》《长三角生态绿色一体化发展示范区碳达峰实施方案》等文件要求，将"双碳"目标与岸线资源统筹规划相匹配统一。制定沿岸地区城乡建设领域碳达峰的相关政策和项目开发的绿色低碳指标体系。努力实现"近零碳"目标，严格控制水体开发强度，深化水资源、水生态、水环境协同监测，建议将减碳能力作为生态补偿的重要参考。

（二）突出"复合"思路，有机串联创新珠链

一要盘活滨水资源更新载体空间。滨水空间的创新载体要严格执行准入标准，推动污染企业退出、搬迁。现有创新载体要对产能低效、存在污染风险的项目与企业进行分类指导，提高入园的生态门槛。对新建创新载体及周边地区，不再新增产生氮、磷污染物的工业类建设项目。二要依托滨水形态促进产业转型。深入实施智能制造和绿色制造工程，发展服务型制造新模式，建议围绕绿色制造的关键技术和关键领域，建立一批重大项目和示范工程。加快优势产业探索循环化改造。依托现有创新孵化基地，加快产业技术智能化改造、产业管理数字化管理、产业信息云平台共享，推动企业、高校、科研院所研究探索滨水空间产城融合的模式。三要串联滨水廊道形成创新珠链。根据水体自然形态，探索沿岸科创空间、水体景观、休闲娱乐等各类设施的空间布局。依据岸线发育程度，分层布局公共空间、商业空间、产业空间，联通水陆交通，构建亲水街巷。将文旅商贸、科技研发、企业孵化等功能立体布局。通过横纵双向相连、垂直水平相交，在苏浙沪三地形成"绿色低碳、内涵集约"空间联动要素融合的立体滨水创新廊道。

（三）彰显"生命"活力，多维绘就生活图景

一要外修颜值，构建最美滨水空间网络。围绕河流湖泊的具体形态和周边情况，结合城市更新项目建设，提高城市韧性。智慧化营造公共空间，立体化构建滨水场所，依靠5G技术智慧化整合滨水空间资源，打造生态绿谷、科创硅谷、宜居活力谷。提升市民服务、教育科技、公共事业等服务水平。进行美学再造，采用景观节点化设计，营造自然肌理清晰、资源便捷共享的

城市滨水空间。二要内塑硬核,彰显江南水乡文化魅力。围绕"吴根越角""江南腹心"的文化特征,保持原有历史风貌,展示江南水乡独有的黛色韵味,推进一批古镇、古村落升级改造。挖掘潜在文化资源,支持宋锦织造技艺、竹编技艺、芦墟山歌等非物质文化遗产的传承发扬,实现文化"活态更新"。形成生态网络和人文脉络相互融合的生态人文滨水环境,绘就具有苏州特色的现代江南水乡画卷。三要以水为脉,共建长三角生命共同体。太浦河连接着苏浙沪三地,要以水为脉,构建十字走廊,推动三地共商、共建、共管、共享、共赢。建议苏州利用滨水空间有机更新,以生态环境治理为先导,通过对生态治理一体化制度的实践探索,实现存量更新、空间重构、品质提升,系统推进规划管理、土地管理、公共服务等方面的一体化制度创新。践行"绿水青山就是金山银山"理念,为落实国家战略提供有参考价值的"苏州方案"。

(季丽,中共苏州市委党校;杨晓晨,中共吴中区委党校)

关于苏盐园区实现碳达峰碳中和的财政政策建议

中共苏州市委党校
中共苏州市委市情研究基地　　肖　锐　徐贵耀　倪华方

苏盐园区自2011年成立以来,砥砺奋进十余年,不仅在盐碱滩上崛起了产业园,还成为长三角一体化产业发展基地的重要板块。2022年5月,财政部印发了《财政支持做好碳达峰碳中和工作的意见》(以下简称《意见》)。该《意见》作为构建碳达峰碳中和"1+N"政策体系的其中一项,明确了财政支持碳达峰碳中和的时间表、路线图。为此,苏盐园区应加大贯彻落实力度,紧紧抓住"双碳"目标这个新赛道,打造率先实现"双碳"目标的示范园区。本文建议从以下三方面入手。

一、精准滴灌,提高资金政策的精准性

财政政策作为政府的重要经济手段,在国家治理中发挥着重要支柱作用。当前全球疫情和外部环境复杂严峻,这对财政政策提出了更高、更具体的要求,财政政策要积极有为,提升政策效能,把好钢用在刀刃上。

一是做足前期功课,找准"着力点"。《意见》是一本"指导手册",明确了财政支持碳达峰碳中和的工作目标,指导各级财政部门明确支持碳达峰碳中和工作的重点方向和领域。为此,苏盐园区认真学习《意见》,精准领悟党中央提出的"充分发挥财政支出政策'精准滴灌'"的要求,展开工作部署。结合实际情况,对盐城市大丰地区风力发电企业做了前期摸排与调研考察。调研了解到,补贴的拖欠导致一部分可再生能源企业陷入现金流枯竭的危险境地,部分风电、光电项目因没有足够的现金流偿还贷款,出现了违约现象。同时,还有一些金融机构收紧风电、光伏行业的信贷规模,从而造成了"弃风弃光"的情况发生,也制约了行业的再投入。因此,下一步工作的着力点是贯彻落实好中共中央、国务院关于"双碳"的工作部署,打通"堵点",解决"难点",消除"痛点"。优化财政政策,强化对重点行业领域的

保障力度,确保资金分配突出重点,切实提高资金政策的精准性。

二是"靶向"精准发力,实施好资金直达机制。财政部门要围绕重点领域和关键环节做好资金保障,切实提升政策效能。通过实施好财政资金直达机制,把资金"精准滴灌"到需求终端。资金安排要聚焦解决难点、堵点问题,提高政策的精准性。在保障能源安全的同时加大对能源绿色低碳转型的支持力度,推广可再生能源发电,发展新能源汽车。引导关键技术攻关和推广应用,加快煤炭清洁高效利用、碳捕集利用和封存、智慧储能等技术突破和规模化应用。要坚定不移地推进碳达峰碳中和工作,但不可能毕其功于一役。特别是举借债务时,要牢固树立底线思维和风险意识,确保财政安全与可持续运行。

二、先行先试,建立苏盐跨区域气候投融资机制

据国内权威机构测算,我国2021年至2030年间实现碳达峰的资金需求为14万亿元至22万亿元,2030年至2060年实现碳中和的资金需求在百万亿元级别。这意味着,未来40年我国绿色低碳产业投融资缺口非常大,财政刚性支出面临极大挑战,发挥财政投入"四两拨千斤"的撬动作用尤为迫切。因此,气候投融资概念应运而生,2021年年底,生态环境部等九部门联合发布了《关于开展气候投融资试点工作的通知》,要求通过3~5年的试点,基本形成有利于气候投融资发展的政策环境,创新气候投融资模式和机制。

一是时不我待,推动开展气候投融资试点。地方是落实我国碳达峰碳中和目标的重要基础和关键环节,而当前地方气候投融资体制机制尚不健全,现有金融体系下,对气候投融资项目的界定不统一、不规范,碳相关的信息披露要求不明确、标准不统一。为此,在全国范围内启动了气候投融资试点工作,主旨就是各试点地方通过先行先试,总结正反两方面经验教训,丰富理论与实践探索,优化相关政策,创新气候投融资体制机制、组织形式、服务方式和管理制度。发挥示范、辐射、带动效应,为全国探索气候投融资、赋能绿色低碳高质量发展提供样本。可以说,开展气候投融资试点工作意义非凡。据悉,截至2022年5月,全国共有30个地级市(国家级新区)申报气候投融资试点并参加了评审答辩,其中17个已通过评审。尽管苏州、盐城两地不在试点名单中,但是我们要发扬"时不我待、只争朝夕"精神,以苏盐园区为纽带,苏盐携手行动,积极探索跨区域气候投融资创新体制机制,争取早日成为飞地气候投融资"试点样本"。

二是横向联动,发挥财政"四两拨千斤"的作用。苏盐园区的建立就是

要确保高端产业协同发展和创新要素高效流动,这不仅为气候投融资跨区域流动提供了大市场,也为以市场逻辑撬动社会资本提供了平台。因此,要打造飞地气候投融资"样本",建立健全跨行政区合作的利益共享机制,切实解决推进跨行政区合作的内在动力问题,解决传统高碳产业低碳转型资金缺口大的问题。下一步工作重点是,借鉴由财政部、生态环境部和上海市共同发起、沿江省(市)政府和社会资本参与设立国家绿色发展基金的经验做法。积极谋划建立跨区域、跨部门的气候投融资促进中心,通过市场化方式撬动苏盐两地及周边地区更大规模的资本参与,引导金融机构和工商业对"双碳"目标做出系统性响应,可采取"政银担""政银保""税融通""银行贷款+风险保障补偿金"等合作模式,推进气候投融资项目库的建设。同时还要加强气候投融资与股权市场、证券市场以及金融机构的合作衔接,出台鼓励气候信贷、气候债券、气候基金等一系列政策。

三、压实责任,用政府绿色采购倒逼市场主体绿色升级

《意见》为政府绿色采购政策定下了新基调,明确提出,"建立健全绿色低碳产品的政府采购需求标准体系,加大绿色低碳产品采购力度"等。这足以证明政府绿色采购在实现"双碳"目标中扮演着重要角色。政府绿色采购作为调控宏观经济运行、保护环境的一个重要手段,可通过强大的购买示范效应,引导和带动更多政策和社会资金支持绿色低碳发展,并引领全社会进一步加大低碳消费和强化低碳生产理念。

一是政府绿色采购的激励政策,引导绿色技术开发应用。发达国家的绿色政府采购实践很好地证明了,实行绿色政府采购后,企业很快开发出绿色生产技术,并使产品生产成本更低,取得了良好的社会效益和经济效益。因此,政府要强制执行绿色采购政策,强制执行绿色标准,倒逼产品达不到绿色标准的企业加大科研投入,开发新的绿色技术并应用于生产。绿色技术的开发利用,常常会降低产品生产成本,提高产品性能,使得绿色产品的竞争能力比传统产品更强,从而取得更好的经济效益。政府的绿色采购在促进绿色技术开发的同时,可使市场主体在生产过程中更充分地利用资源,排放出更少的废物;而对废弃物进行回收,可以变废为宝,促进资源循环使用,相对减少资源的需求量。所以,在满足同样需求的情况下,政府采购绿色产品实际上相应减少了资源的使用量。

二是政府绿色采购再次掀起一场"绿色风暴"。《意见》彰显了将政府采购的"绿色风暴"进行到底的坚定决心。因此,下一步的工作重点是规范绿

色低碳产品的政府采购需求标准，建立一个基于创新、社会和环境三个层面，多维度、科学完整的政府绿色采购需求标准指标体系，所有的政府绿色采购需求标准均在这个指标体系框架下编制。如此才能更好地形成一套统一、规范的标准体系，充分发挥政府采购的政策功能。要把确定绿色建筑和绿色建材政府采购需求标准作为重点。政府采购支持绿色建材，支持发展以装配式建筑为代表的新型建筑工业化，推动加快建设高品质绿色建筑，实现工程建设的高效益、高质量、低消耗、低排放，是推动建设领域绿色发展的重要途径，也是贯彻新发展理念的具体体现。应当按阶段划分，将需求标准贯彻到建筑的规划、设计、建造、使用以及改造等全过程中去。按照有关法律、法规、技术标准的要求，着重保证建筑物的功能性和室内环境的舒适性、健康性，在此前提下，采取有效节能措施，合理、高效地利用能源，降低能源消耗等，最大限度地节能、节地、节水、节材、保护环境和减少污染，使得建筑业早日实现"双碳"目标。

（肖锐，中共苏州市委党校；徐贵耀，中共盐城市委党校；倪华方，中共苏州吴江区委党校）

生态保护红线区如何促进共同富裕

——基于吴中区生态保护红线区民生状况的调查

中共苏州市委党校
中共苏州市委市情研究基地　　苏州市委党校课题组

吴中全区陆地面积 745 平方千米，太湖水域 1 486 平方千米，拥有五分之四的太湖峰峦、五分之三的太湖水域和五分之二的太湖岸线，生态保护红线区域占全区总面积的 71.7%，占全市划定面积的 82.1%，占全省划定面积的 18.6%，是全省生态保护红线区域最大的区。自开展生态红线保护以来，特别是在党的十八大以后，吴中区在环太湖地区大范围关停工业企业，大规模取缔规模养殖业，大力度推进生态修复，大投入完善环保基础设施，确保了太湖水质稳中向好，成为苏州的"水缸子、菜篮子、米袋子"。2021 年，吴中位列全国市辖区生态系统生产总值（GEP）百强区首位。

吴中区生态保护红线区受到太湖风景名胜区、省级生态管控区和生态保护红线、国家森林公园、太湖流域管理条例等多重管控，开发空间极其有限，产业项目落地困难，财政增收缓慢，加之年轻劳动力大量外流，相对周边地区经济发展已经明显滞后，成为吴中区甚至苏州市的发展洼地。虽然红线保护区内居民通过多方面的努力达到了全面小康水平，但在现代化建设的新征程上如何进一步实现共同富裕不掉队，仍然是个艰巨的任务。"不让生态环境的保护者吃亏"，只有让生态环境的保护者、守护者真正走上共同富裕的道路，才能进一步激发他们爱护环境、保护生态的自豪感和积极性。

一、吴中区生态保护红线区居民生活的基本情况

近年来，吴中区大力实施"富民强村"工程，促进集体经济创新转型、提质增效。2021 年，村级集体总资产达 200.6 亿元，村均集体稳定性收入超 1 438 万元。全区培育家庭农场（种养大户）735 个、农民合作社规范社 115 个、市级以上农业龙头企业 32 家、农业电子商务经营主体超万家。全区乡村

全科医生拥有量达标率达100%，共建成农村地区日间照料中心127个，农村地区老年人居家养老上门服务实现全覆盖。但与周边区域相比，总体水平不高，且发展不平衡，2020年还有6个村的村级集体经济可支配收入不足500万元或人均可支配收入低于1300元（含2个市级集体经济相对薄弱村），需要重点帮扶。

本次调研我们把重点放在"相对薄弱村"（集体经济可支配收入低于500万元/年）或"薄弱边缘村"（刚超过500万元，但有退回的危险），因为他们的发展对于全区的共同富裕更为关键、更具有决定意义。

（一）人口状况

村庄里长期居住的基本是老年人口，加上一些未上幼儿园的儿童。以摆脱"相对薄弱村"不久的东山镇双湾村为例，2021年全村劳动力人数为2034人，其中已退休人数为1543人，占75%。随着老人们老去，今后会干农活的人越来越少。不过，改革开放后早一批外出上学、经商、打工的"60后"已经步入退休年龄，他们有见识、有文化、有门路，用好这个资源对乡村建设非常有利。

（二）集体经济

吴中区生态保护红线区内一批经济实力较强的村级集体发展起来了，但同时还有不少"相对薄弱村"存在。他们的可支配收入主要来自薄弱村补贴、生态补偿，其他还有少量的房屋租赁、土地租赁、投资收益。一些特殊的村，比如东山太湖村，是由"渔民上岸"形成的。2020年，全区完成太湖水域禁捕退捕渔船2883艘，涉及退捕渔民5701人，占全省太湖水域禁捕退捕总任务量的48.6%、全市太湖水域禁捕退捕总任务量的69%。这些村民相对集中或分散居住在其他村庄里，没有独立的岸线，得到的生态补偿资金原来就不多。集体收入除去人居环境整治和人员工资以外，能为村民办事的资金就捉襟见肘了。保护区每个村都有统一的村民股份合作社，每股分红由镇里统一规定，每股低的时候分红五六十元，高的时候七八十元，对提高收入的作用不大。

（三）村民收入

全区村民都从农保转变成了城保，同城里人一样享有社会保险，保障水平虽不高，但退休后基本生活没有问题，除了个别由于大病致穷等享受最低保障的家庭外，都是小康以上家庭。对于个别特别困难的家庭，有的村还争取资金给他们翻盖了住房。

与国内多数保护区相比，吴中区生态保护红线区人多地少，农产品质量高，销售比较顺畅。虽然户均只有 666 平方米左右土地，但这里生产的"碧螺春"茶叶和"白沙""青种"枇杷及"西山"杨梅等国内著名，因为每户产量不多，销售并不困难，这样一年下来也有 2 万~3 万元农业毛收入。有些村民没有能力或者不想自己耕种，就把土地以 1 200 元左右一亩的价格租给村里的合作社或家庭农场去经营。由于"渔民上岸"后形成的"村庄"是没有这份收入的，他们的就业相对比较困难。村里人居环境建设、合作农场等工作岗位有的人员比较固定，理由是需要专门的技能人才，有的村则是根据不同的技能、能力和意愿轮岗，让更多的村民有机会增加收入。

（四）文化生活和公共服务

多数村开设了"日间照料中心"，让老人有得到照料和进行交往的场所，还经常举办一些文艺和健身活动。村民的基本医疗也得到了保障，为了有效地防止大病致穷，村里给村民交了大病和工伤保险，市、区两级针对薄弱村出台的"苏扶保"更是较好地解决了医"大病"的问题。双湾村还通过"互联网＋医疗健康"平台，将居民家庭与各级医疗服务无缝链接。但文化活动总体上不很丰富，在村民就医、缴费、终端服务、快递进村、"日间照料"等"最后一公里"方面的公共服务还有较大的不足，尤其对很多不会使用智能手机的老年人来说，生活上有诸多不便。文化和公共服务的质量是共同富裕的重要内容，需要得到高度重视。

二、生态保护红线区的优势和今后发展的趋势

吴中区的生态保护红线区与其他红线区和保护区相比具有自身的特点和优势，如果能同今后的发展态势相呼应，则走上共同富裕的道路是完全可能的。

（一）周边城市辐射带动能力越来越强大

吴中区生态保护红线区位于长江三角洲腹心位置，处于经济强市苏州市的市郊，直接接受龙头城市辐射。在文化旅游和休闲观光方面，全国特别是上海游客已经把它作为重要的目的地之一。高等级的道路基本实现村村通，个别不具备通路条件的岛屿也实现了通电通航。为了保护生态环境和水源地，各级政府都有较大的投入，而且今后投入会越来越大，与此相关的项目会给当地居民带来大量就业机会和收入。2021 年，苏州市启动了太湖生态岛建设项目，要求以高水平规划引领高水平建设，打造践行"绿水青山就是金山银

山"理念的先行示范,共同富裕的现代化样板,这对生态保护红线区来说是个很大的机遇。

(二) 文化旅游、旅游养老发展趋势越来越明显

文化旅游以独特的文化资源为核心吸引力,自20世纪80年代以来在国际旅游市场得到发展,并逐渐成为现代旅游业发展的主流之一。而从现在开始至未来10年间,我国将迎来史上最大的"退休潮","60后"群体持续开始退休生活,他们正以平均每年2 000万人的速度退休。不同于以往的"传统老人",被称为"新老人"的他们普遍子女较少,基本上已经完成了买房、子女教育的大块支出,"有钱有闲有车有文化",外出旅游、旅居养老、抱团养老、田园养老等方面的消费需求和购买力旺盛,这恰恰是吴中区生态保护红线区的优势所在。吴中区是吴文化的重要发祥地之一,拥有1项世界级非物质文化遗产、3项国家级非物质文化遗产;在7个乡镇中,4个为国家级历史文化名镇,1个为省级历史文化名镇;有5个中国历史文化名村,占全省的42%,有12处中国传统村落,占全市的85.7%。生态环境优美,生活条件比较便利。目前,吴中区正以环太湖一号公路为牵引,推动吴中区环太湖生态文旅资源从物理组合向化学融合转变。

(三) 高端农业发展趋势越来越明显

随着人们生活水平的提高,农业产品高端化也成为一种趋势,这种高端化表现为农产品特色化、品牌化、有机化三个方面。特色化即吴中区生态保护红线区内的农渔产品特色明显,有太湖大闸蟹、太湖三白、茶叶、枇杷、杨梅等;品牌化即拥有洞庭碧螺春茶、白沙枇杷、东山湖羊、太湖莼菜、西山杨梅等一批国家级原产地产品品牌;有机化即生态保护红线区环境相对比较封闭,人才、技术条件和现有经验有利于发展针对高端人群个性化需求的有机农业。2019年,吴中区就已将绿色和有机认证农产品生态补偿纳入区级补偿范围。农业特色化、农业品牌化、农业有机化对一个人多地少的地区来说是农民增加收入的有效路径。

(四) 农村土地(房屋)资源市场化趋势越来越明显

生态保护红线区内从事农业劳动为主的人口正在逐渐老去,一部分退休后回到农村的"60后""新老人"一般也不会再去从事辛苦但收入不高的农业生产,农村土地加快进入流转和调整阶段是不可逆转的现象,土地通过出租等形式流转到专业合作社、家庭农场、专业种养大户和龙头企业手里。让专业的组织、专业的人去做专业的事,也符合高效农业、高端农业的发展方向。不少农村的房子建于 20 世纪 80、90 年代，质量差，甚至是危房，功能也不符合现代生活需要，亟须改造升级。农文旅以及养老产业的快速发展对农村的房屋资源也有极大的需求。农村的房屋和土地资源是村民的重要财富，它们在农村走向共同富裕中的作用将越来越重要。

三、生态保护红线区走向共同富裕的几点建议

生态保护红线区内要实现共同富裕，应关注两类重点人群：一类是农村老人，他们是农村中的多数，名义上是退休了，但养老金不高，实际上很多人还在从事农业劳动，要让他们过上健康、安居的生活；一类是留在村里的青壮年，他们是农业、建筑业、第三产业、传统手工业创业就业的主体，他们是农村的未来，只有他们就业、乐业，共同富裕才有希望。在生态保护红线区内扎实推进村民致富和共同富裕，要关注以下四个方面。

（一）提高村级集体的公共服务能力

一要加强村级班子建设。特别要注重村书记的选拔和任用，要选拔那些具有强烈的事业心、为村民服务的责任心和具有发展本领的同志担任书记。对于驻村第一书记的人选也要在专业能力和资源整合能力上有的放矢，使其发挥最大能效。调查表明，村领导的能力、状态对全村的发展具有重大影响。二要在公共服务上集中向农村老人倾斜。他们是生态保护红线区农村的主要人群，让他们老有所为、维护他们的健康、丰富他们的文化生活、方便他们的日常起居是村组织工作的重点内容，村级机构在职能职责上和力量分配上要给予其重点保障。三要打通政策和服务的"最后一公里"，比如，农村快递、电商平台、医疗站点、缴费终端、政策咨询等，要让村民能同城里的居民一样享受各种便利。四要研究对村级管理地域的适当调整。过去的渔业村居民都相对集中居住在农业村的各个点上，太湖退捕后他们失去了以往维系关系的产业基础，维持原来的管理模式难度很大，建议按照居住地点，把他们纳入当地农业村委会的属地管理。

（二）促进留村青壮年的充分就业

一是在发展产业时要优先同带动农村就业结合起来。在发展文化旅游、养老、农业合作社、家庭农场项目和其他产业时优先考虑本地劳动力的就业，对雇佣本地劳动力的企业实施一定的税收优惠和奖励政策，使产业的发展直接惠及百姓。二是尽力开拓农村管理建设岗位。如公益性岗位，人居环境建设、生态环境建设、护林、护水、护渔岗位，以工代赈岗位，尽可能多地安

排当地村民上岗,尽可能多地实行人员轮换,特别是让年纪较大、缺乏技能的人也有机会。三是对一些特色和特殊行业岗位进行保护性开发。比如,苏州高新区就对完成各级学历的新型职业农民进行奖励,对符合要求的刺绣从业人员发放特色产业就业补贴,对吸纳区内太湖退捕渔民就业的国有渔业公司给予用工补贴,这对于吴中区留住特色产业人才、维护文化传承有较大的借鉴意义,尤其是针对太湖退捕后太湖渔业如何运作、如何组织适当捕捞、如何保护渔民的捕鱼技术、如何保证太湖特产不消失,希望在政策上进一步明确操作标准,否则会面临十年后有鱼无人捕的困境。四是对回村创业的青壮年适当进行奖励和优待,此举既可以活跃农村产业,也可以方便老人赡养和孩子看护,更可以延续农村的文化。

(三) 大幅提高村民的财产性收入

随着文化旅游、养老产业以及高端农业的迅速发展,未来的生态保护红线区的农村资源将大大升值,这将给农民带来一笔财产性收入。一要不断壮大集体经济,提高农民集体经济股份的入股分红收益。二要鼓励农户向规模经营主体流转承包土地,增加来自土地的财产性收入。目前,生态保护红线区居民获得的股份收益还不多,出租土地收益也不算太高,必须通过提高集体经济和单位面积土地收益来切实提高农民股金和租金收入。三是探索提高宅基地使用权转让的收益。浙江省一些地区已经开始先行探索宅基地所有权、资格权、使用权分离,在所有权不变的情况下通过使用权转让、资格权拍卖或部分拍卖使得相关农民获得了较高的财产性收入,这种做法值得研究借鉴。四是鼓励村民通过出租房屋提升农房财产性收入。通过对民房翻建或改造,一批高端民宿已经出现,并且经营状况不错,但针对较长时间乡村旅游特别是乡村康养的中低端民宿不多,需要通过专业的包装、推广、营销、管理扩大影响,提升价值。

(四) 全方位提升村集体的对外合作水平

单个村特别是"相对薄弱村"资金有限、人才有限、能力有限,必须借助外力,通过外部合作打通共同富裕之路。一要用好挂钩合作这一形式。利用政府机构、事业单位、国有企业、商会等结对单位的人才、资金、信息和渠道优势,切实解决产业发展、村庄治理、扶贫济困当中的实际问题。二要加强村域合作,要加强村和村之间、村和镇之间的合作,实现资源共享,减少重复建设,发挥规模效应,特别要加强与区内、市内先进村的合作,通过优势互补、经验互鉴和机会共享带动村级经济的发展。三是加强与专业机构和公司的合作。在利益共享、风险共担的基础上与文旅公司、养老机构、保险机构、农渔机构等开展合作，用新的资金、新的技术、新的管理来提升老产业，发展新产业，争取用大的项目来整体带动村级经济的发展。

（潘福能、周国平，中共苏州市委党校；盛国健、何聪、修婷婷，中共吴中区委党校）

苏州城市保护与更新

关于进一步提升苏州文物建筑活化利用成效的建议

中共苏州市委党校
中共苏州市委市情研究基地　　苏州市委党校课题组

2020年9月，苏州成功入选首批国家文物保护利用示范区创建名单，2021年4月，苏州市政府印发了《江苏苏州文物建筑国家文物保护利用示范区创建实施方案》，致力到2023年建立健全与苏州经济社会发展相适应的文物建筑资源管理体系、活化利用体系、教育传播体系和安全责任体系，积极为全国文物保护利用工作树立典范。从目前苏州文物建筑活化利用的实践成果来看，文物建筑的利用总体情况良好、可控，在政府、社会资本、民间力量等共同努力下，一批又一批文物建筑正以崭新的方式融入现代生活当中，成为苏州的文化地标。虽然苏州在文物建筑保护利用中取得了系列经验，但在具体实践中也面临着诸多困境，比如：权属问题复杂，不少文物建筑面临着所有权、经营权、租赁权的割裂，对于文物建筑的盘活利用造成不同程度的业态限制；投资回报周期长，单个项目投入大，更新周期长，不可控因素多，抑制了参与主体的积极性；投资主体相对单一，当前文物建筑的保护利用以国有企业为主，民营企业在资金导入、收益平衡等方面缺乏相关政策保障以及规划可操作性等问题。如何破解困境，进一步提升苏州文物建筑的活化利用成效，本文提出如下建议。

第一，强化活化利用全市一体化发展的统筹力度。苏州作为文化大市，截至2020年5月，拥有全国重点文物保护单位61处，省级文物保护单位127处，市级文物保护单位693处，苏州市控制保护建筑615处，数量均处在全省前列。这其中，便有着数量众多的文物建筑。苏州市应提高站位，实现全市文物建筑活化利用一体化发展。首先，要加强文物建筑保护相关方面的立法。对文物建筑保护利用规划的制定、保护利用流程的审批、修缮技术规范标准、文物建筑保护利用工程招标与修缮所使用的材料等方面都进行相关法律法规的约束，以"政府令"的形式促进文物建筑保护利用有法可依。其次，要建立市域一体化的沟通协调机制。定期对十个县、市、区的文物建筑保护利用在实践中面临的困境进行共性分析，通过召开专题工作会、专家座谈会等形式对文物建筑保护利用过程中存在的突出问题商讨解决对策，加大财政投入力度，提高问题处理的时效和实效。最后，要对各县（市、区）文物建筑保护利用的做法进行梳理总结，将可行性的举措和经验形成制度化成果等。此外，还应积极参与推进长三角地区文物建筑保护合作机制，推动文物建筑保护利用工作健康发展。

第二，强化活化利用体制机制的改革创新。文物建筑的保护利用涉及前期调研、实地勘察、设计修缮、工程资料等诸多环节，面临的难题也各式各样，因此在具体的实践操作中要试点先行、探索引领，加强文物建筑保护利用的体制机制创新。首先，要完善文物建筑等级的调整机制。应定期对文物建筑进行破损程度评估及价值评估，对于被占用、不合理使用的文物建筑进行腾退，对损坏严重的文物建筑及时进行撤销或降级调整。其次，要探索文物建筑产权管理机制。有不少文物建筑存在所有权、经营权、租赁权分离的情况，这对文物建筑的盘活利用造成了不同程度上的业态限制。因此，要加强对文物建筑的确权、登记和评估，健全产权体系，选取部分文物建筑进行试点，探索"产权置换""长期租赁"等，由所有权人委托第三方统一经营、统一对外租赁。最后，要强化数字化保护机制。对文物建筑的历史文化数据、勘察数据、安全巡查数据、工程维修数据进行系统和平台管理，为文物建筑保护利用提供尽可能全面、翔实、真实的数据和资料。此外，还要探索文物建筑保护资金引入机制、保护利用评估监测及考核机制等。

第三，强化专门机构和专业人才队伍的建设改革。随着人们文物建筑保护意识的不断增强以及文物建筑数量的不断增加，文物建筑保护利用的专门机构和人员也面临着更高的要求和更繁重的任务。在我国，虽然全国31个省、区、市均设有文物局，但不少文物局属于内设机构，编制人员数量有限，文物建筑保护利用专门人才短缺，而苏州市也面临同样的困境。推进文物建筑保护利用工作的稳步进展，必须加强文物建筑保护利用专门机构和专业人才队伍的建设改革。一是要与文物建筑保护利用各类科研机构、高等院校加强合作，同时健全职业教育体系，设立文物保护职业教育与培训基地，以重大及重要文物建筑保护利用项目为抓手，让高校学生进行观摩学习，加大对相关专业人才的培养。二是"普遍提高，重点培养"，在相关行业规范标准的要求下提高从业人员资质规范。对相关技术人员进行行业规范标准培训和轮训，提高文物建筑保护利用相关施工队伍的整体素质；加大对领军人才、中青年骨干人才的培养力度,加强专业技术人员传帮带和梯队建设,建立文物建筑保护专家库,保证文物建筑保护规划从理论论证、法律法规保障及技术支撑、编制规范等方面都具备理论性和可操作性。三是充实文物建筑保护人才队伍。可在编制上给予倾斜,适当增加人员编制,也要充分利用政府、高校、企业、行业相关专家、学者的优势,增强文物建筑保护力量。

第四,强化文物建筑保护利用的多方参与。文物建筑保护是一项系统工程,仅靠"政府拍板"是不够的,需要有更多的主体参与。首先,政府要在文物建筑保护利用中起主导作用。文物建筑的活化利用涉及文物建筑的利用规划、产权归属、资金引入、价值评估、安全管理等诸多内容,涉及多板块、多部门,因此,必须以政府为主导进行行政推进,有效把控商业行为,对社会力量参与文物保护利用进行缜密的制度设计和接地气的操作性指导,防止监管缺位或者监管越位,避免出现资本主导的现象。政府要平衡利用不足和过度利用之间的度,既以保护为前提,同时尽可能挖掘和发挥文物古建的历史价值、文化价值、商业价值,对文物建筑进行活态展示,尽可能达到经济效益和社会效益的统一。文物建筑的保护利用如果单纯依靠政府力量,没有公众的广泛参与,那负担将会非常重,且很难保持可持续发展。因此,要更新文物建筑资本引入机制,在挂牌招商、开发运营等方面公开招标,鼓励企业家、社会团体和各界人士共同参与,构建文物建筑保护利用的公开市场。其次,要不断提高公众的文物建筑保护意识,通过举办各类活动,在文物建筑保护和公众之间建立起直接的情感联系,吸引更多的公众参与到文物建筑的保护利用当中。人民的参与是最好的保障,社会力量的大量加入,不仅对于各级文物建筑的保护利用有极大的作用,也能对尚未列入文物保护的未定级建筑进行最大限度的保护。

第五,强化文物建筑文化传播渠道的有效拓展。众多古建老宅对于人们来说不仅是一种文化载体,更是一种生活方式,文物建筑的活化利用一定要结合本地区的经济基础、生活习俗因地制宜进行。因此,一定要明确文物建筑保护利用的最终目的,就是在保护利用中以人为本、服务民生、传承文化。首先,要注重对整体文化风貌的保护。文物建筑保护不仅要保护建筑单体和建筑群的形态,也要对建筑体所在的周边环境进行保护,进行排水、电力、给水、通信、消防、绿化等相关环境整治,禁止过度商业化,提升原有的生活品质和生活环境,使文物建筑周边环境不仅在视觉上有协调性,与周边的建设状况也能相协调。其次,增强文物建筑展示的沉浸式体验。利用文物建筑举办各类教育宣传、文创产品推介、"剧本杀"等活动,通过推出手办、盲盒、纪念品等文创产品，植入历史文化，讲好历史名人故事；借助 VR 技术、幻影成像、AI 换脸、多媒体互动等数字技术增强公众的体验感，拉近与公众的距离。最后，加强在抖音、快手、哔哩哔哩等新媒体上的宣传，通过网络直播、网络影视、网络表演等形态呈现文物建筑的"前世今生"，让文物建筑以现代化的形式"飞入寻常百姓家"。要把文物建筑陆续向世人开放展示，让更多的人了解文物建筑、热爱文物建筑、参与文物建筑保护，实现文物建筑"保护—利用—保护"的良性循环。

合理地利用与保护文物建筑对于文物建筑价值的阐释、文物建筑功能的塑造以及城市品质的提升都有重要作用。因此，文物建筑活化利用的重点不是争论应该不应该利用，而是要明确如何才能更好地利用，更好地将文物建筑所承载的历史文化、艺术价值传承下来。要辩证地看待文物古建筑的活化利用问题，既要看到文物建筑活化利用带来的文化传承意蕴，也要对文物建筑活化利用可能对文物建筑带来的负面影响有清醒的认识，防患于未然。要在保护和利用之间寻求互利双赢的新途径，保护文化遗存，延续城市文脉，弘扬历史文化。

（姜春磊、李静会，中共苏州市委党校）

关于大力加强我市考古和历史研究工作的建议

中共苏州市委党校
中共苏州市委市情研究基地 王沁诚

党的十八大以来,习近平总书记高度重视考古和文物保护工作,在国内外多个场合,多次做出重要讲话和指示批示,不仅为我们进一步开展好考古研究指明了方向,更有力推进我国的考古研究步入"黄金时代"。

苏州号称有一万年人类史、六千年人工稻作史、三千年文明史、两千五百年建城史,历史积淀之深厚,历史遗存之丰富,历史印记之深刻,在全国乃至世界范围都属于"第一方阵",是开展考古发掘和历史研究的巨大宝藏。在获批国家历史文化名城四十周年之际,苏州应当高起点定位、高水平谋划、高标准推进苏州考古和历史研究工作,全方位、多角度、多层次研究苏州地域文明起源与发展的过程、背景、原因、特点、模式等,进一步延伸历史轴线,丰富历史内涵,活化历史场景,揭示苏州作为吴文化发源地和江南文化核心城市的文化内涵,进而引导全社会丰润文化滋养,增强历史自信,把握历史主动。

一、当前苏州考古和历史研究工作的现状与问题

经过几代考古人接续奋斗,苏州考古和历史研究工作陆续取得了令人瞩目的成就,为更好地研究吴地文明史、塑造吴地人民历史认知提供了一手材料,在政治、文化、社会层面产生了相当的影响。但对照总书记要求,对照各界各方面期盼,对照历史文化名城地位,我市目前在某些方面还存在一些问题和缺憾,有待提升和完善。

(一) 对吴国吴地历史文化挖掘和普及的力度有待提升

自"泰伯奔吴"至"寿梦称王",历十九代;自寿梦始,至夫差亡,又历七代。数百年间,吴国从无到有,由弱变强,又盛极而衰,虽最终落幕但不掩其成就伟大;而吴国人由所谓"蛮夷"到被华夏接纳,再到与诸侯大国

中原争霸，更可以说是吴地先民逆天改命、奋进图强的英雄史诗；再如周章受封诸侯、强鸠夷始作纪年、寿梦自立为王、季札三辞王位、阖闾营建大城、夫差黄池会盟等，皆为吴国历史之重要节点，标志着一系列传奇的兴起和落幕。所有这些都值得深入挖掘，值得著书立说，值得广为人知。然而就目前了解而言，无论是专业研究方面或是大众普及方面，有关吴国历史的书籍少之又少，有关吴王生平的传记无从得见，有关吴国旧址的发掘探索难见天日，相关工作还需要大力推进。同样值得注意的是，自秦汉设立吴郡直到隋唐定名苏州，其时间跨度占苏州建城历史将近一半。在此期间，吴地经济文化从落后走向繁荣，民风由好勇尚武转变为敦礼崇文，对于这一千年来的社会变迁、风云际会及其重大价值，各方面的研究、阐释、宣传还不够，远不及唐宋至明清近代，这不免令人遗憾。

（二）对一系列历史谜团争议的探究和释解有待加强

习近平总书记在中央政治局集体学习考古工作时指出："我国古代历史还有许多未知领域，考古工作任重道远。比如，夏代史研究还存在大量空白，因缺乏足够的文字记载，通过考古发现来证实为信史就显得特别重要。又比如，'三皇五帝'等史前人物，是神话传说还是确有其人？也需要考古工作去揭开谜底。"① 对照这些要求和标准，对于吴国在各个历史时期遗留的一众待解"谜案"，至今尚未有能够一锤定音和足够全面深入的释疑解惑，对此应予以充分正视，进而全面审视并引起高度重视。例如"泰伯奔吴"，而"吴"在哪里？"勾吴"之名又从何而来？泰伯究竟是直奔"东吴"，还是先至"西吴"，再向东南？这些问题涉及中原华夏文明向"荆蛮之地"的传播拓展，历来为各地各方所争论，干系不可谓不重大；又如木渎春秋古城，究竟是谁所建，其与姑苏古城是何关系？这两者与无锡阖闾城又是何种关系？这些问题涉及苏州建城历史，其重要意义同样不言而喻；再如，苏州因姑苏山而得名，然则"姑苏山"的确切位置究竟在何处？"姑苏"两字从何而来？到底是先有"姑苏台"，还是先有"姑苏山"？这些问题涉及千年苏州名称之由来，若长期模糊不明、纠缠不清，则与科学精神和时代期盼难以相称。

（三）对重量级考古成果的发掘和发现有待加速

我国现代考古学诞生至今已逾百年。1936年"吴越史地研究会"正式成

---

① 习近平：《建设中国特色中国风格中国气派的考古学 更好认识源远流长博大精深的中华文明》，《人民日报》2020年9月30日，第1版。

立后，该会成员根据考古发掘，在吴地发现了众多新石器时代遗址，揭示了东南与中原文化之间的密切联系。从中华人民共和国成立至世纪之交，越城遗址、治平寺遗址、绰墩遗址、草鞋山遗址、东山村遗址、赵陵山遗址、真山大墓、七子山一号墓等陆续在不同程度地"揭开面纱"，其中赵陵山遗址被列入1992年全国十大考古遗址重大发现。而苏州市考古研究所自2009年成立以来，也先后进行了多个重要考古发掘，包括阊门北码头段、相门至耦园段、平门段古城墙发掘、干将路乐桥井藏钱币发掘、虎丘宋家坟遗址、石湖景区谢家坟遗址发掘等。特别是在苏州西部山区发现的木渎春秋古城，成功入选国家文物局"2010年度十大考古新发现"。但自此以后，全市再未有同样级别的重大成果发现或产生。自党的十八大以来，苏州市级层面仅在2013年5月举办过一届"苏州市考古发掘新成果展"，甚至类似2007年出版的《苏州考古发掘报告专辑》也未能再续新编。由此可见，近十多年来全市考古界相对缺少足以"上台面"、足够有意义、足能显价值的"精品"和"干货"，态势略显尴尬。

二、苏州考古和历史研究工作的下步设想与建议

（一）注重"人才优先"，健全完善人才激励保障机制

要贯彻落实习近平总书记要求，"关心爱护考古工作者，积极提供人力、物力、财力等方面的支持，为考古事业、文物保护、历史研究创造良好条件。"① 建议在每年文化和自然遗产日，由市主管部门通过各级各类媒体，集中公布、重点宣传上一年度全市重要考古成果，并以高规格、高标准评选表彰年度优秀考古科研成果奖。还可与吴文化研究会等民间学术团体合作设立名师工作室，采用导师带徒弟的方式吸收有志于此的各方面人才跟班学习，期满后经考试鉴定由市主管部门进行相关技术职称认定，为加强专业研究提供"能量补充"。同时，充分利用苏州科技大学现有基础，进一步做大、做强考古专业，通过定向培养、委托培养等方式源源不断地为我市输送人才，让更多年轻人热爱、投身考古事业，让考古事业后继有人、人才辈出，从而有效破解重大成果缺失等问题。

（二）注重"项目为王"，抓实抓好重大科研考察项目

要贯彻落实习近平总书记的要求，围绕一些重大历史问题做出总体安排，

---

① 习近平：《建设中国特色中国风格中国气派的考古学 更好认识源远流长博大精深的中华文明》，《人民日报》2020年9月30日，第1版。

集中力量攻关，不断取得新突破，及时对我国古代历史部分内容进行完善，以完整准确讲述我国古代历史，更好发挥以史育人的作用。建议借助国家正在实施"中华文明起源与早期发展综合研究""考古中国"等重大项目的契机，按照江苏省相关部署，由市主管部门抓紧推进"苏州地域文明探源工程"。在充分总结整理现有考古成果的基础上，进一步围绕"探源"这一关键进行考古发掘和历史研究攻关，以多学科交叉研究为支撑，重点开展好地下文物资源普查、草鞋山遗址聚落文明研究、苏州古城城市考古研究等项目，通过对考古成果的挖掘、整理、阐释，展现苏州文明脉络与苏州古城变迁，论证苏州地域文明对中华文明的突出贡献。同时可参照先进地区做法，尝试采取"揭榜挂帅"模式调动全社会力量攻克遗址发掘、土壤探测、文物保护等方面的技术瓶颈，全方位、大踏步带动项目向前推进，从而有效破解谜团、争议、阐释等问题。

（三）注重"平台搭建"，组织成立市级相关研究中心

要贯彻落实习近平总书记要求，加强考古资源调查和政策需求调研工作，提高考古工作规划水平，运用科学技术提供的新手段、新工具，提高考古工作的发现和分析能力，提高对历史文化遗产的保护能力。建议在市级层面组建"苏州市考古与历史研究中心"，由苏州市政府分管领导兼任主任，办公室设在苏州市文化广电旅游体育局，具体由苏州市考古研究所操作，有效统筹全市考古学界包括经济、法律、政治、文化、社会、生态、科技、医学等各领域研究力量，全面做好出土文物和遗迹遗址的探索发现与研究阐释工作，进一步坚定文化自信、讲好苏州故事、弘扬江南文化。同时，借助近年来对外对上交流合作的良好契机，充分依托省级平台支持，争取省级政策倾斜，联合相关高校和科研院所筹建并申报"考古现场保护省级重点实验室"，并适时申报国家重点实验室，以高端重量级平台聚资聚智、出精出新，争做示范、争当标杆，从而有效破解考古发现与名城地位不匹配等问题。

（四）注重"公众考古"，活化利用文物和研究成果

要贯彻落实习近平总书记要求，加强对考古成果和历史研究成果的传播，让收藏在博物馆里的文物、陈列在广阔大地上的遗产、书写在古籍里的文字都活起来。建议通过项目合作、购买服务等方式，以百馆百园、百街百巷等为阵地，通过社会化运作强化考古学服务公众的职能，以精准系统的考古学传播让历史说话，让文物说话，促使公众走近考古、触摸历史、感知人文、提升素养。在此基础上，持续推进文化遗产的活化利用，推出更多历史文化

遗产主题精品旅游线路，支持各博物馆、纪念馆创设互动体验项目，积极培育文化遗产文创品牌，用"绣花"功夫做好保护利用工作。同时，大力支持苏州博物馆和今后的考古博物馆发挥职能作用，高密度、高频次举办一系列考古主题讲座、论坛、公开课等，教育引导广大干部群众特别是青少年充分、全面地认识吴地文明起源和发展脉络，传承成就与光荣，谨记经验与教训，坚定理想与信念，从而有效破解吴地文明和吴国历史的全面深化普及问题。

（王沁诚，中共苏州市姑苏区委党校）

苏州古城更新过程中数字经济导入的路径与建议

中共苏州市委党校
中共苏州市委市情研究基地　　单　强　廖晨竹

20世纪以来，以伦敦、纽约、东京、巴黎等一批世界著名都市为代表的新一轮城市更新，逐步从物质更新为主走向了多元有机更新的阶段。在发展模式上从"经济型"改造向"社会型"更新变迁，从"宏图式"改造向"微更新"转变，其核心就是数字科技的广泛应用与数字经济的迅速崛起。苏州古城更新过程中要有效借鉴发达国家的成功经验，充分利用现代科学技术，通过产业迭代实现城市更新。

一、数字经济推动古城更新的国际经验

（一）强化产业规划与产业引导，以产业更新推进城市更新

产业是一个城市的显著特征，产业更新会使一个城市在价值取向、生活方式、景观环境等方面发生改变。产业发展到一定形态形成的产业集群，带来个性化生活方式和生活理念的变化，会重塑城市的精神特质与环境形象，提升城市的识别度，形成新的社会认同。因此，产业更新是城市更新的重要推手。纵观伦敦、纽约、巴塞罗那等城市更新，内生动力都是产业的转型升级，其关键点都是围绕特定产业，政府搭建对接平台，通过空间保障以及低税率等措施和系列政策，合理引导产业发展方向。在存量用地使用方面，优先满足新产业用地和科创人员的居住用地，优化古城区的职住平衡。对于一些短期内无法实现效益的产业，政府则向这些产业优先配置空间资源，用空间支持产业的转型升级。

（二）把握数字经济机遇，集聚创新要素驱动城市更新

随着新一代信息技术的发展，数字经济在城市更新中发挥了重要作用。伦敦"硅环"地区数字经济产业的大发展即是典型代表，智库机构伦敦研究

中心的统计报告显示,伦敦东区在2010年城市更新后,总共有3 289家数字经济创新企业,数字经济就业岗位占全伦敦的12%,较1997年增长了1/3。根据仲量联行发布的报告预测,伦敦东区2030年将成为英国重要的经济增长支撑点,财政贡献将高达54亿英镑。此外,纽约"硅巷"地区的互联网改造媒体产业发展、巴塞罗那普布诺的新兴知识技术密集型产业发展,都是用数字经济改造塑造"创新区"、用集聚创新要素驱动城市更新的典型案例。

(三)夯实现代数字化基础,构建包容型社区

当前,城市更新方式与更新手段发生了变化,不再一味地以"拆"为主,转而以"留、改"的方式补充了单纯的"拆",以人文和数字化设施补充了古城的内容与基础,以文创街区营造、文化创新孵化培育、历史街区保护开发替代了单纯的商业地产开发。从实施成效上看,这种包容型社区打造取得了较好的效果。比如,全球第一个创新城区巴塞罗那普布诺,就是通过老工业区改造塑造"创新区"的典型案例,其城市更新理念被誉为"城市针灸疗法"。通过梳理现有的商业网点,推行微更新项目,本地区形成了充满活力的商业及服务片区。通过增加绿色空间、拆除年久失修、无产权归属的建筑物来塑造绿色开放空间;通过对原有网络系统进行改善,有效解决科创产业发展需要的信息化条件;提供充足的物质和社会支持基础设施,包括社区、艺术和文化设施。良好的现代生活设施和人文环境,提供了现代街区发展所需要的网络环境和氛围,营造出充满活力的城市生活氛围。

二、苏州城市更新中数字经济导入的四个路径

作为国家历史文化名城的苏州古城有着丰富的历史文化资源,古城区至今仍保留着旧时"水陆并行、河街相邻"的双棋盘格局。截至2020年,姑苏区拥有2条历史文化街区,各级文物保护单位174处,控保建筑255处、古建筑790处,"中华老字号"30家,非物质文化遗产代表性项目106项,可开发文化资源相当丰富。近年来,姑苏区依托苏州数字经济发展的优势,集聚要素资源,积极推动数字经济发展建设,形成了以信创、信息安全、工业互联网服务、5G示范应用为特色的产业集群,给古城保护区注入了新的活力与发展驱动力,也为姑苏古城更新打开了新路子。但是,由于苏州古城空间受限、人口老龄化、房屋设施老旧等,新一轮的城市更新也面临着功能转换与产业转型的双重挑战。结合苏州古城的自身特色、空间区位、生态环境等各方面发展潜能,古城更新过程中应围绕数字街区、数字平台、数字产业、数字城

市四个方面走出一条数字融合更新发展的道路。

（一）完善古城成片保护区数字化设施，打造数字创新街区

准确的区位选择，不仅关系到城市空间结构的改变，也关系到产业的发展前景。古城中心便利的生活与公共服务，具有其他区域无法比拟的优势，可选择护城河以内古城核心区，在山塘河、上塘河两线以及虎丘、枫桥、西园、留园等保护区域，根据现有的资源禀赋和现实基础，确立数字产业功能片区。引导数字产业按功能区定位，实行差异化定向集聚，加快、加大对区域内周边数字设施综合配套的投入力度。促进公建配套、市政设施、人文关怀方面的资源倾斜集聚，在数字商贸、数字文旅、数字金融等领域打造具有引领性的街区场景。建设数字文化产业集聚区和引领区，打造功能融合街区，推进新业态、新模式的运用发展，用数字产业对服务业的高度需求推进文化、科技与金融等高端服务业融合发展，推动古城产业结构的高端化与合理化。

（二）加快信息技术的创新应用，建设产业集群服务平台

围绕信创、信息安全、工业互联网服务、5G示范应用等产业集群建设综合性服务平台，集合政府服务、品牌活动、宣传交流、创意孵化、知识产权、投融资、研发推广等服务功能，协同城市规划、交通、市政、建筑、网络安全各领域，构建全面的服务联动反馈机制，形成数字企业和服务管理的良性互动机制，探索形成一套标准化服务体系，让园内企业"足不出户"便能够享受到优质、便捷的服务。

（三）助推传统产业数字化转型，大力发展数字文旅产业集群

产业园等载体空间是优质企业落地生根、成长壮大、形成集聚的重要支撑。一是以产业园、楼宇为载体提效增能，完善商务配套设施，推动传统产业园、楼宇低端业态、老载体、老空间转型发展现代数字商贸、数字文旅高端业态，重点引进数字科技企业、数字设计企业、互联网文化应用企业。二是积极促进优秀文化资源数字化，用精品内容推动数字文化与新经济的结合，加强"非遗"文化的数字化转型，有序推进"非遗"项目的数字化记录与利用工作，把资源优势转化为发展优势、产业优势。三是用数字赋能文化旅游产业发展，积极引入互联网平台，让线上线下真正联动起来，加强与数字平台密切合作，推动更多老字号行销全国、走向世界，完善旅游"新基建"和服务体系，持续升级旅游环境。

（四）构建城市信息模型，打造数字孪生城市

以建筑信息模型（BIM）、地理信息系统（GIS）和物联网（IoT）等技术

为基础,整合城市地上地下、室内室外、现状未来、多维多尺度的信息数据和城市感知数据,构建三维数字空间的城市信息有机综合体,建设全覆盖、相互联通的城市智能感知系统,将传统静态的数字城市升级为可感知、动态在线、虚实交互的数字孪生城市。打造智慧城市基础操作平台,构建"地毯式采集、大数据研判、全程可追溯、网格化管控"的数字化治理模式。支持城市建设、安全、住房、管线、交通、水务、规划、自然资源、工地管理、绿色建筑、社区管理、医疗卫生、应急指挥等领域的应用,对接在线政务服务平台等系统,提供丰富的开发接口或开发工具包,推进城市信息模型(CIM)平台在城市体检、智慧市政、智慧社区、智慧交通等领域的广泛应用。

三、苏州古城城市更新过程中数字经济导入的政策建议

产业转型不仅要突破原有的发展路径,更要做好各类资源的融合与协同,完善相关政策和法律法规。为此,本文提出以下六条具体建议。

(一)合理调整空间与产业规划,突破空间资源约束

以数字经济对空间发展的诉求为引导,调整土地资源利用方式以释放土地空间。第一,从土地利用规划方面着手,改变土地用途单一的模式,强调功能的混合利用开发,增加土地利用的兼容性,注重提高土地利用效率,构建兼具研发、办公与综合服务功能的社区化产业空间形态;第二,加快规划古城区域及周边的建设定位和配套设施,统筹确定数字产业的布局、类型、规模,加快构建复合多元化空间;第三,秉承以公共交通为导向的开发(TOD)模式理念,制定交通基础设施规划方案,利用便捷的公共交通网络,引导古城街区空间的紧凑型发展,提高古城物理空间布局的可达性与便捷性,减少创新要素流动的交易成本。

(二)建立城市更新数字"试验田",实现在创新政策上的突破

针对古城数字产业发展,以古城成片保护区为重点区域,以优质项目为切入点,专项出台古城数字产业政策体系,推广以企业业态分布为定价依据的新兴产业用地(M0)地块价格评估体系,设立古城成片保护数字"试验田",围绕"数字产业+保护区区域"给予实验区在城市管理、消防、土地等城市管理方面授权区级行政管理权限,对实验区数字产业发展的政策进行系统集成和创新,更好地适应产业灵活多样化的需求,推动数字音乐、网络游戏、电子竞技、网络视听、新媒体等相关产业在古城成片保护区积极布局,

推进文旅、商贸、金融与数字经济的融合发展。

（三）建立完善政企协同机制，激发企业创新活力

坚持以政府为主导，依托产业部门和市场主体，按照商业化逻辑，吸引行业领军企业和吸附企业聚集，系统推动提升区域产业能力、资源整合能力、经营管理能力和服务保障能力。聚焦企业主责主业，围绕业务布局、职能定位、盈利模式等方面，提升企业的专业化、市场化运营管理水平。坚定不移地推动区属国有企业转变观念、深化改革、转型发展，鼓励国有企业参与集群区建设和园区运营。为企业筹资、融资提供资金支持或者税收优惠等扶持政策，支持社会企业和资本参与城市更新、公共服务等领域。

（四）加快项目招引和新业态培育，培育数字产业集群

产业集群发展是经济建设的主流，创新企业是创新生态系统的核心要素。通过以"大"带"小"、以"小"引"大"的方式集群成链，充分发挥自身优势，增强上下游企业的吸附依靠力，以期达到地方经济发展与古城保护相得益彰、文化与商业共同繁荣的局面。吸引更多跨国公司和大型企业集团总部入驻，重点扶持和培育一批科技型、创新型、成长型的"瞪羚"企业和"独角兽"企业。

（五）加快文旅新业态培育，吸引数字产业人才集聚

产业竞争发展的核心是人才，古城区域的人才集群先导性优势明显，应积极打造文化街区，举行艺术展示，举办一些有水准的、青年人喜欢的文化设计展会，开展网络直播培训、"非遗"手工艺数字展示等，以较低的改造运行成本撬动良好的宣传效应、经济收益。吸引更多有活力的人群在古城工作、在古城创业、在古城生活，吸引高素质人才就业与创新型企业集聚，重构古城人口结构。

（六）有序引导企业跨区迁移，税收收入基数原地核算

针对新冠疫情后姑苏区企业在本市的跨区迁移现象，严格执行苏州市政府《苏州市区企业搬迁税收问题暂行规定》，姑苏区外迁企业税收收入的基数三年内继续留存在姑苏区，超出基数部分核算给迁入区，消除市区周边板块凭借高端产业集聚、人才集中优势对古城区产业的虹吸效应和"挖墙脚"现象，构建和谐统一的产业发展环境。

（单强，苏州工业职业技术学院学术委员会主席、苏州市专家咨询团成员；廖晨竹，苏州工业职业技术学院教师）

以街巷为切入点挖掘古城更新的人文价值

中共苏州市委党校
中共苏州市委市情研究基地　白顺阶

党的二十大报告指出，坚持人民城市人民建、人民城市为人民，要提高城市的规划、建设与管理水平，实施城市更新行动。姑苏区作为国家历史文化名城苏州的重点保护区域，城市更新是其可持续发展的重要途径，也是激发其经济动力与文化活力的重要引擎，须在以人为本的理念指引下，以多维视角探索思考。本文提倡动态的、系统的行人优先城市发展策略，即以街巷为切入点，打通城市"毛细血管"，将城市建设与促进消费结合起来，推动以人文环境设计为重点的城市更新改造工程，提升街巷魅力，做精生活美学，让古城可见、可达、可体验，构建有品质、有温度、有归属感的城市生态。

一、关注步行街道的城市实践

随着城市更新进入高质量发展阶段，可步行城市（walkable cities）、行人友好型城市（pedestrian-friendly cities）、包容性街道（inclusive street）、POD理念（pedestrian oriented development）等研究与实践热度持续上升。行人优先的城市发展策略从规划到设计、从产业到居住、从街道到消费对城市政策和规划原则进行有效集成，囊括城市规划、街道、产业、建筑、环境、文化以及消费等诸多方面，通过系统性建设和打造真正对行人高度友好的城市公共空间，为创造高品质、富有吸引力的城市环境和城市服务提供条件。

国内正在进行的城市更新活动，呈现以公共线性空间（如城市街道空间、蓝绿空间）带动城市品质提升的趋势。

南京高淳区紧扣"慢城"的特色，引入行人优先的发展理念，特别编制了《以POD为导向的高淳老城区城市更新规划》，以慢行系统为基础，对老城区的功能布局、空间策划和交通体系进行了整体探索，通过居住社区改造、宜居街区创建、开敞城区示范，保障基本的慢行环境，提供宜人的慢行场所，打造美丽的慢行目的地。

上海2021年出台了《上海市慢行交通规划设计导则》，结合《上海市综合交通发展"十四五"规划》，从顶层设计出发，对全市空间更新中慢行交通的发展做出规划和统筹，对"活力街区""慢行友好""小尺度密路网及适合慢行的无车街区"等建设方案进一步细化，建设贯穿全域的慢行网络。

浙江在国内率先提出建设"未来社区"，并以此为契机对存量老旧社区进行试点实践，助力城市有机更新。其场景系统设计原则排在首位的即为"POD生活圈导向"，优先考虑5~10分钟步行社区生活圈的活动交往与生活需求，以功能复合的邻里中心、就近便民的生活驿站、楼宇单元的共享客厅等为载体，构建24小时全生活链服务体系。苏州2021年成功入选全国首批一刻钟便民生活圈试点城市，2022年正式发布《关于推进苏州市一刻钟便民生活圈建设的实施意见》，预计今后5年将建成不少于150个一刻钟便民生活圈。

住房和城乡建设部结合"我为群众办实事"活动，自2021年起在全国100个重点城市开展"背街小巷"环境整治行动，改善人居环境，打造品质街巷。苏州作为重要城市之一，全方位整治背街小巷，对街巷建筑立面、绿化景观、市政设施、便民休闲空间等进行优化提升。同时为还原古城最美天际线，城市管理执法部门从2018年开始便开展一系列中心城区架空线整治和入地工作。截至2022年6月，苏州中心城区主次干道架空线入地率已由52%提升到77%，支路街巷架空线入地率从0提升至20%左右。

二、现有基础及局限

（一）美学基因待深挖

北京有胡同，上海有里弄，苏州也有众多街巷承载市民生活、集聚风土人情。姑苏区是全国首个也是唯一一个历史文化名城保护区，古城绵延千年，街巷风貌犹存。清代《姑苏繁华图》中，苏式街巷便已纵横交错且有明显的轴线关系，坊巷间商业节点形成网状商业街市，具有贴水成街、就水成市的视觉特征。如今，分布在姑苏区的1 606条街巷景观元素丰富，园林、老宅、口袋公园、酒馆、咖啡店、市集、展馆错落分布。2021年，姑苏区城市管理委员会开展"净美街巷"评选，以街巷为机理，深度挖掘姑苏街巷文化，探索将街巷街区打造成为展示姑苏古城文化的窗口、体验姑苏市井风情的舞台。

但苏州当前一方面众多街巷定位模糊且人居环境提升任务繁重，未能在有效保护的基础上进行更深层次文化内涵的发掘，形成具有自身特色和一定知名度的品牌街巷；另一方面，山塘街、平江路等"网红"街巷多呈现同质化的内容表达，缺乏创意、浮于表面、"快餐打卡"式的文旅生态与古城精细、雅致、惬意的美学基因相冲突，缺少在地文化的主题展示和深层次的文化输出。

(二) 道路网建设待完善

存量的城市空间中，更完善的道路网建设意味着交通选择性和出行可达性的跃升。早在2016年，中共中央、国务院在《关于进一步加强城市规划建设管理工作的若干意见》中就提出，要树立"窄马路、密路网"的城市道路布局理念，并提出"城市建成区平均道路网密度提高到 8 km/km²，道路面积率达到15%"的目标。相关数据显示，2022年度，深圳、厦门和成都等城市均已达到 8 km/km² 以上的城市道路网密度，上海黄浦区道路网密度更是高达 14.4 km/km²。

而苏州中心城区建成区道路网密度为 5.9 km/km²，低于全国 6.3 km/km² 的主要城市平均道路网密度，在国内主要城市中排名靠后。且在有限的道路资源下未能系统合理地协调好行人、公交和机动车的关系，道路交通秩序及安全性受到挑战，道路通行效率低下，堵车问题严重，停车位不足，较大程度影响市民及游客的步行意愿与步行体验，消弭了城市业态的潜在发展空间（图1）。

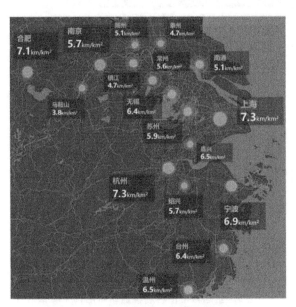

图1　长三角主要城市群道路网密度

（图源自2022年度《中国主要城市道路网密度与运行状态监测报告》）

(三) 商业生态待优化

在行人优先的城市空间策略中，社区商业和街道商业以满足和促进居民日常综合消费为目标，深入城市空间的各个角落，畅通城市经济微循环，营造宜居型生活化城市氛围。咖啡馆和便利店是观测当前现代城市街道商业化程度的重要切口。截至 2022 年 6 月，在全国每万人咖啡馆数量城市排名中，上海、杭州、广州位列前三，苏州排名第四（图 2）；以城市便利店覆盖率为指标观测城市街道商业，苏州则位列全国第七（图 3）。其中，上海是全国星巴克连锁咖啡馆、全家便利店最多的城市，有 15 条街道咖啡馆密度达到了 1.5 家/100 米以上。

可见当前苏州街道商业生态有一定基础并具有良好发展态势，但与上海等城市相比，服务品质和商业活力还可进一步提升，一系列便民商业设施在人均占有量、覆盖率、网点密度上也仍有较大发展空间。

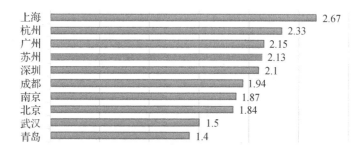

图 2　全国每万人咖啡馆数量排名前十城市

（数据来源：美团、地方统计局）

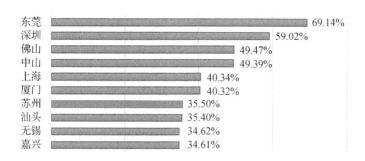

图 3　全国城市便利店覆盖率排名前十城市

（数据来源：第一财经。便利店覆盖率 = 便利店覆盖范围 ÷ 城市行政区域面积，便利店覆盖范围为以便利店为圆心、500 米为半径的覆盖面积总和）

三、下一步发展建议

行人优先的城市空间优化策略能将城市环境品质、商业消费场景与人文生态体系有效耦合，是繁荣城市商业、打造城市形象标签的有力途径，也为在存量空间中有效盘活资源、提升城市更新质量提供渠道。在下一步城市更新中应思索步行道系统优化的可能，以动态思路进行规划设计，倡导宜居舒适、便利高效的生活方式，鼓励市民和游客共同体验、参与、创造街巷文化，"城区即景区、旅游即生活"，探索苏州城市人文新表达，为古城注入活力，实现魅力焕新。

（一）因地制宜，加强城市空间谋划

一是结合城区实际评判可改造空间的价值。可借助姑苏区正在建设的"CIM＋'数字孪生古城'"应用平台，通过分层分类的方式对城市公共空间和近期可改空间进行价值评判，有效盘活低利用率、高空置率的基础设施。提高土地节约集约利用水平，控制投入边界，借由精细、务实的规划设计以点带片进行城市"微更新"，小尺度营建，与既有城市品质提升工作无缝衔接，推进城市整体更新，以最小成本实现最大效益。

二是以步行为切入点对交通网络、功能板块、服务节点和活力中心进行全方位规划，明确需要提升的基础性配套设施空间，关注步行体验的通达性、舒适性和指向性。可借由2022年9月出台的江苏省首批城市更新试点项目进行探索尝试，如古城32号街坊保护与更新工程、五卅路片区保护更新项目规划，通过步行感知城市绿道、道路界面、街道品质，寻找古城活力空间与活力通道，优化公园绿地、街区商业、特色街道的空间迭代设计。

（二）整体布局，优化基础设施建设

一是倡导活力健康路网交通体系。在对姑苏区整体研究的基础上，有序推进城市道路网建设，提高古城区轨道站点覆盖密度，构建完整通达的城市交通网络，配合正在建设的姑苏区悬桥巷站等TOD轨交综合开发项目，探索城市快速干线交通、生活集散型交通、绿色慢行交通三大系统协调发展。

二是推动商业消费场景铺设。支持体量较小、投资开发操作难度较低、运营管理相对简单的社区底商和街区商业建设，提升便民商业设施覆盖率，积极盘活用好苏州老旧商业设施资源，推进业态调整和功能升级，为市民提供步行范围内的生活服务消费。

三是打造优质便民智慧化街区空间。苏州当前正在大力推进"一刻钟便民生活圈"建设工作,应在网点和设施的规划设置中贯穿行人优先的布局策略,以便民利民惠民为目标加快配齐便利店、早餐点、理发店、药店、银行网点、快递服务点、社区卫生服务中心、农贸市场等场所。

(三) 凸显特色,升维古城价值体系

一是融汇姑苏特色地方元素,放大空间更新中的美学价值。尊重老城区本身的自然风土、美学规律与地域风格,综合考虑商铺、城市管理者、街道周边居民的实际需求,保留以江南街巷为典范的传统街道特色,在较为统一的美学标准下,鼓励设立特色酒馆、咖啡店、开放式活动空间,展示自发形成、多元灵活的业态之美,让居民和游客"慢"下来、"停"下来、"留"下来。

二是借力数字文化创意赋能古城街巷,组团式打造城市文化地标。创意来源不仅限于古城,应从融汇太湖、长江沿线等山水风光在内的"大苏州"视角出发,活化本土文化,以街巷为载体将沉浸式体验融于建筑、景观之中,聚引人气,焕新区域活力。

三是聚焦人性化空间设计,增强市民的生活体验感与环境互动感。城市管理执法部门应持续推进架空线整治入地工作,对道路现存架空线能入尽入,在首批"净美街巷"基础上继续加强街巷治理,梳理杂乱无序的街道界面,通过街道绿化率、天空可见度、街道比例等指标创造宜人的街道空间观感品质。以人为尺度,通过对市民需求数据分析打造功能丰富的公共场所,放大城市生活的人性之美与市井风采,营造安全的街道环境和整洁有序的街道氛围,在人情味和烟火气中调和孕育新的城市生态体系。

(白顺阶,苏州市发展规划研究院)

关于强化苏州方言保护传承和推广传播的对策建议

中共苏州市委党校
中共苏州市委市情研究基地　王沁诚

语言是文化的载体和写照，每一种语言都具备特有的功能，承载特定的文化内涵。作为通行江南地区、承载江南文化的吴语，其突出代表无疑是最具特色和影响力的苏州方言。国家语委于2008年10月在苏州市启动了"中国语言资源有声数据库"建设，苏州市区及常熟、昆山市区被确定为首批试点地区。2012年，苏州市语委启动苏州方言保护工程，每年举办中小学生普通话、苏州话、英语口语"三语"大赛，累计培养近400名苏州话辅导师；本地主流媒体也推出了一批苏州话节目和传播地方文化的文创产品；20多条公交线路同时使用普通话和苏州话报站；《苏州国家历史文化名城保护条例》（以下简称《条例》）也对苏州方言普及推广做出相关规定。尽管十年来的成绩有目共睹，但经实际调研察访，苏州方言当前的境遇仍然非常尴尬，前景依然令人担忧。对此，有必要进一步起而寻策，拿出实打实的办法举措，真正让学说苏州话、会说苏州话、说好苏州话成为千年古城的鲜明品格和人文气质。现将相关情况报告如下。

一、现状问题

一是缺少"大力度"。2018年3月正式施行的《条例》明确规定"市人民政府应当制定苏州方言普及推广的扶持政策"，但目前看似乎尚未落地。吴方言专家、苏州大学教授汪平指出："苏州'推普'推得很好，但是年轻人越来越不愿说苏州话，小孩子们甚至已经不会说了。"2019年，民革苏州市委的一项调查显示，苏州近四分之三的学生在与同学交流中使用普通话，70%的年轻人没有主动学习苏州话的愿望。针对这样的情况，多年来相关媒体和各界热心之士陆续多次发声，有的"老苏州"甚至还到"寒山闻钟"论坛发帖，但结果似乎一直在"原地打转"。致力于方言普及的社会组织"说苏哉"

在其公众号上线两周年时写道:"方言消亡的速度太快,我们可能跟不上、跑不赢。尽管有人预言文化悲剧,但我们仍旧逆风前行。"这些都代表了民间对官方加大出手力度的呼吁和期盼。

二是缺少"大环境"。上述《条例》中虽也写明"鼓励中小学校、幼儿园开展苏州方言教育",但"鼓励"毕竟不具有强制效力。当前全市各中小学和幼儿园开设方言教育课者极少,即便有也只是"意思意思"。同时,虽然苏州话在部分学生家中能得到一定使用,但学生一旦进入校园便迅速被普通话场景所"淹没""同化"。在苏州,有一种极为普遍的现象:孩子小的时候跟着爷爷奶奶,说的都是方言,只要一进幼儿园,就开始说普通话,上了学之后,接受语言的渠道也都是通过普通话来实现。回到家里,孩子反过来还带着爷爷奶奶说"洋泾浜"普通话。苏州的一些民间组织和个人工作室,如"苏白学堂""吴语学堂""珍珍老师"等,多年来虽然也组织开展了一系列活动,但毕竟只是在特定的、有限的时间和空间之内,其影响和效力不尽如人意。

三是缺少"大传播"。昆曲、评弹等传统曲艺虽然有一批"铁杆粉丝",但终究受制于其音调古奥、晦涩难懂,极难达到"广受追捧"的效果。除了苏州广播电视总台的《施斌聊斋》《李刚评话》《阿万茶楼》之外,社会层面特别是在各大互联网平台上以苏州方言创作的文艺作品可谓少之又少,在推广传播层面涌现的"大V"更是难得一见,哔哩哔哩视频播放网站上一条点击量"10万+"的苏州话短视频绝对属于"稀有品种"。在全民拥抱"数字+"的时代,不管是方言还是建立在方言基础上的地方传统文化,对当下的社会公众来说,似乎都并非"刚需"。而缺乏广泛有效传播的苏州方言似乎正在从群众日常文化生活中加速"淡出",且越发难以进入年轻人群体之中,境况十分堪忧。有人甚至判断,按照目前状况,再过三十年,苏州方言将最终消亡,"灰犀牛"已经离我们越来越近。

二、原因分析

一是关注度不足。这里主要还是指政府关注层面。虽然早在十年前苏州就启动了苏州方言保护工程,但在实施主体和具体举措上,似乎存在一些结构性的问题。从苏州市语言文字工作委员会办公室(以下简称"苏州市语委办")的法定职责来看,主要是"负责全市语言文字工作,拟订语言文字工作规划和管理规定并组织实施。贯彻落实国家通用语言文字规范标准,监督检查语言文字应用情况。指导各单位各行业的普通话培训与测试工作"。由此可见,相较于其主责主业,方言相关事项只是"顺带便做做"。严格意义上说,由苏州市语委办承担苏州话的保护传承推广工作,可能是一种想当然式的"错配"。从方言本身的特性而言,其依托于人本身而存在,以声音为表现形式,并以身口相传作为文化链条而得以延续。因此,把苏州方言当作是一种非物质文化遗产其实也毫不为过。也许只有跳出原有的惯性思维,从"非遗"的角度来看待苏州方言,其保护、传承、推广等各项使命才能各归其主,其生存发展空间才能真正打开。

二是参与度不足。苏州评弹团副团长王池良说:"苏州话不仅是日常交际工具,更是昆曲、评弹、苏剧等地方传统文化的根。如果任由苏州话衰败下去,将来这些传统文化很可能灭绝。"诚然,城市越是开放,语言的"混血"可能就越严重,而留住方言,就是维护一个城市所特有的"保护色"。在这方面,我们还缺少足够深入的认知和足够强烈的共识。尤其是与上海相比,我们的社会公众对于苏州方言推广使用的参与度远远不够,因方言而造就的"文化领地"意识远远没有形成。作为一个外地人超过本地人的特大"移民城市",无论是外来"创客"还是外地游客对苏州话的情感认同和习惯融入明显不足,这也说明我们在归属感营造等方面所下的功夫还远远不够。2021年年底上映的电影《爱情神话》,全程采用上海话对白,完全不妨碍其造就高口碑和高票房。这种有意识的引导,这种有组织的参与,这种喷薄而出的文化自信,在我们苏州可谓罕见。

三是流行度不足。以苏州方言为主体的吴语作为世界上使用人口最多的非官方语言,空有上亿"用户"却已被国际语言文化组织(ILCO)列为严重濒危语言。而作为常和吴语并置的粤语,却在历史发展的潮流下从诸多方言中脱颖而出,甚至一度能跟普通话"别苗头"。20世纪70、80年代以来,在经济迅猛发展带动下的香港文化产品广为传播,让粤语迅速"出位",几乎达到家喻户晓的地步。相比之下,苏州方言文化产品(如评弹、昆曲等)则受众较窄,"走不出去","朋友圈"很小。评弹演艺虽然一度在长三角地区颇有听众,但随着上一辈人的逐渐故去老去,其市场也已大幅萎缩,评弹书场的火爆盛况难以复现。

四是辨识度不足。根据此前网上流传的一张《各地本土出生人士方言使用情况调查表》显示,使用方言最熟练的是以重庆为代表的"西南官话",比例高达97.5%,而苏州方言则只有可怜的2.2%。究其原因,一方面是四川方言仍属北方语系,辨识程度较高,与外地人交流障碍不大。而南方方言普遍不易辨识,即便同在吴语区,苏州话、温州话、丽水话等,也基本无法通用。甚至在苏州话内部,不同县、区之间的发音互相也会听不明白。另一方面,吴地人士相对内敛,在网络上发声不多且喜欢自得其乐,远不如川渝人士来得"活络"和"放得开",一定程度上也降低了苏州方言的影响力。

三、对策建议

综上所述,本文建议从三方面措施入手,着力强化对苏州方言的保护传承和推广传播。

一是探索打造苏州方言传习所。苏州作为首批国家历史文化名城和吴文化的发祥地,其方言就是这座城市延续千年的人文血脉。我们应当站在遗产保护乃至文明赓续的高度之上,以必要的文化自信和历史自信主动担当起苏州方言传承保护的时代责任和历史使命。建议由苏州市文广旅部门牵头,充分借助苏州吴文化研究会、吴文化研究院等平台,探索设立苏州方言传习所。以社会化运作方式,全面统筹市、区两级和社会各界力量,如《苏州日报》"声音地理"策展项目、科大讯飞公司"方言保护计划"等,将与苏州方言有关的人才、资源、数据、档案等熔于一炉、聚在一处,倾力打造全国唯一的、具有标杆性和标志性意义的方言历史展示基地、方言教学培训中心和方言文化传播枢纽,并通过常态化、项目化、规范化的运作,在全省乃至全国做出引领和示范。

二是以学生为重点人群实现"破题"。建议以"双减"之后各学校开展课后延时服务为契机,通过政府购买形式,试点引入专业社会组织、"民间达人"走进课堂,提供苏州方言普及和教学服务。在尽量不影响日常教学、不占用学校教师精力的基础上,借助外脑、外力积极创造校园内的苏州方言交流场景。通过青少年喜闻乐见的形式,引导各年龄层次、来自不同地区的学生讲"苏州闲话"、读苏州童谣、唱苏州儿歌等。假以时日,还可组织班与班之间、校与校之间互相比赛,进一步激发学生参与的热情和积极性。在此基础上甚至可以考虑在外地来苏人员子女申请积分入学时,根据其熟练运用苏州话程度给予一定加分。而对于在校中小学生,也可在每学期的评先评优中视苏州话运用情况给予加分。具体分数方面,本地籍学生可以略少,外地籍学生可以略多。由此通过"小手拉大手",让学生及其家庭充分重视苏州方言的价值,进而用方言的魅力强化地域文化自信,让乡音成为文化传承最美的寄托。

三是下大力气推动各苏州话作品节目的创作和传播。建议适度安排相关扶持资金,由苏州的宣传部门、文广旅部门扎口,专门用于激励广大"网络达人""民间高手"以及有志于此的爱好者,精心编排创作各种苏州话歌曲、短视频、微电影、情景剧等,结合微博、微信、抖音、快手等头部传播平台,通过持续不断的宣传和引导,激励更多人为传播苏州话而积极行动,让更多人会用苏州话、爱用苏州话。苏州市主流媒体还可以充分借鉴《吐槽大会》《声入人心》等节目的成功经验,在苏州方言的宣传形式和内容展示上进行双重创新。通过节目制作的专业化、年轻化和营销的极致化,让"苏州闲话"重新走进市民特别是青少年群体,使其成为苏城文化节目的特色招牌、爆款IP,甚至还可以开发"苏州话版文字输入法"(上海已有"上海话输入法")。通过全方位、多渠道、集中式的持续传播,促使广大群众能够更有效、更便捷地了解苏州话、使用苏州话、认同苏州话,从而使苏州方言日益成为联结感情、凝聚人心、彰显文化魅力、推动高质量发展的"城市标配"。

(王沁诚,中共姑苏区委党校)

关于姑苏区的战略定位及发展建议

中共苏州市委党校　　段进军　王　宁　叶继红　周永博　付双双
中共苏州市委市情研究基地

2022年，苏州"新年第一会"提出了"数字时代苏州产业创新集群发展"的重大战略，这为未来苏州发展指明了方向。为了有效地推动这一重大战略落地，苏州实施了全新的空间战略，对空间结构进行了重大调整，在东西向沿沪宁制造业产业轴带、沿江制造业产业轴带，以及南北向苏嘉杭产业轴带的基础上，将"吴淞江科创带—环太湖科创圈"纳入整体空间结构的调整之中，以推动市域空间结构更加均衡化与合理化，将一些潜在的增长空间和潜在的资源纳入社会经济发展的大循环之中。在市域空间结构调整与重构的基础上，苏州市委、市政府又提出了市域一体化的战略举措，各个板块都在积极推动市域一体化，并在市域一体化的进程中寻找自身发展的战略定位，据此发展自己独特的产业创新集群。战略定位和产业创新集群的发展不可能在碎片化的空间中去实现，必须在市域一体化乃至更大的空间一体化的流动空间中才能找寻到自身的科学定位。对于姑苏区来讲更是如此，市域一体化给姑苏区的发展带来难得的历史机遇。在长三角一体化和市域一体化的进程中，姑苏区探索战略定位的需求比其他板块更加迫切，因为它涉及整体大苏州的转型与创新发展，当然也涉及进入新阶段姑苏区战略崛起的重大问题。因此，本文在更大的宏观背景下探索姑苏区的战略定位，并提出关于姑苏区的发展思考与建议。

一、姑苏区的战略定位

苏州发展可以大致划分为三个阶段，即前工业化阶段、工业化阶段、后工业化阶段（信息经济阶段）。在前工业化阶段，特别是运河时代，古城地位是毋庸置疑的，它是区域发展的统帅和灵魂，具有广大的腹地支撑。进入工业化阶段，姑苏区因为空间所限，相对于其他板块来讲，发展落后有其必然性。但进入后工业化阶段特别是信息经济和知识经济时代，当人们越来越重视文化在生活和发展中作用的时候,姑苏区的战略崛起就具有时代的必然性。2021年,苏州的GDP已经达到了2.27万亿元,规模以上工业产值已经超过4万亿元,制造业发展已经进入转型和创新发展的新阶段,苏州市委、市政府提出了"数字时代产业创新集群发展"的战略目标,这是对苏州未来发展的正确研判,预示了苏州发展已经从过去依靠廉价土地资源、廉价劳动力等要素支撑的产业集聚,走向了以创新为第一动力的产业创新集群发展的新阶段,由后发优势战略走向先发优势战略。在这样大的时代转型过程中,姑苏区可以依靠自身得天独厚的文化资源大力发展数字文化创意产业,承担重要的功能。在转型阶段,人们一定会追根溯源,寻找一种文化认同。姑苏区是江南的魂,是苏州的根。为此,我们提出姑苏区发展进入新阶段的战略定位,即"江南之魂,创意之都",打造文化创意CBD是姑苏区的战略选择。"姑苏不是姑苏的姑苏,姑苏是苏州的姑苏,姑苏是江南的姑苏。"但客观地讲,目前姑苏区还不能承担这样的文化之核和江南之魂的功能,没有文化创意经济的大发展,就不可能有文化自信,这种文化自信和文化之核就缺少必要的物质基础。以上定位决定了姑苏区必须站在时代发展制高点,必须在开放空间的大格局中去看待姑苏区发展,去寻找姑苏区发展的新动力。在封闭的空间中不可能科学地确立姑苏区的战略定位,也不可能推动产业创新集群的发展,更无法承担"江南之魂,创意之都"的战略担当。回顾历史,当年姑苏城取得辉煌成就和创造灿烂文化都是在开放的空间中实现的,在承担更大区域范围市场分工的功能中取得的,古人是在开放空间、自由环境中创造出了辉煌成就。依此类推,今天的姑苏区也只有在开放的空间中才能崛起,只有在与其他板块,以及更大的区域深度合作中才可取得,也才能发现自身的比较优势。为推动姑苏区"江南之魂,创意之都"这一战略定位和目标的实现,本文提出了"跳出姑苏看姑苏"的"五个置于"。

二、关于姑苏区发展的思考与建议

第一,要把姑苏区发展置于大苏州"文化认同"的战略高度,以"文化认同"推动姑苏区深度融入市域一体化和长三角一体化等开放空间之中。20世纪80年代苏南乡镇企业的发展创造了"苏南模式",20世纪90年代外向型经济的大发展推动了"新苏南模式"的形成。"苏南模式"和"新苏南模式"都是基于对区域经济发展的特点总结所提出的,尚未深入到深层的"文化认同"高度。当代"文化认同"已经成为发展过程中的题中之义,对江南文化品牌的打造对于当前苏州的产业创新集群发展和制造业的转型发展都具有重要时代价值。以"文化认同"凝心聚力,对于大力发展产业创新集群和推动市域一体化均具有重大的意义。姑苏区所承载的是江南之魂,姑苏区与苏州其他板块是"魂"与"体"的关系,如果说在制造业规模化扩张的过程中,是一个"体"快于"魂","魂"与"体"分离的过程,二者没有实现有机的融合,那么进入新的发展阶段就是"魂"与"体"的有机融合过程。在市域一体化的过程中,苏州提出了提高中心城市首位度的问题,首位度不仅仅表现在经济层面,还应该体现在文化层面,文化的凝聚力对于推动苏州市域一体化具有重要的价值观引导作用。但姑苏区文化的核心地位又必须通过文化创意产业的崛起来推动,没有经济的崛起,姑苏区的文化核心就不可能成为真正的核心。

第二,要把姑苏区发展置于苏州制造业大转型的新阶段来认识,以其他板块制造业的大转型来推动姑苏区的战略崛起,反之亦然。苏州市委、市政府提出要发展数字时代产业创新集群,以及打造江南文化品牌,表面看二者是不相关的,但事实上这二者是完全统一的,是相互支撑和良性互动的。其根本在于要将江南的文化元素、工匠文化,通过人的创意和创造有机地融入制造业的发展之中,打造苏州制造品牌,实现江南文化品牌与制造业品牌的融合发展,赋予苏州制造品牌更多地方文化元素。当然除了制造业与文化产业融合以外,也包括文化产业之间的互动和融合。制造业的转型和升级必然形成了对工业设计、文化创意、品牌设计、广告设计等现代服务业发展的强大需求,姑苏区 2 500 多年深厚的文化积淀决定了在这个空间中发展工业设计、广告设计、数字文化创意更具先天的优势,更能激发人们的想象力和创造力,更能有效地实现技术和艺术的融合。因此,姑苏区与各大板块之间具有很强的互补性,在本质上是制造业和文化创意等生产型服务业之间的融合发展,是制造业的"体"与文化的"魂"之间的融合。在市域一体化过程中加强与其他板块的合作在当前具有十分的紧迫性。

第三,要把姑苏区发展置于苏州大市的空间重构之中,要在空间重构之中寻求发展新动能。之前苏州中心城市提出了"一核四城"的空间结构,但缺少与其他板块融合的廊道规划建设,依靠廊道可以实现对高端要素的集聚与辐射作用。目前,苏州空间结构处于快速的重构之中,每个板块都在这个市域一体化过程中寻找新的发展机会和动力,姑苏区当然也不例外。苏州在传统优势的沪宁制造业带、沿江制造业带、南北苏嘉杭轴线、大运河文化产业带的基础上,将"吴淞江科创带—环太湖科创圈"纳入整体的空间发展战略之中,还有未来可将娄江科创文化走廊纳入空间结构的调整之中。在所有这些轴带的建设中，姑苏区都大有作为。姑苏区不能忘记自己所承担的时代使命，即"江南之魂，创意之都"。作为苏州之魂，姑苏区必须要在这些轴带发展中起到重要的文化赋能作用。一方面可以整合苏州大市乃至更大空间范围内的文化资源，要将文旅商的融合置于更大的区域空间之中，形成与其他板块和区域的文旅合作与分工新格局。同时也要赋予沪宁制造业带、沿江制造业带、南北苏嘉杭轴线更多文化内涵和文化含金量，实现制造产业与文化创意、工业设计等产业之间的融合发展。

第四，要把姑苏区发展置于其内部空间重构之中，在内部空间重构过程中释放一种内生的动力。根据姑苏区的战略定位，姑苏区发展必须与外部空间之间实现有机融合，同时要根据新的定位，重组内部空间，以"时间换空间"，在有限的空间中推动更加高端的数字文化创意产业在姑苏区的崛起，推动传统商业综合体的转型和升级，不断推进数字时代商业模式的转型，更好地满足广大人民对美好生活的向往。要实现"消费之都"和"创意之都"的叠加与复合，一方面，应通过做精苏式生活典范，将姑苏区建设成为一个消费之都，要为人们提供一个更富有文化含量的传统与现代融合的新生活方式。姑苏区在 GDP 上可以不领先，但必须要在现代与传统融合的生活方式上领先。另一方面，姑苏区必须是一个文化创意之都，没有创意就不会把文化资源转化为文化资本，并形成一种文化产业，姑苏区得天独厚的文化资源就不会被激活。创意是保护传承和提升姑苏文化的重要选择，是提升姑苏价值的重要选择。姑苏区必须要在创新发展中保护，在创新发展中传承，我们不应该仅仅消费古人所创造的文化遗产，比如园林、双面绣、核雕等，我们还要赋予这些文化遗产新的时代内涵，同时也要创造新的文化。姑苏区虽然从表面的空间形式上看可能在不同时代没有什么变化，但其所承载的业态和内容则是不断升级和演化的。姑苏区文化创新产业的发展必须依靠人才，只有新创意阶层的崛起，才有创意产业的崛起，进而实现姑苏区的战略崛起，姑苏区也才能承担"江南之魂，创意之都"的时代使命。消费之都和创意之都是一个问题的两个方面，没有年轻创意阶层喜欢的生活方式，就不能集聚创意阶层，当然也就不可能有创意之都的崛起。反过来，没有创意产业的崛起，也就不会为消费之都注入新的动力，作为创意阶层代表的年轻人是赋予姑苏区活力最重要的群体。

第五，姑苏区发展需要理顺深层的体制机制，以改革促发展，以改革释放发展的新活力。姑苏区没有其他板块相对大的财政实力，还未步入相对良性的发展道路，文化创意产业的发展规模偏小，未能形成基于内生的发展动力。在发展的过程中,姑苏区的体制机制牵涉的面要比其他板块更加复杂,不利于整合区域的各种文化资源,不利于打造姑苏独特的数字文化创意产业集群。目前,苏州虽然在体制上已经做了一些探索,但在一些关键领域还需继续改革。姑苏区因没有像其他板块那样经过大规模的工业化过程,在工业化上缺少实践探索,所以更应通过改革焕发新的时代活力。当然在这个过程中,我们也要充分认识到姑苏区这一文化核心的巨大的正外部性,所以,苏州市委、市政府要在某些关键领域给予姑苏区更大的支持,特别是给予姑苏区以政策上的反哺。

(段进军,苏州大学东吴智库执行院长、商学院教授、博导;王宁,苏州大学东吴智库研究员、文学院教授、博导;叶继红,苏州大学东吴智库研究员、苏州大学政治与公共管理学院教授、博导;周永博,苏州大学东吴智库研究员、苏州大学社会学院教授、博导;付双双,苏州大学东吴智库研究员、苏州大学档案馆研究馆员)

高标准打造"运河十景"需进行四大升级

中共苏州市委党校
中共苏州市委市情研究基地　姜春磊

苏州市委、市政府强调,要全力打造大运河文化带"精彩苏州段"。"运河十景"工程不仅是"江南文化"复现和重振的载体,也是打造大运河文化带"精彩苏州段"的重要抓手。2021年1月,苏州以"运河十景"建设工程为重点任务,通过建设一批有生命力的地标项目和标志景观、开发一批运河主题精品旅游线路等举措助力大运河文化带"精彩苏州段"建设。截至目前,"运河十景"建设工程多点开花,初见成效:浒墅关古镇蚕里街区正式运营、盘门景区完成城墙夜景提升工程等,但在市域一体化程度、文化品牌内涵、市场参与度及宣传推广等方面仍有短板,亟须进行四大升级。

一、工程建设从"项目化"向"联动化"升级

吴门望亭、浒墅关、枫桥夜泊、平江古巷、虎丘塔、水陆盘门、横塘驿站、宝带桥、石湖五堤、平望·四河汇集等"运河十景"建设涉及吴江区、吴中区、相城区、姑苏区、高新区五个板块,由于经济发展程度不同、政策扶持不同、空间规划不同等,各区"运河十景"在建设力度和建设成效上有所差距,建设进度相对不平衡。且"运河十景"建设工程由苏州市委宣传部牵头,责任单位涉及苏州市发改委、苏州市园林局等十余家,在为板块提供服务和支持的过程中各责任单位之间的分工如何明确?信息资源是否及时共享?联动协调机制是否完善?这都是现实问题。

基于此,苏州市委、市政府应打破区域、单位壁垒,加强市域统筹,联动发力。首先,可将"江南文化"品牌建设工作领导小组与大运河文化带建设工作领导小组合并,及时调整"运河十景"各具体项目的项目负责人和领办市领导,确保"运河十景"牵头市领导各负其责、各司其职,抓好、抓实各项工作的重要时间节点;其次,相关责任单位要加强横向联动,整合资源,通过召开专题会、现场指导、集中办公等方式了解"运河十景"工程建设进

度，商讨建设过程中存在的突出问题及解决对策，提高问题处理的时效和实效；最后，应制定出台相关文件和政策，细化各责任单位的职责，分解工作任务，将相关评估督查和建设经验形成制度化成果，为高标准打造"运河十景"提供政策保障、组织保障、机制保障等。

二、文化内涵从"同质化"向"差异化"升级

作为大运河苏州段的文化遗产，"运河十景"的建设离不开运河文化遗产的保护、开发和利用等主题，比如：相城区望亭镇提出大力传承挖掘稻作、古驿、运河"三种文化"；高新区浒墅关则围绕"运河记忆、码头商驿、浒关水邑"三大主题进行古镇改造建设；姑苏区横塘驿站则致力于恢复古驿站、水码头等文化遗存；吴中区石湖五堤要打造考古博物馆、渔家水乡等文商旅品牌……

不难发现，"运河十景"建设在文化内涵上有很大的耦合性，在最终呈现上容易出现同质化竞争。这种"同质化"不仅体现在文化定位上，也会反映在文化产业等方面。那么问题来了，围绕"运河十景"打造的系列文化产业园、文化主题公园、文化街区等是否具有明确的区域特色？是否能形成盈利点和持续引流点？是否有匹配的创业环境、资源环境、市场环境及人才环境？是否有可复制、可推广的经验和模式？这些都值得深入思考。

基于此，应立足不同板块的区域资源优势，在同质化中找出差异化文化资源、文化创意和文化卖点。首先，利用苏州"百馆"资源优势编撰运河历史文献、出版运河主题书籍，深入挖掘各个板块的文化资源禀赋，厘清"运河十景"间的文脉联结，找准"运河十景"的文化差异，突出十景的历史文化底蕴，讲好五大板块的区域文化故事；其次，以产业化项目为抓手打造特色业态，根据不同区域的文化禀赋有所侧重地推动古城古镇、苏式美食、苏式生活、非物质文化遗产等与相关产业相融合，不断创造新产品、新业态、新体验；最后，通过产业这张网将"运河十景"串珠成链，由线及面，以大运河苏州段为主线，打造立体展现苏州"江南文化"的载体和地标。

三、参与主体由"单一化"向"多元化"升级

"运河十景"建设涉及商业行为的把控、人才的运用、基础设施的更新升级等诸多问题，要协同城市建设、经济发展、产业布局、公共服务等多领域，进而达到聚焦优势、聚集要素、聚合人气的效果。这个过程中，苏州市委、市政府的政治站位、管理理念、管理水平直接影响到"运河十景"建设工程

的成功与否，但仅仅靠"政府拍板"和政府财政、国资力量投入是不够的，需要有更多主体的参与。

基于此，要坚持苏州市委、市政府在"运河十景"塑造过程中的主导作用，同时也要通过尽可能多的渠道和方式让更多主体知晓并参与进来。首先，依托政府、高校、企业、行业相关专家、学者队伍，助力大运河文化遗产的研究和阐释；其次，发挥文化名家、文化名人的带动作用，创作一批运河主题的文艺精品；再次，通过举办文旅项目推介会等活动，引入民企、各类基金等社会资本，为"运河十景"建设提供新动能，做优、做强运河文旅项目；最后，通过拍照、打卡、投票等互动环节，提高公众的参与度，等等。

四、宣传推广从"低认知"向"高认同"升级

2021年8月，"运河十景"中的虎丘景区、枫桥景区等九景入选江苏"运河百景"标志性运河文旅产品；2021年10月，《人民日报》发文《苏州推动建设"运河十景"》；2022年1月，加快推进苏州"运河十景"等项目写入了江苏省政府工作报告；2022年3月，浒墅关运河文旅产业综合开发列入2022年省级重点文化旅游项目建设和投资计划。央视《千问千寻大运河》系列专题片专程拍摄了"运河十景"中的宝带桥及枫桥。可以说，"运河十景"工程自建设以来受到诸多关注，但同江苏省内运河沿线其他城市相比，"运河十景"品牌的知名度和美誉度仍有很大提升空间。

基于此，要加强宣传推广，搭建功能平台，打造有影响力的"运河十景"品牌。首先，通过举办运河主题文化活动，诸如选拔"运河十景"品牌形象代言人，举办文创大赛、学术论坛、群文活动、体育赛事等提高"运河十景"的识别度和知名度；其次，创新宣传的理念、模式和思路，积极运用动漫、直播、短视频、网络文学等文化载体讲好"运河十景"里的苏州故事；最后，不能仅仅满足于《新华日报》《苏州日报》等省、市媒体上的宣传，更要争取更多机会在《人民日报》等中央级新闻媒体进行宣传推广。

（姜春磊，中共苏州市委党校）

第六篇

文化发展与苏州城市软实力提升

苏州以"文化+"设计引领创意城市建设的思考与建议

中共苏州市委党校
中共苏州市委市情研究基地   凌伯韬

2021年以来,苏州将数字经济时代的产业创新集群发展作为"一号工程",文化创意城市是题中之义。苏州市委、市政府强调:"文创产业+数字经济+古城保护+民间艺术之都+国际化+旅游,这篇文章大有内容,要当一件特别大的事来看。"在疫情冲击和城市更新的双重背景下,"文化+"设计作为一种推动城市复兴和重生的全过程发展工具,不仅对弥合受疫情影响的城市经济运行和社会生活具有催化剂、加速器作用,而且对苏州主动谋求城市能级提升,再造数字苏州、生态苏州、人文苏州也具有特殊而重要的意义。本文从策略、问题、路径、抓手四方面进行梳理分析,形成了初步思考。

一、把"文化+"设计作为城市发展的重要策略

所谓"文化+"设计,就是将文化作为城市发展的核心要素,纳入总体规划与顶层设计。它与苏州的文化特征与产业目标具有极高的契合性和协同性。

江苏省委提出"苏州要打造向世界展现社会主义现代化的最美窗口",苏州市委提出"有一种幸福叫生活在苏州,有一种希望叫创业在苏州,有一种惬意叫休闲在苏州""城区即景区、旅游即生活""把整个古城当作一座博物馆来打造",展现了"面向所有人、为了所有人"的愿景之美,又提出"在古城保护上为全省全国探路,贡献面向未来面向世界的古城保护苏州方案,提供展现中国文化自信的苏州样本"。美国城市理论家刘易斯·芒福德认为,城市是文化的容器,专门用来储存并流传人类文明的成果。储存文化、流传文化和创造文化是城市的三个基本使命。从这个意义上说,苏州是一座具有美学特征的城市,古典美与现代美的有机统一、人文美与环境美的和谐共生,使美学价值成为苏州城市文化的核心价值和重要尺度。理解并善用城市设计,

把城市整体作为一件庞大的艺术品来打磨和修饰,根本在于为生活在这座城市、奋斗在这座城市的人们创造美好生活。

从文化底蕴上看,苏州作为被联合国唯一授予物质文化和非物质文化"双遗产"的城市,兼具历史文化名城和现代工商城市的双重特质。苏州既拥有独特的四角山水,珍稀宝贵的古镇、古村、古桥、古树与古典园林资源,跨越时代年轮的历史建筑与工业遗存,也拥有一批博物馆、美术馆、名人馆等现代文化设施,长江、太湖、大运河孕育出了苏州的水韵文化,天堂苏州、鱼米之乡、诗意江南寄托了中国人对经典江南文化的美好想象。各类文化资源知名度高、可开发性好,且不同资源间相辅相成,蕴藏着巨大的开发潜力,也使苏州成为城市设计的一座富矿。一般来讲,"文化+"设计对城市的产业、空间、价值具有重塑作用,不仅能使占领价值链高端变得现实,使公共空间诠释城市美,而且能盘活散落在城市角落的文化资源,激活蕴藏在城市骨子里的人文底蕴,唤醒市民集体记忆,强化对城市的归属感和认同感。

从发展态势上看,苏州 2014 年就以"手工艺与民间艺术之都"加入全球创意城市网络,2017 年被住建部列为"城市双修"试点,2018 年被授予"世界遗产典范城市",2021 年又被列入全国 24 个城市更新试点之一。目前,国家、江苏省相继出台在城乡建设中加强历史文化保护传承的指导意见,对系统保护、利用、传承历史文化遗产提出了新要求。随着苏州整体进入存量更新时代,传统以资源投入推动城市发展的模式,因土地、空间、能源等约束难以为继,而创意驱动则为城市可持续发展提供了解决方案。不论是产业转型,还是城市复兴、文化回归,创意设计都是重要驱动。一方面,设计在创新中担当重要角色,与技术密切结合,促进创意产业集群化和品牌化,设计从工业产品创新向高端服务业拓展成为趋势。另一方面,设计驱动更加注重开放与多样性的城市文化要素,发展高品质、特色化文化功能,塑造兼具历史底蕴、时代气息、地域特色的城市风貌。

二、补齐文化创意驱动力不足的突出短板

随着数字经济、创意经济、低碳经济时代的来临,苏州面临赛道转换、产业转型、势能转档的冲击挑战,创意驱动长期未能被置于城市发展的政策重心,使文化发展相对滞后于经济发展,文化软实力与苏州的追求和定位还不相称,突出表现为"三个缺乏、三个不足"。

（一）缺乏统筹城市长远发展的文化规划定位，文化整合性和国际影响力存在不足

在战略文化空间层面，文化规划与城市总体规划衔接配套还不充分，与上海"一江一河"规划比，还缺少贯穿历史未来、融合文脉水脉、彰显时尚魅力的世界级文化景观走廊。比如，散落在长江文化国家公园、太湖世界级湖区、大运河文化带的文化资源缺少贯通，东西向发展带缺少联动的文化动力轴。在远景目标设定上，创意城市形象定位尚不清晰。与上海建设世界一流"设计之都"、深圳"成为具有世界影响力的创新创意之都"、杭州打造"生活品质之城"、南京塑造"世界文学之都"相比，苏州对"世界遗产典范城市""全球手工艺与民间艺术之都"两张世界级文化名片的内涵挖掘还不充分，文化创新少、原创品牌少，城市文化的国际影响力不足。在文化标识塑造上，江南文化品牌塑造三年行动计划、历史文化名城保护提升"1+11"系列方案、文化产业倍增计划对创意设计元素的整合度不够，工艺美术、工业遗存、博物馆业、时尚设计等尚未形成富有吸引力的特色文化标识体系。

（二）缺乏彰显城市产业优势的文化创意集群，文化竞争力和符号传播力存在不足

从产业发展看，苏州文化创意产业尚未成为城市的支柱产业之一，文化产业占GDP比重长期停留在5%~6%之间，设计对创意产业的贡献率不到30%，尚未达到全球创意城市的通行标准，在国内第二方阵中低于广州、南京、杭州等城市。从产业经营看，苏州全国文化产业30强企业尚未实现零的突破。2021年文化服务业占比仅为13.9%，而深圳、杭州比重均在70%以上。在文化产业9大行业领域，创意设计和服务行业领域企业占比为10%左右，且龙头企业少，辐射带动作用不强，涉及内容创作生产的文化产业核心层仍有较大提升空间。从产业布局看，姑苏区创意设计、苏州工业园区工业设计初具规模，但"有高原无高峰"现象较为凸显。大运河沿岸文化遗产设计不足，滨水文化空间挖掘不够，中心城区门户地区还缺少标志性文化新地标。从节展品牌看，苏州国际设计周、国际文化旅游节、国际修复影展、青年先锋戏剧节已初具品牌，但主题、内容、类型、形式还有待丰富，层次、级别和品牌传播力还有待提升。

（三）缺乏体现城市文化设计的统筹管理机制，文化数字化和公共参与度不足

从组织管理机制看，现有规划管理数据平台对城市设计成果缺乏整合和

管理。实际规划编制中，涉及公共空间、街道、界面、天际线、城市风貌等要素的开发管控，往往仅由规划主管部门牵头组织，交通、水务、城管、园林绿化等部门以及相关专业团队介入程度较低，城市设计成果的可行性和实用性有所折减。从文化空间信息化看，苏州文化资源总量和用地情况尚未厘清。不可移动文物和馆藏文物信息采集、历史建筑和传统名居普查、历史要素拾遗补阙，实施周期长，推进难度大，难以支撑基于城市信息模型（CIM）平台的"数字孪生城市"建设。从行政部门和公众参与度看，城市设计成果缺少公共展示平台，缺少类似上海"设计100+"的项目遴选机制。与深圳创意街区、南京创意硅巷比，文化创意产业园区过于商业化、地产化，非营利性文化机构、大学和研究机构参与不足，缺少活跃的创意社群、频繁的创意活动，难以形成创意设计生态圈。

三、把准文化创意城市建设的规律路径

当前，苏州正瞄准产业创新集群培育、历史文化名城保护、数字苏州再造、国际消费中心城市建设等展开新一轮规划布局，每一项重大战略都离不开文化创意驱动。梳理国内外创意城市先进经验，以下五个方面值得苏州学习借鉴。

（一）高度重视创意设计的赋能作用，大力扶持文化创意产业成为城市的重要支柱产业

一是创意产业是衡量城市能级和经济活力的标尺。经济越发达的城市，创意产业增加值占比就越高。过去十年间，全球创意产品和服务年均增长率达10%，贡献率都在10%以上。美国创意经济占GDP的11%，相当于整个制造业的规模。二是设计与产业集群具有密切关联性。韩国首尔的数字内容创意设计、英国伦敦的时尚设计产业、意大利米兰的建筑与家具创意设计产业，对产业资源粘连和互动形成了典型的马太效应。三是拥有完整的时尚产业链。全球主要国际消费中心往往也是国际时尚之都，伦敦有46 400名时尚产业从业人员，以时尚设计师为主导的伦敦时装周，每年产生的直接价值在200亿英镑以上。四是文化创意产业打破园区的围墙和边界，加快社会化创意集群构建。国内众多的"众创空间""创客空间"以及创意产业园，旨在打造由多元主体共同构筑的创意社会生态圈。

（二）充分发挥文化规划的整合作用，集中打造展现城市魅力的文化空间

一是突出城市整体文化意象。将文化规划与城市总体规划相衔接，伦敦

围绕"独占全球城市之首",规划建成"世界卓越的创意和文化中心"。新加坡围绕"为全体公民提供优质的人居环境",强调建成充满动感与魅力的世界级"文艺复兴城市"。二是突出城市文化空间轴线。挖掘水系、道路等的独特魅力,伦敦泰晤士河轴线、巴黎塞纳河轴线依托自然水系而成,纽约曼哈顿第五大道轴线、"东京品川—涩谷—新宿"环状轴线以城市道路为载体。三是突出城市文化集聚效应。在中心城区门户地区布局标志性文化设施,形成国际性的博物馆群、剧场群、图书馆群。巴黎卢浮宫并不是以服务本地居民为主要导向,但成为全球游客向往之地,反而促进了博物馆、剧场、美术馆的集聚。四是突出有机更新基础上的整体保护。北京注重片状保护与线状、带状保护相结合的整体保护。上海不断升级建筑遗产"可阅读"计划,充分发挥建筑遗产的综合价值与整体文化效能。

(三)探索实践总设计师制度,为规划、建设、管理提供长期技术咨询和跟踪服务

一是设计师对规划、建设、管理进行全过程控制。法国的协调建筑师制度、日本的主管建筑师协作设计法,都强调公共利益平衡。二是探索开展"总设计师+责任规划师"实践。北京对全域美丽乡村规划实施核心区责任规划师制度,并制定相应管理办法。上海在北外滩片区采用"总规划师+总建筑师+总运营师"模式,将总设计师的外延从规划建设维度扩展至城市运营维度。三是常态化实施重点地区总设计师制度。广州在琶洲西区规划管理中,聘请规划设计总顾问作为设计、建设、管理一体化的责任人,参与建设方案审批、提交审查意见,总设计师的审批意见作为规划部门行政审批和决策的重要依据。四是由社区设计师参与城市多元共同治理。2018年,广州建立社区设计师团队,选聘第三方人员(团队)担任,在老旧小区改造、闲置公共空地利用、艺术介入微治理等方面已有成功案例。

(四)善于制造文化大事件和运用标志性文化符号,推动实现城市跨越式提升

一是把文化大事件作为城市再造、增值和营销的触媒。比如,"欧洲文化之都"是欧盟主导的以文化交流和展示为主题的城市活动。利物浦不仅借此从经济衰退、社会问题频发的工业城市成功变成英国最佳旅游城市,同时还孕育出丰富的文化生活和蓬勃发展的创意产业,实现了创意城市转型。二是把"城市礼物"作为文化创意产业的重要载体。"北京礼物"深度挖掘古都文化、京味文化等要素,塑造旅游商品和文创产品标志性品牌。"上海礼物"

以"互联网+上海品牌复兴+文化创意+双创"为商业模式打造品牌创新服务平台。三是把文化建筑作为最长久的创意作品。位于上海徐汇的"西岸文化走廊",保留了铁轨、塔吊、旧厂房改造后的场馆,无处不呈现工业遗存之美,依托得天独厚的滨江景观条件,布局众多现代美术馆、博物馆等展馆,呈现出工业遗产与后工业文明交织的复合文化景观,成为上海文化新地标。

(五)更加注重多元参与和共享氛围,积极调动全社会力量共同推进文化都市建设

一是将创意植入社区。纽约颁布为期10年的"创造纽约"规划,构建更为包容、平等、灵活的文化生态系统,推出身份证"纽约市民卡"计划、青年发展"艺术融入社区复兴策略"项目等,推动社区文化中心复兴。二是营造共享文化氛围。首尔2030年城市规划围绕"在生活中玩味首尔悠久的历史、用心感悟城市的景观管理、共创共享丰富的城市文化",设定文化环境满意度、文化基础设施满意度、外国游客数指标。三是将艺术融入城市标识系统、公共小品、街景设计。纽约将废弃的高架铁路改造成创意的野生、野趣高架公园。旧金山通过"步行道活化计划",将街道还给步行者,提升街道人气。四是培育共享型复合社区文化。新加坡在TOD开发中搭载幼儿园、职业教育等小型社区中心,培育邻里文化。上海国际展览中心探索错时共享模式,根据不同群体作息,分时段共享,成为24小时活力集聚的城市复合活动设施。

四、相关对策建议

"文化+"设计涵盖文化与城市产业发展、功能布局、社区生活、景观形象、社会治理等方面的融合和互动,应突破传统的部门视角,建议近期研究谋划以下事项。

(一)研究策划城市美学品牌传播工程

一是深入阐释"人民美好城市"的理论价值和丰富内涵。组织专家学者,系统总结苏州"为人民创造美好生活"的发展脉络、实践经验,把"美学文化"纳入苏州文化品牌矩阵,专题开辟建筑、园林、"非遗"、水系、城市空间等美学系列主题,深化城市"文脉"工程研究,丰富苏州文化创意城市的整体意象、核心表达和品牌输出。二是创新打造"创意苏州、美学城市"文化品牌IP。深度挖掘苏州古建古宅、工艺美术、"非遗"创新、工业遗产等具有美学符号特征的文化标识体系,以苏州文化传承和城市肌理为基础设计,

发展具有苏州特色的城市和美学空间，倡导以高质量生活为核心的城市空间景观与风貌再生软实力计划。目前，国内只有成都提出"有一种生活美学在成都"的文化IP，可学习借鉴成都经验，以国际化视角、本土化方向，围绕"全域场景化、场景特色化"，挖掘提炼独特的、符合当代潮流的文化IP。比如，发布行业白皮书，带动民艺周、反馈狂欢节、配合话语权、做实时令秀，策划"城市生活美学榜单""社区艺术创享计划"等互动主题活动。三是做优"苏州国际设计周"城市美学品牌。聚焦"美学城市、美学生活、美学经济"维度，组建覆盖美学、建筑学、人类学、公共艺术学、城市比较学等多学科融合的人才运营团队，综合考虑学术和市场的双导向策划思路，主动策划音乐节、微电影节、建筑与艺术展、艺术设计博览会，集成打造"品牌设计年、时尚消费季、文化活动周、生活美学日"立体传播矩阵，形成具有城市辨识度的节庆品牌效应。

(二) 研究制订创意设计产业提振计划

一是推动创意设计赋能产业发展。突出时尚设计、工业设计、工艺美术设计三大优势，以内容性、生产性和服务性产业属性对现有创意设计产业进行划分，在产业集群基础上集聚设计力量，加快建立多种形式的协同创新平台，构建生产性与服务性双轮驱动的产业协同创新格局。比如，在姑苏区培育完整的时尚产业链，全力打造"都市工业新城区、创意设计新高地"。借鉴深圳福田区设立国际时尚战略委员会的做法，聘请在国际时尚品牌打造、商业街区运营、城市文艺空间建设等领域具有成功实践经验的资深专家，对时尚产业集聚区、核心商业街区、更新改造地块等进行战略规划设计。同时，优化时尚人才引进、培育、评价政策，提高时尚人才聚合度、协同度、流动性，鼓励本土新品牌和老字号品牌举行各种发布会、展示会，形成国际时尚买手集聚区。二是优化文创产业载体布局。依托苏州工业园区苏州国际科技园和苏州金浦九号文化产业园、姑苏区东升里艺术街区和蓝园芳华文化创意园、吴中区苏豪文化科技创意园等文创园区，以老旧厂房改造的文化产业园为载体，建立梯次培育机制，形成"核心区—示范特色区—集聚区"的圈层式发展格局。比如，连片打造苏州工业园区星海街，姑苏区东环路、人民南路创意设计集聚带、环苏大建筑和创意设计、环独墅湖艺术设计等集聚区。同时，依托观前、石路、美罗、苏州中心等消费商务集聚区，诚品书店、星海广场、月亮湾等公共活动区，平江路、五卅路等历史文化地段，拓展更多创意活动区建设，积极利用城市慢行系统和步道、水岸等进行串联，塑造更多创意消费、创意休闲、创意居住形态。三是策划"苏州礼物"新文创计划。借鉴"上海礼物""深圳礼物"模式，大力推进顶尖设计团队与苏州老字号品牌进行战略合作，对老字号经典产品进行再设计，顺应消费潮流趋势，开设品牌形象店，唤醒公众对"苏州礼物"背后的品牌历史的感知。同时，借助创意设计大赛、展会等品牌，突出科技创新，好中选优，筛选出一批最符合苏州文化特质的顶尖、经典产品，通过全国设计师大会、高端设计师沙龙、创意市集、旅游礼品展会进行迭代升级，打造面向全球传播苏州城市形象的开放性平台。

（三）研究谋划文化空间规划重塑行动

一是编制苏州城市文化地图。依托苏州城市档案，整合苏州城市空间中的文化实体和场所，以图文信息为载体，以电子影像为手段，生动形象地反映苏州城市空间中的全部文化资源、文化创造，包括有意义的建筑、街巷和街区，体现历史与当代文化活动的博物馆、图书馆、剧场、名人故居、历史纪念地，体现文化内涵提升的商业服务型空间和大众文化场所，叠加整合文化导游地图、文化消费地图、文化艺术地图等功能。当务之急是以苏州古城为样本，发挥"古城细胞解剖工程"的先导作用，以 CIM 平台打通数据"孤岛"，健全完善文物档案数据库、历史要素数据库、建筑空间数据库，推动"苏州文库""苏州雅集""苏州善本""苏州建筑"等典藏复刻，率先探索建立历史文化资源全息全要素数字化平台。二是注重线性文化空间开发。一方面，制订苏州滨水空间专项规划。充分挖掘大运河沿线独特的历史建筑、滨水工业遗存，整合优化长江、太湖以及城市内湖沿岸的滨水文化消费区、滨水公共空间，形成美观宜人、疏密结合的城市景观形象，塑造具有韵律感、层次感的滨水天际线，打造承接地区人文脉络、凸显江南风格的滨水色彩基调。比如，以七里山塘为发轫，贯通"上塘河—胥江—环古城河""宝带桥—觅渡桥沿线"等大运河遗产段，打造"现代姑苏繁华图"和"古城会客厅"。以望亭段为枢纽贯通大运河与太湖，优化完善滨水岸线与纵深腹地有机衔接的交通设施。再比如，贯通"吴淞江—太湖沿线"，连接昆山周庄、锦溪、千灯南部三镇与"甪直—同里"古镇，联合对世界级水乡古镇群申遗。另一方面，以轨道交通 4 号线为样板打造"文化轴线"，串联"苏纶场—苏州博物馆—苏州美术馆—第二工人文化宫"，提升重大文化设施能级，打造与中心城区功能相匹配的演艺与艺术"集群"。三是推进博物馆数字化提升改造。借鉴"虚拟博物馆"模式，实施博物馆"无边界"计划，以苏州博物馆和苏州博物馆西馆为载体，积极与腾讯、百度、喜马拉雅等头部互联网平台合作，以馆藏资源数字化、公共服务数字化为契机，联合搭建促进技术交流、人才培养、成果共享的平台，推出"云游博物馆""博物馆云上日"活动，提升博物馆的视听体验、互动式体验、沉浸式交互体验。创新运用"文化＋"科技手段丰富智能化导览，策划"艺术相机""串联博物馆"等项目，推出群众喜闻乐见的"博物馆大餐"。同时，积极拓展文博创意产业、沉浸娱乐产业、IP授权产业、网络游戏产业等新业态，在中心城区的门户地区打造文化新地标。

（四）研究探索创意设计人才培育机制

一是试点规划设计师制度。借鉴广州经验，在苏州古城保护委员会建立"区级规划技术委员会—重点地区级总设计师—社区级责任规划师"机制，从54个街坊中遴选出具备条件的街道和社区，探索基于研究、提案和审批把关的驻点社区规划师制度。比如，以"子城"文化富集的双塔街道为试点，鼓励有社会参与愿望的空间专业人士长期开展特定合作，定期对社区进行专题调研，摸清区域实际情况和存在问题，同时作为政府顾问日常参与跟踪所在地区相关新建、更新项目设计工作，在审批阶段作为专家组成员为项目持续把关。二是加大创意人才招引集聚力度。拓展高层次文化创意人才引进绿色通道，吸引国内外顶尖文化创意团队来苏州发展，资助启动经费，给予优先立项。完善以人引人、以机会引人、以活动引人、以赛事引人的柔性引才机制，实施专项计划，每年邀请一批具有较高业界声誉的建筑师、设计师、艺术家来苏州居住、创作。在苏州古城试点推广建筑师负责制，充分发挥建筑师的创造力和执行力，落实相应的法律规定和保险制度，帮助建筑师规避基建过程中的责任和风险转嫁，把打造"设计师之城"作为最优营商环境的组成部分。三是大力发展美学教育。对标同济大学经验，在苏州大学、苏州科技大学等具有建筑学科优势的高等院校，探索建筑学科学生复合培养改革，培育发展特色建筑学科优势，为苏州城市设计提供更多更专业人才储备。推动全民美学与专业美学素养提升教育，重点涵盖儿童城市美学教育。选取创意资源丰富、社会资本充盈的社区，探索街道艺术试点，培育居民审美意识，在不影响现有法规、交通安全、出行便利的前提下，支持沿街商铺微设计、再设计、艺术化，举办艺术类、创意类微建筑、微空间设计"金点子"征集活动，调动居民参与社区文化建设的积极性，营造艺术氛围、文化氛围、生活氛围。

（凌伯韬，苏州市委办公室市委督查室副主任、文正智库研究员）

关于苏州推进古城历史文化资源转化的建议

中共苏州市委党校
中共苏州市委市情研究基地 孔 川

作为拥有2500多年建城史的历史文化名城,苏州历史底蕴深厚、文化遗存丰富、遗产资源丰厚,苏州古城体现了苏州的灵魂和精髓,彰显了江南文化的灵魂底色和精神基因。苏州丰富的历史文化资源如何转化为古城发展复兴的资源,历史文化资源优势如何转化为民生优势、发展优势、产业优势、品牌优势,是苏州古城保护更新的重大课题,是苏州古城发展复兴的重大命题。

一、要进一步明确古城历史文化资源转化的方向

推进古城历史文化资源转化,首先要解决方向性问题。古城历史文化资源转化是一项复杂的系统性工程,不能主观随心转化,不能无序随意转化,更不能轻易随便转化。

(一) 向民生发展转化

古城历史文化资源要转化为民生发展资源,同步推进古城保护和保障古城民生。注重在古城保护中改善人居环境,优化公共服务,强化基础设施建设,以更优质的教育、医疗、交通等提升古城生活品质,提高古城居民的幸福感、获得感,增强古城居民对古城历史文化资源的认同,促进古城历史文化资源保护和古城居民日常生活品质提升协同并进。

(二) 向文旅融合转化

古城历史文化资源要转化为文旅资源,同步推进古城保护和文旅资源融合。坚持古城文化为魂、旅游为体、商业为力,把古城历史文化资源转化为旅游、商业的优质资源,依托"省级全域旅游示范区",全域化整合分散的古城历史文化资源,一体化融合古城历史文化资源,打造"古街古巷古宅古建古镇古城"文旅融合品牌,激发古城文化活力,展示古城文化魅力。

（三）向文创产业转化

古城历史文化资源要转化为文创产业资源，同步推进古城保护和发展文化创意产业。作为"状元之乡""院士之乡"，苏州文化资源丰富多样，拥有昆曲、古琴、宋锦、缂丝、香山帮营造和端午节6项世界级非物质文化遗产、33个国家级非物质文化遗产项目，被联合国教科文组织授予"手工艺与民间艺术之都"称号。应依托古城历史文化资源，挖掘古城历史文化内涵，激活古城经济活力，创造性转化古城历史文化资源，为古城文创产业发展注入新动能。

（四）向城市品牌转化

古城历史文化资源要转化为城市品牌资源，同步推进古城保护和塑造城市品牌。古城历史文化资源是苏州城市的无形资产、魅力所在和鲜明亮点，苏州享有"世界遗产典范城市"美誉，要树立城市品牌理念，打造以古城历史文化资源为内核的城市品牌，提升城市形象，突出城市标识，提高苏州城市文化软实力和城市品牌影响力。

二、以"四化"探索古城历史文化资源转化的路径

推进古城历史文化资源转化，最终要解决方法性问题。古城历史文化资源转化既有共性问题，又有个性特点，解决共性问题要努力向上海、杭州等城市学习取经，解决个性问题要结合苏州古城保护与发展的实际，不断探索实践，总结经验。

（一）功能化转化民生发展资源

要拓展古城历史文化资源的功能，坚持服务民生的原则，把保障民生作为古城整体保护的突出导向。不断优化古城保护规划设计，统筹古城基础设施、公共交通、生态环境、人口结构等各项资源要素，在古城保护中不断优化古城生态，完善古城公共服务功能，提升古城公共服务水平。根据古城居民实际需求，在古城历史文化资源转化中，充分考虑以古城居民需求为导向的公共服务、交通市政等一系列配套要求，增设停车位，建设充电桩，打造更多的景观小品、口袋公园。因地制宜增设托幼、家政、快递点、便利店等社区生活服务配套，保持老苏州原生态生活气息，提升居民生活品质。让古城居民分享古城保护成果，让古城居民感受现代生活方式，吸引更多活力人群在古城工作、生活和创业。

(二) 数字化转化文旅融合资源

在数字经济背景下推进文旅资源融合要树立互联网思维，利用数字化技术推动历史文化资源的数字化样态，依托古城保护和管理大数据中心，建立苏州古城历史文化资源互联网展示平台，打造古城历史文化资源互联网展示空间。开展"云游苏州、网看古城"项目，通过AI、大数据、3D影像等技术，全方位、立体式、全景化、实景化展示苏州古城历史文化风貌，探索线上云游、线下体验的沉浸式古城旅游新模式。推动昆曲、评弹、缂丝、苏绣、宋锦、核雕、桃花坞木刻等非物质性文化资源数字化模塑，将其转化为可视、可听、可感、可读的文旅资源，在数字化保护中实现数字化文旅融合，探索特色文旅资源体验新方式。

(三) 整合化转化文创产业资源

文化产业是古城产业发展的支柱，古城丰富的历史文化资源是转化文创产业资源的基本要素，要围绕产业要素集聚，整合市域内的资源、平台、人才等，形成文创产业发展新动能。在文化创意产品中要有机融入地方文化元素，体现苏州水乡特色、姑苏文化色彩，展现苏州千年历史、姑苏天堂味道。借力高水平设计团队和研发团队，引导本地文化领军人才、知名设计师等各类艺术家和相关文创企业，围绕"江南文化"，建设文化街区，举行艺术展览、展示，举办高水准、高质量的文化设计展会、文化设计大赛、创意比赛等，打造更有文化、品质、内涵的文创产业集聚区。

(四) 具象化转化城市品牌资源

古城历史文化资源是苏州城市形象的典型代表，一直以来，小桥流水、古典园林、东方水城、天堂苏州是国内外认可的苏州城市形象，但是城市形象不等同于城市品牌。城市形象基于不同体验会有差异，城市品牌则相对稳定和持久。苏州塑造城市品牌要依托历史文化资源，立足名人典故、历史遗产、吴文化的优势，推进"苏式生活""苏作工艺"具象化，导入城市形象识别系统（CIS），深挖苏州城市品牌内涵，提高苏州城市品质，增强苏州文化软实力，打造具有核心竞争力的苏州城市品牌。

（孔川，苏州大学马克思主义学院副教授、苏州市公共关系协会会长。）

"江南廉韵"建设要高度重视冯梦龙廉政文化

中共苏州市委党校
中共苏州市委市情研究基地　陈来生　韩惊雷

2021年7月,苏州市委、市政府下发了《苏州市唱响"江南廉韵"深化廉洁文化建设三年行动计划(2021—2023年)》,要求"推出一批标识突出、内涵丰富的拳头产品、特色项目、重点阵地",持续提升廉洁文化的传播力、感染力和凝聚力,初步建成"古今辉映、特质鲜明、影响广泛的廉洁文化高地";要求将江南文化中的廉洁因子深入挖掘、充分阐释,彰显城市特色和时代价值,成风化人、润物无声,积极营造崇廉拒腐、尚俭戒奢的良好风尚,扎实推进苏州廉洁文化建设。

在唱响"江南廉韵"深化廉洁文化建设的具体任务里,有"廉石"品牌亮化工程、"政德文化"专项研究、"清廉百馆"建设、原创精品孵化工程、"廉居共建"家风建设、清风护航计划和廉洁空间塑造工程,提到了况钟、范仲淹、范成大等苏州贤官廉吏,提到了文庙西苑廉政文化片区、白居易纪念苑、张家港市家风教育基地、常熟市政德教育基地、昆山市清廉教育馆、吴江区警示教育基地、苏州李公堤廉勤文化馆等场馆建设,要编撰出版《江南望族家风密码》,推出廉洁主题的相关原创作品。但其中鲜见对冯梦龙廉政文化的弘扬利用。

在"江南廉韵"文化建设中,要高度重视备受习近平总书记推崇的冯梦龙及其勤政、廉政文化。习近平总书记多次强调要加强梳理,传承优秀传统文化资源,努力实现其创造性转化、创新性发展,并在多个场合赞扬冯梦龙的勤政为民和廉政思想。苏州是冯梦龙故乡。冯梦龙作为备受习近平总书记点赞的贤官廉吏,是值得深入挖掘、充分阐释的廉政文化资源,也是能彰显苏州特色和时代价值的独有"廉洁因子"。从冯梦龙《喻世明言》《醒世恒言》《警世通言》这"三言"的得名来看,"明"可以导愚,"通"可以适俗,"恒"则习之而不厌、传之而可久。"三言"中"富贵本无根,尽从勤里得""做事必须踏实地,为人切莫务虚名"等名言和故事,即使在今天也是符合社会主义核心价值观要求的，对现实世界有成风化人、润物无声的教育警示意义。可见冯梦龙廉政文化是苏州"标识突出、内涵丰富的拳头产品、特色项目"，是持续提升廉洁文化传播力、感染力和凝聚力的重要依托，是建成"古今辉映、特质鲜明、影响广泛的廉洁文化高地"的特色资源，是彰显传统文化特色和习近平新时代中国特色社会主义思想的时代价值、营造风清气正的良好政治生态和社会氛围的推动力。近年来，苏州在冯梦龙文化保护和利用方面做了一些工作，相城区更在发掘、保护、传承冯梦龙廉政文化方面成果丰硕，成功打造了冯梦龙廉政文化基地，但将冯梦龙廉政文化打造成为苏州廉洁文化建设高地的重要标识还有不少路要走。

为牢牢把握党中央关于建设社会主义文化强国的战略目标，深入贯彻中央和江苏省纪委监委关于廉洁文化建设的重要部署，自当高度重视保护、传承和打造冯梦龙廉政文化特色品牌，强化其廉政教化功能，并与精神文明建设相融合，充分挖掘其中与社会主义核心价值观相符的内容，惩恶劝善，崇廉拒腐。在苏州"江南廉韵"建设中，要高度重视并抓紧对冯梦龙廉政文化的挖掘和开发利用，并对标唱响"江南廉韵"深化廉洁文化建设三年行动计划中的七大工程，展开相应的冯梦龙廉政文化建设。

（1）结合"品牌亮化工程"，充分挖掘和用好"冯梦龙廉政文化"，做好冯梦龙这一独特廉政品牌的强化和亮化工程，不断提升和发挥其影响力和知名度，将"冯梦龙廉政文化"打造成苏州廉政文化的亮丽名片。冯梦龙不但是文学家、思想家、戏曲家，还是一个清官廉吏，秉持"济世为民，两袖清风"的执政理念，树起了勤政廉洁、为民务实的精神标杆。习近平总书记曾多次援引他的为官事迹和名言警句，激励广大党员增强廉洁自律意识，"不忘初心、牢记使命"。冯梦龙自称"余草莽老臣，抚心世道非一日矣"，"平生不求名而求实"，他具有真心为民、实政济民的情怀，廉洁、廉政、爱民、亲民的精神品质，充满干事创业、勇立潮头的正能量。要结合廉政教育，确立冯梦龙廉政文化样板。

（2）做好冯梦龙"政德文化"研究，研究冯梦龙为何能够廉政为民，研究为何苏州这片土地能孕育出冯梦龙这样的廉政名人，探讨廉政的环境因素和人文化育，研究如何传承冯梦龙廉政文化，真正为民、爱民、勤政、廉政。冯梦龙61岁至福建寿宁任知县，其间"政简刑清，首尚文学，遇民于恩，待士有礼"，其嘉言懿行被奉为美谈。冯梦龙廉政文化思想"形成在苏州，实践在寿宁，价值在当代"，要学习冯梦龙的苦干实干、精益求精，不搞形式主义、官僚主义的精神，学习其"老梅标冷趣，我与尔同清"的境界，坚守既亲民又清廉的"亲""清"二字，全心全意为群众服务。

（3）结合"清廉百馆"建设，将相城区冯梦龙村的冯梦龙纪念馆、冯梦龙书院、冯梦龙研学教育基地等冯梦龙廉政教育基地，打造成冯梦龙廉政文化教育的重要场馆，并依托这些廉政场馆，打造苏州廉政文化文旅融合新亮点。冯梦龙的廉政文化应以合适的方法和途径，发挥其最大的效用。可以依托冯梦龙廉政文化，全面梳理、积极利用冯梦龙为官之时和作品之中的廉政理念、廉政故事和清廉文化，开发相关廉政产品和线路，打造廉政研学卓越品牌，运用历史智慧推进反腐倡廉，用文旅融合这种更为直观、生动、感染力强的廉政教育形式，使"入埂上桃源，沐篱下清风"成为倡导廉明的卓越品牌。

（4）结合原创精品孵化工程，进行冯梦龙廉政文化宣传，利用各种渠道和形式大力宣传冯梦龙廉政文化。通过雅俗共赏的冯梦龙廉政故事集、微电影、电视专题片等大众传媒广泛宣传，可以将冯梦龙村打造成特色鲜明的梦龙影视拍摄基地，利用冯梦龙的政绩、作品和影响，大力探寻梦龙影视产业发展，打造冯梦龙廉政文化新高地；通过"冯梦龙文化大舞台""梦龙书场""冯梦龙村山歌队"等传唱冯梦龙廉政文化，用冯梦龙老少咸宜、通俗易懂的文化影响力讲好冯梦龙廉政故事。

（5）结合"廉居共建"家风建设，推进冯梦龙村的乡风建设。近年来，冯梦龙村紧紧围绕"以名人文化润扬文明乡风，以文明乡风助力乡村振兴"这条主线，充分挖掘和弘扬冯梦龙文化资源，通过冯梦龙故居、冯梦龙书院、德本堂（好人馆）、新言堂、四知堂、冯梦龙村新时代文明实践广场等进行新时代文明教育，举办梦龙读书会、刻书体验、读书分享等，宣传社会主义核心价值观、家规家训、善行义举；成立梦龙文明银行，弘扬善行义举、和睦家风，引导群众遵纪守法、移风易俗，做冯梦龙式的好人。

（6）结合清风护航计划，依托冯梦龙村的廉政基地及其设施，进行廉政教育，把冯梦龙文化引入各级各类教育课堂，在冯梦龙书院定期和不定期举办大型专题活动。可以举办主题丰富的廉政大型活动，将"冯梦龙廉政文化旅游节"打造成廉政文旅的品牌；可以策划产品多元的廉政研学专项活动，通过对冯梦龙廉政理念和实践的梳理与利用，开发打造廉政研学的卓越品牌和特色线路，如党员干部廉洁勤政之旅、基层干部贤行乡里之旅、中小学生读行先贤之旅、市民百姓律己友爱之旅等；还可将冯梦龙文化开发成各种文创产品，尤其是将"天知地知你知我知"的"四知"故事再加以活化利用。

（7）结合廉洁空间塑造工程，充分借助苏州各级各类宣传平台和载体资源,对冯梦龙廉政文化进行广泛宣传。通过城市雕塑、城市画廊、公共广告、地铁灯箱等有关媒介,使冯梦龙名言警句、冯梦龙作品故事等,通过张贴画的方式和微视频的形式,进入机关、学校、乡镇、社区、企业、街巷,融入人居环境整治和乡风民俗建设工作中,将冯梦龙多维的人生、勤政的品格和廉政的精神加以持续有效的宣传展示,使冯梦龙廉政文化家喻户晓;可将冯梦龙村打造成廉政教育新高地,经常性举办冯梦龙文化节、冯梦龙作品书画展、冯梦龙故事演讲比赛等各类活动,打造融读书、传习、廉政教育和冯学研究于一体的冯梦龙廉政教育基地。

(陈来生,苏州城市学院文正智库研究员、苏州专家咨询团成员;韩惊雷,苏州东方水城旅游公司总经理、苏州专家咨询团成员)

关于苏州口袋公园与文化旅游深度融合的几点建议

中共苏州市委党校
中共苏州市委市情研究基地　　向 诤　姜本红　程善兰

2021年,苏州市园林绿化局推动全市新增及改造100个口袋公园,作为惠民利民的民生工程,助力打造15分钟美好生活圈。口袋公园见缝插针出现在城市空间之中,推进城市更新,塑造城市特色,为市民提供便利的活动场所和休憩空间。作为国家历史文化名城和风景旅游城市,又是产业兴盛、经济发达城市,苏州树立城市文化品牌的核心环节就是注入"江南文化"的"魂"。口袋公园是惠民利民的民生工程,其与苏州文化遗产、文化旅游的深度融合,可以进一步推动苏州从"城市公园"走向"公园城市",构建具有苏州特色的"山水林园湖"生命共同体,持续打造令人向往的生态之城、宜居之城,满足人民日益增长的美好生活需要。为此,本文提出以下几点思考和建议。

一、融入文化遗产元素,展示江南文化特色

将古城、历史街区、古典园林、水乡古镇、大运河苏州段等文化遗产元素融入口袋公园景观设计,展示苏州江南文化特色,构建具有苏州特色的"山水林园湖"生命共同体。

苏州作为有着2500多年建城史的历史文化名城,历史底蕴深厚,文化遗存丰富。20世纪80、90年代,苏州旅游的主要内容是古典园林,旅游形态比较单一。21世纪初,苏州更加注重对各种类型文化遗产的活态保护和利用,至今,文化遗产与文化旅游融合发展的态势已遍布名人故居、历史街区、水乡古镇、自然村落等,深受市民和海内外友人的喜爱。口袋公园是市民家门口休憩、交流和娱乐的重要场所,为广大群众提供具有温度的城市服务。将古城、历史街区、古典园林、水乡古镇、大运河苏州段等文化遗产元素融入口袋公园景观设计,展示苏州江南文化特色,制定具有实操性的规划体系,

可以提升主城核心区绿化景观品质，打造苏州特色"山水林园湖"生命共同体。

苏州口袋公园应积极顺应文旅融合发展的时代趋势，立足世界遗产多、文化资源丰富、旅游品牌知名等城市传统优势，结合近两年苏州"江南文化"品牌塑造行动计划、"运河十景"建设等，在跨界思考、跨界合作上，加快与文化旅游的深度融合。让推窗见绿、出门进园这种"诗与远方"的生活，在苏州"触手可及"。

苏州是有着悠久历史的文化名城，古树名木作为活的文物与园林、古城相得益彰，是苏州2500多年建城史的积淀，也是苏州历史文化遗产的重要组成部分。苏州现有的古树名木中常见的品种主要有银杏、圆柏、桂花、枫香、香樟、瓜子黄杨、紫薇、朴树、蜡梅、榉树、糙叶树、罗汉松、三角枫、重阳木、枫杨、白皮松、臭椿等。在口袋公园的建设和改造过程中，可优先选用古树名木中的常见品种以及乡土树（草）种和林木（草），立地条件好的地区要优先选用生长快、抗病虫害的优良珍贵用材树种，推进古树名木品种、乡土树种的珍贵化、彩色化建设。也可将类似"江南园林花语"系列实事活动引入口袋公园，创新实施文化惠民工程，传承弘扬"苏派盆景"等特色传统技艺，助力苏州打造"江南文化"品牌，让市民"转角遇见美"，实现"美丽幸福新天堂"的愿景。

二、打造城市文化品牌，推动公园城市建设

立足"城市即旅游""全域旅游"等旅游新概念，借助口袋公园绿色窗口、生态窗口效用，结合城市性质和定位助力打造苏州城市文化品牌，进一步推动苏州从"城市公园"走向"公园城市"。

2021年6月，文化和旅游部提出"我国全域旅游发展符合世界旅游发展潮流，各地旅游部门要通过改革创新，加快构建资源整合、产业融合、共建共享的全域旅游发展新格局"。我国已进入大众旅游新时代，要顺应时代要求推进苏州旅游业发展由景区模式向全域旅游模式转变。苏州文旅品牌至今未能形成特别亮眼的标志，古城及其周边文化旅游，基本上还处于小而散的状态，条块分割、各自为政。

口袋公园是规模很小的城市开放空间，呈斑块状散落或隐藏在城市结构中。分布在苏州各地的口袋公园大都因地制宜、各有特色，应进一步结合苏州城市性质和定位助力打造苏州城市文化品牌。位于姑苏区承德里的口袋公园设计理念为"海派花园·精致生活"，设计延续承德里民国时期海派建筑风

格，通过景墙、座椅等景观小品，呼应承德里的文化特色。苏州古城是城市的精髓与灵魂所在，要在呵护古城肌理和传统街巷特色的基础上，系统研究古城发展策略，高效盘活闲置资源，打造更多口袋公园精品项目。坚持全市"一盘棋"原则，合理规划利用区域绿地、城市边角地及零星空间，实现城市文化的"一体化"载体推进和"一条链"品牌创建，使口袋公园规划与城市绿地系统规划相协调、与城市文化旅游内涵相一致。

苏州目前的旅游市场基本上还停留在"一日游""吃住行游"的阶段，门槛比较低，与当下的消费需求不匹配。因此，要借助口袋公园的绿色窗口、生态窗口效应，从世界遗产和文化旅游深度融合的未来发展目标角度去思考和规划，推进苏州从文旅观光型城市向文旅体验型、休闲型城市转变，从"城市公园"走向"公园城市"，真正成为"一生中必到"的国际最佳旅游目的地。

三、耦合联动文旅空间，打造生态宜居之城

充分利用口袋公园的便利性，实现城市文旅空间的耦合与联动，促进文化遗产与文化旅游多种功能的深度融合，持续打造居住型、商业型、办公型、学校型、交通型、康养型等类型多样的生态之城、宜居之城。

城市空间，特别是历史文化名城的空间布局，很容易被"破坏"和"割裂"。苏州古城整体空间布局虽得到较好保护，但仍然存在一定问题。苏州总体规划确定为"一核四城"，将实施"四角山水"生态修复，建设"沿江沿河"生态廊道，构建以古城风光环、区块拉接环、城市公园环、郊野生态环及生态廊道为纽带的绿色空间体系，形成园林遍及、绿树成荫、历史名城与绿水青山交相辉映的景观面貌。目前，苏州文旅空间布局却不尽如人意，人口密度高、区域功能低、交通不顺畅、街坊发展不平衡、总体空间与局部空间缺乏有效衔接等，都导致很难形成完美的城市空间。

随着100个口袋公园的建设、改造，苏州基本实现了"精准建绿""见缝插绿"，打造城市公园绿地十分钟服务圈的规划任务。城市是人创造的，理应成为最优美、最理想的人居之地。因此，口袋公园与文旅的深度融合，既要在空间布局上形成完美耦合，也要在功能效用上形成有效联动，建立起一种相互依存、相互影响、互动共生、内联紧密的关系。在口袋公园中应突出苏州文化遗产品质，古今融合，保护和传承世界文化遗产，形成传统与现代交相辉映的城市风貌特色。要利用口袋公园的便利性，强调绿色共享、公众参与，重点构建有特色的城市公园系统，不断促进各类绿地免费开放，把苏州

打造成人人向往的绿色之城、生态之城、园林之城。

苏州城市已进入长江三角洲城市群发展新阶段，无论是古城还是新城，都要在全域空间内思考文旅深度融合的问题。应针对苏州城市特性，在丰富城市空间和自然环境的同时，不断优化口袋公园功能，拓展街区空间功能复合利用，在口袋公园建设中加强文化、体育、党建、便民等元素的应用，打造苏州"公园+"品牌，强化城市特色，最终形成集功能性和景观性于一体的公园绿地网络服务系统，让绿地真正发挥生态功能和服务功能，提升百姓的获得感和幸福感，持续打造居住型、商业型、办公型、学校型、交通型、康养型等类型多样的生态之城、宜居之城。

（向诤、姜本红、程善兰，苏州经贸职业技术学院）

关于推进长江国家文化公园（苏州段）建设的几点建议

中共苏州市委党校
中共苏州市委市情研究基地　　杨征征

万里长江与千年运河，一横一纵，是中华民族的代表性符号和中华文明的标志性象征。遵循习近平总书记关于大运河文化保护传承利用和长江文化保护传承弘扬的重要讲话指示精神，2022年1月，国家文化公园建设工作领导小组正式启动长江国家文化公园建设，江苏段被列为重点建设区，成为推动大运河和长江双国家文化公园建设的省份。2022年3月24日，江苏省大运河文化带暨长江国家文化公园建设工作领导小组会议审议通过《长江国家文化公园江苏段建设推进方案》，部署安排了长江国家文化公园江苏段建设工作。目前，泰州段长江国家文化公园建设工作已全面启动，扬州也已出台《长江国家文化公园扬州段建设推进方案》。苏州作为江苏沿江八市之一，是长江文化孕育生成的重要空间和长江文化带的关键区域，是长江江南文化繁荣地带，理应在高质量长江国家文化公园江苏段建设上发挥重要作用，用好双国家文化公园建设机遇，为传播中华文明、彰显文化自信贡献苏州智慧和力量。

一、长江国家文化公园（苏州段）建设的优势

从历史底蕴、探索积淀和现实经验方面看，苏州在长江国家文化公园江苏段建设上，是最有基础、最有条件和最有希望展示好长江江南风采、彰显好长江文化内涵和时代价值的地区。

（一）文化底蕴厚

苏州襟江带湖、因水而兴，长江滋养了苏州人民，成就了姑苏繁华，孕育了江南文化。苏州是长江文化中吴文化的核心区域和典型代表，不从苏州文化出发，离开苏州来谈江南，长江江南文化就没有了灵魂。作为具有2 500

多年历史文化底蕴的名城,苏州一直以来都十分重视对文化的活态保护、传承与创新,其文化的丰富、灿烂、厚重是推动苏州在中国特色社会主义现代化进程中不断创造奇迹的动力之源。

(二) 探索实践早

在"长江文化保护传承弘扬"方面,苏州已经在全国、江苏省率先探索实践,让长江文化与现代经济社会发展结合为新发展增长点。张家港早在2004年就将目光投向了血脉相依的文化母体——长江,创新举办中国(张家港)长江文化艺术节,坚持不懈推进文化惠民、以文化人,被誉为"县级市扛起了弘扬长江文化的大旗"。一年一度的"中国(张家港)长江文化艺术节"已成为享誉全国的文化盛典和重要的长江文化符号,推动了区域经济在深化合作中协同发展,让长江文化在交流互鉴中争奇斗艳。

(三) 创新干劲足

近年来,苏州以顶层设计引领长江文化保护传承弘扬,以"争当表率、争做示范、走在前列"苏州精彩实践,绘就新时代姑苏繁华图。苏州"运河十景"建设的稳步推进,为高质量推进长江国家文化公园(苏州段)建设提供了现实经验参考。长江江海交汇第一湾张家港湾以"最美江滩、最美江堤、最美江村、最美江湾"为目标,大力实施生态保护和提升工程,实现了从"工业锈带"到"生态秀带"的精彩蝶变;常熟市以铁黄沙半岛、螺蛳湾生态湿地和田园江滩为主,打造了"江海交汇七彩洲";太仓沿江生态湿地项目占地面积3.2平方千米,七浦塘生态修复工程、郑和公园、七丫口生态湿地建设等工作,让沿江面貌焕然一新。

二、加快推进长江国家文化公园(苏州段)建设的几点建议

苏州整个城市水系最后都汇入长江,长江大保护工作一开始就是从全市域、全岸线、全方位、全领域来推动的,目前,全市158千米的长江岸线保护和建设工作已经取得了显著成效,需要加快出台《长江国家文化公园苏州段建设推进方案》,整合长江文化资源,搭建政府、文化专家和专业运营三方团队,有效凸显长江文化的苏州特色,推动长江国家文化公园(苏州段)建设高水平落实、落地。

第一,高起点规划长江国家文化公园(苏州段)建设。建设国家文化公园,是以习近平同志为核心的党中央做出的重大决策部署,是新时代文化繁荣发展的重大文化工程。长江国家文化公园(苏州段)建设规划也必须在国

家文化公园建设总目标下展开。建议向上争取力量，成立苏州段建设研究专班，将长江国家文化公园（苏州段）建设和大运河生态走廊、苏州文化遗产保护、江南文化品牌打造、文化产业发展、文化旅游发展等方面规划有机对接，在资源整合优化中，推出"长江国家文化公园（苏州段）建设"指导建议。

第二，高质量凸显长江文化苏州特色资源。苏州是长江江南文化的富集区，其不仅蕴含着对传统的传承，也包含了对现代的改造，有江南文化的软糯，也有红色文化的刚阳（双山岛战斗打响了解放苏州第一枪，太仓为解放上海迅速集结大量粮草）……长江国家文化公园（苏州段）建设不仅需要国家战略的考量，也需要有苏州市域整体性把握，长江苏州段的书画、文学、工艺、红色资源、历史遗迹、工业遗存、港口发展等无不展现了长江文化的博大深厚，需要持续深入挖掘、系统化梳理、高质量展现，进一步彰显苏州特色优势，增强文化美育力、凝聚力和创新力。

第三，高品质推动苏州沿江乡村振兴发展。苏州在"最美乡村"建设、乡村经济振兴和城乡融合方面成绩显著，要进一步把"长江国家文化公园（苏州段）建设"与苏州乡村振兴、城乡融合发展战略相结合，让苏州段长江相关水域成为苏州文化的展示平台、体验平台、辐射平台，丰富长江文化内容，扩大长江江南苏州文化的影响力，推动苏州乡村振兴在更大平台的交流、更为广泛的互动中更高质量地发展。

第四，高水平培育苏州文化产业发展力量。新时代城市的竞争越来越体现为文化的竞争，特别体现在文化创意和产业发展力量上。国家文化公园建设是国家文化创新建设的重要抓手，也是区域层面创新合作的重要联结。要把长江国家文化公园（苏州段）建设作为苏州进一步发展的新抓手，积极培育和引进长江文化龙头企业，选好长江江南文化的产品，发挥好苏州文化旅游集团的作用，打造长江江南文化产业新IP，推进历史文化与现代公共文化、文旅产业、文创产业、工业设计、城乡建设、数字化传播、中外文化交流等事业相结合，让长江文化遗产造福现代与未来。

第五，高层次打造长江文化苏州创新基地。建议向江苏省政府申请在2022年长江文化艺术节上设立永久性长江文化论坛会址，高层次打造长江文化苏州创新基地。筹划召开长江文化带建设高峰论坛，争取由国家有关部门主办并永久落户苏州，尽快在有基础的高校或社科研究机构设立长江江南文化研究基地或合作建立长江文化研究协同创新中心，对长江文化展开系统深入研究，以服务于长江文化保护、传承、弘扬实践工作。

第六，高效率传播，提升长江国家文化公园知名度、美誉度。要整合长江国家文化公园建设资讯平台，运用整合营销理念，全方位立体宣传塑造长江国家文化公园（苏州段）品牌形象。建议苏州率先系统设计苏州段长江文化主题展示公园、主题博览馆建设内容，利用好苏州已有博物展馆和文化品牌，在学校、社会策划开展"写长江""画长江""唱长江""游长江""摄长江"等多样化"长江江南"主题活动，让长江国家文化公园（苏州段）建设深入人心，激发社会整体参与度，高效率传播，提升长江国家文化公园（苏州段）知名度和美誉度。

（杨征征，中共苏州市委党校）

关于在长江国家文化公园苏州段规划建设中突出"海运"特色的建议

中共苏州市委党校
中共苏州市委市情研究基地　刘　剑

长江国家文化公园建设，是以习近平同志为核心的党中央做出的重大决策部署，是推动新时代文化繁荣发展的重大工程。江苏省委、省政府认真贯彻落实习近平总书记重要讲话指示精神和中央决策部署，高位谋划、统筹推动长江国家文化公园建设工作。2022年3月，召开领导小组会议进行专题部署，明确提出把长江国家文化公园江苏段建成先导段、示范段、样板段。2022年4月，印发了《长江国家文化公园江苏段建设推进方案》，明确至2025年，江苏将基本完成长江国家文化公园江苏段建设任务，并提出了推动江苏长江国家文化公园建设走在前列的具体要求。

苏州拥有160千米长江岸线（张家港77千米，常熟45千米，太仓38千米），干流岸线占全省的17.2%，境内主要湖泊都与长江相通相连，是长江沿线重要节点城市。能否充分认识其在长江沿线的重要性和独特性，有效提炼和展示出独特文化内涵，比如"海运"特色，将关系到苏州乃至整个长江国家文化公园江苏段建设的质量甚至成败。

一、要充分认识江苏作为长江的入海口和出海处突出"海运"特色的重大意义

所谓"海运"，秦已有之，但本文中的"海运"是指由中央政府组织的大规模海上线路的漕运，以及因海运漕粮而一并繁荣、兴盛的海上交通及海上往来交流。因此海运之法，"始于至元"，始于江苏。

自汉唐至明清，整个长江三角洲的主要港口缓慢由西北向东南转移，港口的变迁实际上反映的是河口海岸线的变迁。宋末元初，由于海岸线的不断东移，位于吴淞江中游的青龙镇作为出海口离海岸线越来越远，吴淞江泥沙淤积，一度繁华的青龙镇走向衰落，在吴淞江的水道地位被同为太湖泄洪水

道的娄江所替代后，苏州辖区娄江下游的太仓也取代了青龙镇，逐渐兴旺，"市舶之区徙于太仓"。

至元八年（1271年），元朝建都于北京，政治中心在北方，而赋税漕粮依旧得依靠江南地区，太仓州东七十里的刘家港，即娄江入海口，水面辽广，被选为了漕粮北运的起运港。至元十九年（1282年）首次由刘家港出海驶向直沽的60艘运粮船改写了漕粮历来由内河运输的历史，漕运制度的变革从太仓开始了。从此，"终元之世，海运不废"。海运漕粮产生了连锁效应，海内外商贾于此聚集，太仓由此兴起，刘家港亦被誉为"六国码头"，带动了整个江南地区的发展。

当时的海运，以太仓港为中心，不仅加强了江南地区和我国北方的联系，还形成了北洋、南洋航线和向东洋、西洋延伸的国际航线。明代初期的郑和七下西洋，就是这种"海运"大背景下诞生的历史事件。

清初，清政府"重开海禁"的政策，使一度萎缩的刘家港再次崛起，全国各地的商贩纷至沓来，重新出现了"万商云集""百货岔集"的盛况。整个江南地区，在这个时间段，又重现往日繁荣。直至嘉庆、道光年间，娄江口因泥沙淤积，大型海船不能入港，且上海港开埠，方渐至没落。

总的来说，海运之路经历了元代的兴起，明初的繁盛，明末清初的后续发展三个阶段，也给整个江南地区带来了三次发展高潮。在江南地区因海运而崛起的过程中，元代南粮北运中的海运、海外贸易中的"六国码头"、郑和下西洋时期的起锚港与归泊港、清代刘河海关的设立，这些历史机遇和政策支持无疑发挥了极为重要的作用，也让"海运"一词，有了光辉的历史印记和不可取代的重大意义。

从地理位置看，江苏地处长江下游，长江在江苏境内干流总长433千米，岸线总长1 169.9千米。江苏之于长江，其独特之处，还是在于其地处"江海要津"，为长江的入海口和出海处。是航海时代的到来，赋予了江苏独特的重要地位。历史上的海运统帅了长江、大运河和各江南水系，将江南乃至整个长江流域的资源沿海向我国北方和南方流通输送，甚至沟通了全国、全世界。可以说，"海运"就是历史上整个长三角（江南）地区发展的动力之源，是历史上整个长三角（江南）地区的开放和交流之眼，在"长江文化""海上丝绸之路""江南文化""长三角一体化"文化体系中都作用突出、特色独具、意义深远。

二、要认真对苏州海运文化遗存进行梳理并总结提炼其核心内涵

要做好长江国家文化公园相关工作，就要认真对苏州相关历史文化遗产进行系统调研和梳理，并总结提炼其核心内涵。现暂将其中一部分遗产点罗列如下。

（一）张家港黄泗浦遗址

黄泗浦遗址位于杨舍镇庆安村与塘桥镇滩里村交界处。唐天宝十二年（753年），鉴真和尚在前五次东渡未果后，率众弟子乘日本遣唐使归舟，从黄泗浦出发开始第六次东渡，获得成功。1963年，鉴真和尚逝世1 200周年纪念委员会在黄泗浦竖立石质纪念经幢1座，以作永久纪念。1984年，古黄泗浦遗址公布为沙洲县文物保护单位。1994年和2004年，张家港市政府在黄泗浦遗址先后修建鉴真纪念馆、经幢亭、诗碑亭、东渡桥等设施。后在南京博物院主持下进行考古发掘，遗址总面积约2平方千米，发掘面积982平方米，发现唐宋时期民居与寺院遗迹，出土各种文物1 500余件。考古发掘显示，黄泗浦遗址是江苏乃至全国少见的隋唐时期古港口遗址，是唐宋时期长江入海口南岸规模较大的集镇港口。

（二）太仓海运仓遗址

海运仓遗址位于太仓科教新城，遗址周围河流纵横成网，南有老浏河，北有新浏河，西为盐铁塘。2009年，苏州市考古研究所对遗址进行了考古勘探与调查，发现了建筑堆积和古代建筑基址，出土了大量元末明初时期的陶瓷片、砖块等。海运仓自元延祐年间（1314—1320年）始建至明永乐十二年（1414年）废，共存在了一百年左右时间。仓址至清代逐渐放垦。中华人民共和国成立后尚有南仓桥、北仓桥、仓河等旧迹。1952年，太仓县棉花原种场迁至此。太仓海运仓遗址是元代至明代早期的一处规模较大的国家仓储遗址，对于研究元明时期囤粮、赋税制度以及太仓地方历史文化具有重要的科学价值。

（三）太仓石拱桥

太仓城区皋桥、州桥、周泾桥、井亭桥、金鸡桥五座元代石拱桥2006年以"太仓石拱桥"名义列入全国重点文物保护单位名录。其中周泾桥，又名"海门第一桥"，仰天石外侧正中镌"海门第一"四字。

（四）太仓元代万丰古代沉船

2014年，在太仓市万丰村疏浚半泾河过程中发现一艘古代木质沉船。全

船共 10 道横隔板舱板，有 11 个舱。综合古船结构和建造工艺、太仓相关历史、随船出土物品等判断，该船当属于元代，应是航行于内河和近海的货船。

（五）太仓浏河天妃宫遗迹

浏河天妃宫遗址位于太仓市浏河镇新东街 90 号。浏河天妃宫始建于北宋宣和五年（1123 年），是旅居娄江口闽粤海商肇建的民间私祠，为妈祖行宫，原名灵济宫，元至正二年（1342 年）移建于现址。历经元、明、清、民国诸代，屡毁屡建，修缮无算。主修者有郑和、林则徐等历史人物。明初继续海运漕粮，且海运粮饷到辽东地区。永乐年间，郑和下西洋皆从太仓刘家港起锚和归锚，护佑海上平安的天妃崇拜更受重视。天妃宫内《通番事迹之记》即为郑和下西洋所立，详细记述七下西洋的时间与目的等内容，为七下西洋这一人类航海史上的壮举留下了不可磨灭的记录，意义极为重大。浏河天妃宫遗迹是北宋年间逐渐兴起的天妃信仰在太仓的实物遗存，它见证了元代和明初大规模海运漕粮、明代郑和七下西洋重要历史事迹，也是妈祖文化广泛传播影响的具体例证，具有重要的文物价值和纪念意义。

（六）太仓樊泾村元代遗址

樊泾村元代遗址位于太仓市城厢镇。从发掘情况来看，以浙江龙泉窑口为主。初步推测其为瓷器贸易集散地，很有可能跟海运、贸易有密切关系，是历史上太仓参与海上丝绸之路的重要见证，对研究太仓城建和历史文脉，以及苏州地域文明都有着重要意义。

此外，苏州还有很多水系河网、建筑桥梁、古镇街区等都可与长江联系上，在此不一一赘述。

从苏州现存长江相关历史文化遗产来看，其文化内涵也多与港口贸易、交通运输、通江达海相关联。归纳起来，这其中最为突出的特点，应为"海运"特色。"海运"文化有着开放、探索、务实、创新的精神内核，它是古人寻求发展、探索互联互通的重要途径，是经济社会走向高质量发展的重要标志，它带来了整个江南地区的高速发展，并彻底打开了江南面向全国乃至全世界的大门。这种精神也融入了苏州这座城市，并成为现代苏州的城市精神和品格。

三、要清晰"海运"与"海上丝绸之路""江南文化""长三角一体化"的有机关系

就"海运"与"海上丝绸之路"之间的关系而言，"海运"本身就是

"海上丝绸之路"的重要前提和重要组成部分。2008年年底，苏州市成功加入"海上丝绸之路"城市联盟。在苏州市人民政府向广州市人民政府的申请报告中，就重点提到了上文中的张家港黄泗浦遗址、太仓浏河天妃宫遗迹和太仓樊泾村元代遗址。

就"海运"与"江南文化""长三角一体化"的有机关系而言，一方面，历史上的"海运"本身就加速了整个长三角（江南）地区的一体化，另一方面，"海运"的出现，使得长三角（江南）地区与外部的交流更为顺畅。

展望未来，苏州要打造面向世界的社会主义现代化"最美窗口"，要继续扩大开放和高质量发展，开放、探索、务实、创新的"海运"精神，仍将发挥着客观的、不可取代的作用。为此本文建议：一是长江国家文化公园苏州段建设要充分认识到"海运"文化的重要性，切实将其融入长江国家文化公园苏州段规划方案中来；二是充分重视规划前期的系统调研、资料梳理和反复论证工作，力争让规划更实在、更接地气；三是以此为契机，对苏州范围内全部相关遗产开展系统调查，对"海运"相关历史、文化进行系统梳理和论证，并形成具体的保护和展示利用方案。

（刘剑，太仓博物馆副研究馆员、太仓市政协委员）

重振苏州菜辉煌 打造"江南美食天堂"

中共苏州市委党校
中共苏州市委市情研究基地 陈来生 韩惊雷

数千年文化积淀和经济浸润形成的独特而富个性的苏州美食,是中国四大菜系的重要一支,与苏州丝绸、园林、工艺并列为苏州四大传统文化支柱。苏州菜选料严谨、制作精细、讲究时令、原汁原味、营养丰富、精于烹饪,追求完美和极致,富有苏工、苏作、苏匠的工匠精神,因而苏州自古被誉为"美食天堂"。之所以称"苏州菜"而非"苏帮菜",是因其更具苏州地域标识,更能指代其中凝结的苏州众多优秀文化,因而更为妥帖。"民以食为天",饮食作为人类生存与发展的第一需要,堪称"第一生产力",是拉动消费的重要推手。苏州饮食文化是不可多得的珍贵文化遗产,是值得大力传承和开发利用的宝库,是苏州这座江南文化名城的亮丽名片,是吸引客流、繁荣文旅产业、促进商贸业提档升级、树立城市美好形象的重要抓手。然而,曾经辉煌的"苏州菜",近年来却黯然失色、发展乏力,亟待重振。

一、历史和现状分析

苏州菜是国内唯一具有 2 500 多年历史传承的菜系,自古以来与岁时节令、人生礼仪、民间信仰等民间习俗关系密切,"民食鱼稻","食养结合","药食同源",因而也是唯一进入宫廷的地方菜系。经故宫博物院专家研究,苏州菜在明清已进入宫廷,在清代更走出国门在琉球举办"册封宴"(2012年在故宫博物院帮助下得以复原)。目前进入各级"非遗"名录的苏州饮食,除了国家级绿茶制作技艺外,省级有苏州织造官府菜、苏帮菜烹制技艺等17项,市级有苏州船菜制作技艺、玄妙观小吃制作技艺等31项。独特的美食文化已成为苏城符号之一,使苏州更具个性和吸引力。无论是外地游客还是本地市民,想感受江南文化和苏式生活,除了逛逛私家园林,看看苏作工艺外,不容错过的就是尝尝苏州菜。

然而近年来苏州餐饮市场上,打出苏州菜旗号的饭店越来越少,苏州菜高级厨师越来越少,苏州菜特色菜的知名度也越来越小,许多年轻人甚至连一些著名苏州菜的名字也叫不上来。本土的一些老字号饭店虽然还在做苏州菜,却增加了其他菜系的许多菜,甚至以其他菜为主打。在外地,苏州菜就更不成气候了。再看曾盛极一时,以摊点多、花色繁而著称的苏式点心,尤其是曾与上海城隍庙、南京夫子庙齐名的玄妙观小吃群几近消失,而与此同时境内外小吃却大举进入观前。

究其原因,一是规划建设滞后,相对于杭帮菜、淮扬菜、川菜等,苏州菜无论在宣传力度还是拓展步伐上都相对滞后,"美食天堂"的金字招牌没有得到有力的传承和宣传提升,餐饮业与旅游业的一体化资源没有得到充分拓展推进。二是菜品、菜系创新不足,有些传统菜肴和糕点口味,无法完全适应现代饮食习惯;同时随着生活节奏越来越快,松鼠鳜鱼等传统美食虽精致但偏烦琐的制作和烹饪方法面临时代的抉择。三是受场地、资金限制,在外来菜系的强烈挤压下生存维艰。外来饮食文化的冲击使越来越多的年轻人开始无视苏式美食。四是后继乏人,人力资源短缺。五是知名度不够,面对新时代的新受众,美誉度不高、冲击力不强。

《舌尖上的中国》之所以火爆,除了美食的强烈刺激外,跟着舌尖去旅行也是重要诱因。所以,作为文化传承和文旅开发的重要部分,苏州美食的保护传承和美食旅游开发别有意义。

二、发展建议

(一)将打造"江南美食天堂"作为苏州城市发展的一个重要目标并完善政策扶持

中共中央办公厅、国务院办公厅《关于实施中华优秀传统文化传承发展工程的意见》指出,要加强对传统饮食、医药等的研究阐释、活态利用,使其有益的文化价值深度嵌入百姓生活。如何既不失传统又创新前行,既依托传统美食底蕴又切合当下市场的需求点,这对作为"非遗"的苏州菜来说是挑战也是机遇。各地都在打美食品牌,广州争创"全国最佳餐饮旅游城市",成都打造"成功之都、多彩之都、美食之都",即使是小吃,"秦淮八绝"也作为南京小吃新品牌招徕大批游客。作为特色产业,苏州菜资源、传统、影响仍在,具有自己的独特魅力和发展空间。

早在2007年《关于进一步促进全市餐饮业又好又快发展的指导意见》中,苏州就提出要努力建设成"东方水城、美食天堂",多项苏式食品(烹饪)技艺也被陆续列入各级"非遗"名录。但苏州菜的生存发展,光靠非遗光环远远不够,只有在市场环境中活态传承,解决市场瓶颈,并最终破解后继乏人的问题,让市场向好、厨艺值钱,才能更具生命力。所以亟须弘扬江南文化中心城市、江南美食经典城市的特质,确立和弘扬"江南美食天堂"的发展定位,从政策扶持、氛围营造、市场引导、人才培养、美食标识、平台打造等方面进行顶层设计和全面落实,在餐饮企业融资、税收、土地使用等方面给予优惠,对苏州名店、名品牌、名小吃的发展给予政策支持,为餐饮业营造可持续发展的经营环境。同时,积极推动提升以苏州织造官府菜为代表的苏州菜烹制技艺的"非遗"等级,从现在的省级上升为国家级乃至世界级,并通过申报过程加以总结、宣传和推广,提升苏州菜的地位和价值。

(二) 与时俱进,重振品牌,使苏州菜重获欢迎、重赢市场

苏州传统美食历经两千多年的漫长岁月,因能与时俱进,不断兼容创新,方能自成一体连绵不绝。随着时代发展、社会变化、客源层越来越年轻、外来人口越来越多,苏州菜不可能一成不变,而应活态发展、动态更新。

(1) 不断进行特色菜肴的开发与创新。苏州美食既要再现经典,也要根据市场变化与时俱进,讲究菜品加工工艺的粗细结合和繁简有度。要结合现代人的饮食观念和要求,利用苏州湖鲜、江鲜、水八鲜等资源特色,并扩大选材范围,对已有苏州菜菜品进行针对性的改良和优化,依托精工细作提升菜品价值和档次,不断开发新招牌菜。同时对厨师和相关人员进行烹调技术和饮食理论培训。如松鼠鳜鱼,在传统刀法和烧法之外,通过改刀工和烹饪方式,形成的2.0版"葱油鳜鱼",通过传承和创新,用新的魅力赢得了市场。

(2) 大力实施品牌战略,做优做强老字号。产业化经营必须打造自己的品牌,要鼓励老字号企业发展连锁经营,弘扬苏州传统特色,从菜品、商标、广告标语设计到门店装修均要统一标准。同时引导餐饮企业积极树品牌、创品牌,培育一批名牌菜和名牌餐饮企业;鼓励具有较强竞争能力的自主品牌壮大发展、"走出去"发展,提高餐饮品牌在全国的知名度;打造苏州织造官府菜等有底蕴、有特色而且有传承的苏州菜品牌,提升苏州菜的地位和价值。

(3) 依托科技进步,创新发展方式,加大集聚化、规模化、标准化经营,做大做强、保量保质。支持和鼓励打造具有一定集聚影响和辐射效应的特色餐饮市场、传统小吃市场、夜间消费市场,研究确立各种特色苏州美食的制作标准,推广连锁经营、网络营销、集中采购、统一配送等现代流通方式,

有效整合餐饮生产、采购、储存、加工、配送产业链的优势资源,以供"中央厨房"规模化生产和连锁化经营,推进苏州美食的产业化、国际化进程,不断增强苏州餐饮企业综合竞争实力,扩大苏州菜的影响和吸引力。鼓励苏州文旅集团等参与建设和管理,弘扬苏州美食文化,打造苏州织造官府菜等特色品牌,建设苏州特色小吃一条街,提升苏州餐饮市场活力。

(4) 发挥行业协会在政企沟通联系、制定行业标准、强化行业自律、培养行业人才、开展行业交流等方面的积极作用,保障苏州菜的可持续发展。

(三) 文旅融合打造美食旅游之都,推进饮食文化资源的产业化发展

将餐饮业与文化和休闲旅游发展相结合,着力打造江南美食旅游之都。美食旅游不仅能满足口感的需求,还有对烹饪技术、饮食器具、食品色形、进餐方式、就餐环境等的体验与欣赏,带来感官上和精神上的极大满足和特有体验,因而越来越受欢迎。苏州美食精致独特的菜品,"食医同源""药膳同功"的特点带来了独特的品牌价值和市场号召力。不论是高端的织造宫廷宴还是大众化的秋游品蟹宴都表明了美食旅游市场的广阔前景。

要突出苏州菜特色,培育消费热点,引导消费潮流。要做好传统餐饮业与文化、旅游、商贸等相关规划的衔接,合理规划布局餐饮网点,结合历史文化街区、特色旅游景区和轨道交通建设,做好苏州美食企业的配套建设。要将美食与美景相结合,通过餐饮店的建筑、装饰、餐具,服务员的服饰、服务方式等,营造独具特色的清洁、文化、优美、舒适的美食品尝环境。要将生理享受与心理享受相结合,让客人在享用美食的同时,对菜品的历史文化、制作工艺、风味特色等有更深入的了解和感受。要将传统与现代结合,在现代竞争机制下将苏州美食做强、做大。要继续拓展节假日和乡村休闲消费,努力培育农家餐饮、生态餐饮等市场。

(四) 加快启动抢救、保护和传承工作,让苏州菜讲述苏州故事

苏州菜自明清以来长期成为时尚,京师筵席以苏州厨人包办者为尚,善庖者尽皆以重价招募;康熙册封琉球国的册封宴,由苏州厨师前往承办;据《御膳档案》记载,乾隆第三次下江南,不论在苏州还是扬州、杭州行宫,都是苏州织造厨役备膳。宫中专备苏州厨房和苏州厨师,皇帝宴请国宾和大臣时的国宴是宫廷苏宴。连清末民初老北京的点心铺也要挂"姑苏"二字以招徕顾客。南宋至今的数十种饮食典籍,构成了完整的饮食文献。可惜曾经那么辉煌的苏州菜厨艺很多已经或濒临失传。因此应尽快启动苏州菜制作技艺的抢救、保护和传承工作,让苏州菜成为江南文化建设的重要推力。

（1）积极筹建苏州菜博物馆，保护和弘扬苏州饮食文化，使之成为打造"江南美食天堂"的重要载体。杭州、淮安、扬州等地皆已建立餐饮文化博物馆，通过挖掘、保护、展示、交流、体验等形式，振兴当地餐饮文化，传承传统制作技艺，做大本帮餐饮品牌。具有那么深厚饮食文化底蕴的苏州，不能没有自己的苏州菜博物馆。建立苏州菜博物馆，可保护、传承许多正在流失或被侵占的珍贵饮食文化资源，进一步促进文化交流，增加苏州文化软实力，提升苏州的吸引力和知名度，提升城市竞争力。"苏州菜博物馆"建设应融入古城大旅游、大文化的格局中，可与古城改造结合起来，使之成为吴文化的重要展示窗口、江南饮食"非遗"的集中展示区、古城旅游的新亮点；并通过苏州织造官府菜、苏州菜烹制技艺的"非遗"等级提升，加以传承、展示和宣传。要联合故宫博物院、大专院校、专家学者对苏州菜加以研究，尤其是重点研究、保护和传承富有特色而又独具生机的宫廷苏州菜厨艺，推动苏州菜品牌化、产业化和国际化。

（2）加大对苏州菜烹饪技术人才的培养和奖励力度。通过各种途径和方式，积极开展产学结合、技术合作；全面推进苏州菜技术培训、技能大赛、技艺传承，培养和造就一支苏州菜制作技艺后备力量，对苏州菜烹饪技能大赛获奖者给予表彰，在职称晋升上优先考虑，形成老、中、青技术人才的梯队结构；依托苏州织造官府菜实体体验基地，探索苏州菜产学研一体化发展，使苏州菜制作技艺传承后继有人。

（3）通过各种渠道、各种形式提高苏州美食知晓度和美誉度，促进"江南美食天堂"建设。要加强部门协作联动，更好地宣传苏州菜的辉煌；拍摄美食片，再现《满意不满意》《小小得月楼》《舌尖上的中国》那样的轰动效应；举办苏州美食摄影和征文，再现《美食家》那样的宣传效果；搭建旅游节、美食节、小吃节、美食大赛等各种平台，吸引不同年龄和层次的消费群体对苏州美食的关注，让苏州菜再现辉煌，赢得其应有地位和市场份额。

（陈来生，苏州城市学院文正智库研究员、苏州专家咨询团成员；韩惊雷，苏州东方水城旅游公司总经理、苏州专家咨询团成员）

把街面店打造成展示江南文化的亮丽风景线

中共苏州市委党校
中共苏州市委市情研究基地　　陈来生　卜福民

为激发文化和旅游消费潜力，2019年8月，国务院办公厅印发《关于加快发展流通促进商业消费的意见》，要求改造提升商业步行街，支持商业街区与文化、旅游、休闲等紧密结合，营造规范有序、丰富多彩的商业氛围，引导自主品牌提升市场影响力和认知度，扩大消费，提振经济。作为著名的江南文化古城和旅游文化名城，苏州进一步激发文化和旅游消费潜力的有效路径之一，就是文商旅整合，注重传承和发扬独有的江南商业文化风貌，将店招打造成展示吴地人文、苏式生活的"最江南"长廊，营造规范有序、丰富多彩、诗意江南的商业氛围，形成苏城亮丽的商文旅风景线。

一、苏州市街面店招打造的现状和分析

（一）充分认识街面店招的独特魅力和功用

店招文化就是商店、店铺各具特色的招牌、字号、门头形成的特色文化，由标志性设计、独特商业设施、店招店幌等共同构成，具有特定情境中的风貌特色和商贸传统。个性张扬的店招常常是一个城市最富有魅力的部分，在一定意义上代表着城市的门面和形象。店招文化源远流长、博大精深，除了引导功能外，还具有品位、品牌、文化的象征意义，有着独特的生命力和感染力。街面店招为城市文化创造场所、界面和环境，城市文化也为街面店招提供文化环境和特定内涵。道路沿途的街面、装潢乃至店招店幌，都呈现着特定的城市意象，展示着城市特有的原生态风貌，从而使城市更具吸引力。比如，苏州古城的店面店招，就理应展现江南商贸和苏式生活的风貌。苏州古城的沧桑感与江南文化名城的内涵，很多就直观体现在参差错落的建筑形态、多姿多彩的街面店招上。有网友说"初到苏州，在吴门人家感受这里的江南文化"，就是因为这里的店面店招乃至菜品极具江南特色。其实苏州更多

的店面文化尚未得到正视和利用。

（二）真切反思风貌整治背景下店招文化的日渐沦落和缺失

古城风貌整治本是为了更好地保护和利用，可在近年来的具体操作中，常常为了房屋外观的整齐划一，在"净化、美化城市环境，提升城市品位"的口号下，简单任性地将本应多姿多彩、各具特色的店面设计、店招、广告牌等一刀切，追求简单的整齐、粗放的统一，"整治"得形状、颜色、尺寸、陈设都百店一面、千篇一律，琳琅满目的店招突然变得毫无个性，某些强行规定的招牌颜色和式样既缺乏美感又缺乏创意，忽略了商业形态的多样化、商家营销诉求的个性化，降低了"逛街"的愉快体验，既不利于吴文化的原生态保护和苏州江南生活风貌的展现，也缺乏让人游览和消费的吸引力与感染力，在一定程度上阻遏了消费需求，还使城市失去了一道亮丽的风景线，也不利于苏州设计城市建设。上述问题的根源，首先是对传统建筑和历史文脉的善待意识不强，对原生态"乡愁"情结的珍视不足，对城市经营中"门面特色也是生产力"的认识不够。

不论是现代的国外城市，还是传统的中国街市，街头都是一个诸色杂陈的繁华世界，肆意张扬的店招形成了特立独行的城市标签。中国香港、中国台湾和日本的城市街景世界闻名，虽然并不是所有的店招都很好看、很有设计感，但其中散发出的烟火气息仍然成为旅游的一大亮点。目前，许多"网红店"的成名就是靠了独特的装修设计和富有个性的店招店幌。

（三）厘清街面店招与城市管理的关系

店招是每个店家的"脸面"，是一个品牌的个性体现，不同的颜色、图形、字体以及与之相匹配的符号，展现着不同品牌和品类的独特个性，有着各自独有的市场影响力和认知度，构成一个城市独有的商旅景观，切忌强求一致。城市管理不能由于片面强调外观的整齐划一而忽视街面店招文化内涵和招徕功能。国外对传统街面的改造，往往采用"穿衣戴帽"的方式，外表保留传统风貌，里面进行现代改造。然而我们的城市管理对风貌整治还没有很明确的界定，也缺乏充分的讨论来厘清"杂乱与整齐""特色与无章"等概念的内涵与外延，所以，城市管理的运作很多时候更多地依赖于政府的整体规划和强力执行。店招文化的缺失，使很多原本富有特色的商店变得雷同无趣，逛街的乐趣化为单调无聊，自然也难以激发文化和旅游的消费动力。

二、打造"最江南"街面店招的思路和措施

（一）管理创新，因地制宜、因店施策，杜绝"一刀切"

一是统一思想，统筹协调。管理者要有文化底蕴、审美品位和艺术素养，从而根据资源环境、文化特色和商贸发展需求，科学制定高标准、接地气，有文化内涵、历史记忆、地域特色、商贸特点的店面装潢和店招设计的规划设计指导意见。店面装潢设计应由专门机构审定，并让更多的专业人士参与探讨、评判，既不能千篇一律，又不能放任自流。平江路街区由城管、商家、设计师、平江路管理公司和商业联盟共同组成店招文化评审委员会的管理模式可资借鉴。

二是加强对街面店招的分类指导、长效管理。作为城市管理的一部分，店铺招牌的优化提升确有必要，但不能简单粗暴地对店招的形状、颜色、尺寸、位置"一刀切"，弄得千店一面、毫无生气，而应用科学态度、专业理念形成苏州自己的商业建筑及店面设计语言，在街面和店招的形制、体量、用材和色彩上，尊重和保持原生态的构造元素，从技术规范上保障江南水乡商业风貌的科学保护和有机传承，留下独特记忆，彰显与古城风貌相协调的苏州特色。

三是加强正确引导，形成社会合力。要建管并举、全民参与，保护和重塑吴地特色店面的人文形象和环境体系。要让公众行使知情权、参与权、监督权，有效制止对街面店招乱拆、乱建的无序行为，注重地方特色的传承和体现。台湾地区对店面和店招文化管理进行过有效尝试：台北市文化局组织设计师和艺术家团队对台北传统的菜市场进行"再设计"，在整齐、美观的总目标下对菜市场入口、各个摊位进行"新概念零售超市"的店招设计，结果既整齐又各有特性，改变了人们对于菜市场"嘈杂、混乱"的印象，充分展示了设计的力量和美学的价值，值得借鉴。苏州双塔市集的成功经验就是很好的例证。

四是以"活态利用"和动态保护，有效保护、传承特色街面风貌。要与时俱进，合理规划、优化和有效改革，提升品质，保护与传承互动，让传统商业风貌成为现代城市的景观，让现代人感受其独特魅力。可以举办店招文化设计比赛，设立传统风貌传承、现代店招设计等组别，鼓励商家传承传统店招精华，借鉴各种优秀理念，利用木、竹、铁、织物乃至石头等各种元素，制作各种妙趣横生的店招装饰，将沿街门面和店招店幌打造成亮丽的风景线，

吸引人们目光并进行消费。

(二) 文化引领,将店招打造成展示江南文化的亮丽风景线

一是用具有个性的街面店招,打造苏州最具江南韵味的城市表情。苏州作为江南文化的经典代表和中心城市,很多江南文化的经典记忆都体现在具有江南商贸特色的店招文化上。店铺及其店招文化已经成为城市"符号"的载体,对它们的保护和传承也就是对历史的尊重。将承载着诗意江南和苏式生活的街面、店招打造成江南文化生活展示的长廊,就是保持古城风貌的完整性、江南生活的原真性和城市功能的活态性,进一步激发文化和旅游消费潜力的重要举措。观前街再次改造,就应吸取以往经验教训,注重店面设计和店招店幌的独特性,提升老字号品牌的市场影响力和认知度。可通过一系列"微更新"手段,将丰富的历史资源、良好的环境资源、独特的商贸资源转化为旅游文化资源,营造宜居、宜业、宜游、宜学的现代文商旅服务氛围,集聚人气和商气。多样而别致的店招文化还能助推苏州设计城市建设,今天占到设计业半壁江山的"VI 设计"即脱胎于店招文化。《上海市城市总体规划(2016—2040)》中的类似表述用在苏州就是:"我们希望,未来的苏州,建筑是可以阅读的,街面是可以品味的,店招是具有个性的。苏州的城市表情是清新而恒久,优雅而独特,最具江南韵味的。"

二是文商旅融合,将店招打造成一道亮丽的风景线。苏州古城的生命力,体现在商贸带来的兴旺,体现在旅游休闲吸引的"小众市场"。文商旅融合视野下,富有江南特色的街面、店招有着不可替代的历史文化价值和经济开发价值。在"城市即旅游、旅游即生活"的"全域化""大旅游"背景下,顺应散客化、休闲化、度假化的旅游发展需求,消费者导向下各类要素全面利用,文商旅体验和休闲品质亟待提升,门面设计、店招店幌也要"量身定制",在技术方案、制造工艺、文化特色、文化诠释、艺术表达乃至环保要求等各方面既体现苏州本地的江南特色,又别具自己的商业特色,从而完美演绎苏式门面的文化价值和人文情怀,将沿街店面打造成苏式门面艺术和江南文化展示的长廊和亮丽的风景线,助推"国家古城旅游示范区""国家商务旅游示范区"建设,凸显江南经典文化地位。

(陈来生,苏州城市学院文正智库研究员、苏州专家咨询团成员;卜福民,苏州旅游与财经高等职业技术学校教授)

关于打造"江南文化·自然科普"品牌的建议

中共苏州市委党校 冯育青 范竟成
中共苏州市委市情研究基地

当前,苏州正积极主动抢抓长三角一体化、沪苏同城化最大机遇,全力建设创新之城、开放之城、人文之城、生态之城、宜居之城、善治之城。在这个过程中,既要有打造长三角生态绿色一体化发展示范区、建设太湖生态岛等夯实城市基础"硬实力"的样板,也要有弘扬生态文明、打响"江南文化"品牌等彰显城市品格"软实力"的示范。建议探索"生态+文化"模式,打造"江南文化·自然科普"品牌,为社会大众讲好生态科普故事,充分发挥软实力的"加速器"作用,助推苏州成为向世界展示"最江南"人文、生态、宜居的"最美窗口"。

一、现有基础

苏州已成功构建"阵地+队伍+课程"模式,打造全国湿地自然科普行业"金招牌"。创建首批10所湿地自然学校暨"苏州湿地科普宣教基地",其中昆山天福、常熟沙家浜、太湖湖滨等湿地公园分别被授予"全国林草科普基地""自然教育学校""精品自然教育基地"等称号。与台湾、香港地区的专业团队建立长期合作关系,快速培养本地宣教人才队伍。创建"苏州昆山天福实训基地",为全市培养98名生态讲解员,为全国400多家湿地公园提供专业人才培训服务。以"科普+"模式,结合湿地资源、管理、科研、志愿者等,研发本地自然科普特色核心课程,研发基于科研监测的"公民科学家"系列课程,编写本地特色的科普读物和乡土教材,研发融合湿地管理、生态修复的个性化课程。经过十余年的探索实践,苏州湿地自然科普已成为助力改善农村人居环境,推进"美丽苏州"建设,弘扬"江南文化"的重要力量。

二、存在问题

一是行业人员专业度与发展不相适应。调研发现，目前国内大专院校基本没有开设与自然科普对应的专业和课程，湿地自然科普从业人员主要是湿地公园工作人员、志愿者等，大多数人并非科班出身。从一名普通员工转变为自然科普生态讲解员需要较长时间的专业培训与实践，人才培养速度已明显滞后于行业需求。二是行业人员稳定性与发展不相适应。目前湿地公园多由企业运营管理，多数企业对从事自然科普的专业人员与其他员工没有差异化的优待政策，缺乏成长激励机制，且自然科普教育行业收入普遍较低，导致行业人员稳定性不足，人才流失现象严重。三是行业社会认可度与发展不相适应。当前社会的高竞争压力带来自然科普教育呈边缘化现象，对多数家庭而言，孩子接受自然科普教育仍非刚需，导致目前自然科普的受众面较窄，社会知晓度和认可度不高，限制了行业健康发展。

三、对策建议

针对上述问题，建议苏州从三方面突破瓶颈，打造"江南文化·自然科普"品牌，促进湿地自然科普行业高质量发展迈上新台阶。

一是以专业课程为突破口，提升从业人员专业度。2021年6月，国务院印发了《全民科学素质行动规划纲要（2021—2035年）的通知》，推进高等教育阶段科学教育和科普工作，推动设立科普专业。以此为契机，建议大专院校先开设与自然科普密切相关的专业课程，优化高等教育布局结构，从列为选修课开始，逐步加入相关专业的必修课，进而设立相关专业，让有志于从事自然科普的人才从高校阶段开始接受专业教育，带着专业基础进入自然科普行业，此举能明显缩短从业后的培训周期，提升从业人员专业素养，促进行业快速发展。

二是以"双轨制"为突破口，提升从业人员稳定性。建议湿地公园探索实行专业技术职称晋升与职务晋升并行的"双轨制"人才培养模式。企业员工获得专业技术职称后在薪水待遇上给予优待，如获得中级工程师职称可以享受公司中层主管待遇，获得高级工程师职称可以享受公司副总经理待遇等，给予从事自然科普教育的员工在专业路径的事业发展机会。湿地公园自然科普从业人员可以通过晋升林业专业技术职称、职务，获得长期的事业成长，有利于提高从业人员稳定性。

三是以校本课程为突破口，提升自然科普认可度。根据教育部规定，中小学每周均开设综合实践活动课程，旨在让学生从个体生活、社会生活及与大自然的接触中获得丰富的实践经验，从而提升综合素养，这与自然科普的理念完全一致。建议中小学与自然科普专业团队加强联系，合作开发适用于自己学校的自然科普校本课程，编写相关校本教材，用于学生的综合实践活动课程教学。同时，可以就近选择湿地公园作为校外教学基地，用湿地公园的生态自然场域提升教学效果。通过政府引导，加强学校与自然科普行业的联动，实现自然科普教育从娃娃抓起，贯彻人与自然和谐共生的发展理念，提升家长、学生对自然科普的知晓度和认可度。

（冯育青，苏州市湿地保护管理站站长、江苏太湖湿地生态系统国家定位观测研究站站长、研究员级高工、苏州专家咨询团成员；范竟成，苏州市湿地保护管理站高级工程师）

第七篇

人才建设与苏州营商环境创新

关于苏州人口发展政策导向的思考与建议

中共苏州市委党校
中共苏州市委市情研究基地　居闲

当前，苏州人口发展出现了许多问题，诸如增速放缓，老龄化加速，外来常住人口"市民化"瓶颈难以消除，劳动力素质和产业创新集群建设不相适应等，这就需要有清晰的政策导向加以熨平纠偏，扬长避短，确保沿着"以人为核心"的城市建设和新型城镇化道路不走样，更加有力地支撑起社会主义现代化强市建设的宏伟目标，为此，本文提出如下思考和建议。

一、充分认识人口资源在经济社会发展中的基础地位

人是一切事物的主宰，其生存与发展构成了文明世界的轴心议题。一方面，由于人类自身的繁衍生息，全生命周期中产生的物质和精神需求亟待满足，生活消费能力不断增长；另一方面，由于社会文明的进步，劳动者用智慧创造财富、革新技术和管理、提供产品及服务，生产供给水平持续攀升。人类社会的基本活动就是生产力和生产关系不断适应的过程，物质生活资料的生产与人自身的生产相互促进，其中人的因素是社会活力的源泉。

以人为本的发展理念已经成为当今世界先进政党追求的崇高政治目标。中国共产党的根本宗旨是全心全意为人民服务。习近平总书记指出："我们推动经济社会发展，归根到底是为了不断满足人民群众对美好生活的需要。要始终把人民安居乐业、安危冷暖放在心上，用心用情用力解决群众关心的就业、教育、社保、医疗、住房、养老、食品安全、社会治安等实际问题，一件一件抓落实，一年接着一年干，努力让群众看到变化、得到实惠。"[①]

作为消费者和生产者，人在经济社会发展中是一种宝贵的资源。人之初的生育，成年前的养育、知识教育、技能培养，人之末的赡养、服务、关怀，属于成本支出，家庭和社会各负其责，在需求环节发挥拉动经济增长的重要

---

① 习近平：《坚持人民至上》，《求是》2022 年 10 月 15 日。

功能。承担社会发展的中坚力量是就业、创业者，他们既是劳动的主力，也是消费的主体。只有统筹好人的全面发展，才能驾驭发展大局，而人口资源效能释放的前提在于防微杜渐、因势利导。

人口流动加快了新型城镇化进程。进城务工或异地打工已成为改革开放的时代特征。全国近2.6亿流动的打工群体为经济持续高速增长做出了巨大贡献。为此，我们要认清人口迁徙流动的内在规律，既不能继续在人口净流出地区盲目造城，也不能在人口净流入地区人为阻碍"市民化"，应让资源要素供给与人口流动实际匹配，提高发展潜力大、综合功能强的城市人口承载力，实现人口自由迁徙和安居乐业。

二、苏州人口发展的现状和主要特征

据各城市统计数据，2021年，全国城市常住人口超千万的有17座，苏州市以1 284.78万人排名第十位，第一位重庆市3 212.43万人，第九位西安市1 316.3万人。排在苏州前面的城市，不是直辖市，就是省会或副省级城市。除了排名在前，苏州人口发展还有以下主要特征：

一是基数大。苏州紧邻超大城市上海，按理说难以吸附并积聚如此多的常住人口，但在产业强势发展带动下，就业岗位、创业机会吸引了巨量外来流动人口潮水般涌入。2022年6月底，苏州户籍人口767.41万人，半年以上流动人口633.83万人，总计超过1 400万人。

二是分布匀。虽然苏州人口规模位居全省第一，但城市人口密度为每平方千米2 543人，全省排名第五，与扬州、泰州水平接近。这与10个市（区）的生产力布局匹配，城市人口最多的昆山近270万人，最少的太仓近90万人。

三是外来多。苏州常住人口中外来人口占45.27%，总量仅少于北京、上海、广州、深圳等一线城市。2021年，苏州工业总产值超过4万亿元，400多万外来劳动力中绝大多数从事制造业。高中以下教育阶段近90万学生中，过半比例为外来务工人员子女。

四是口径杂。苏州人口统计数据有三个出处：住建条线的建设年鉴，2020年全市常住人口1 350.28万人；统计年鉴，2020年全市常住人口1 275万人；公安系统登记，相比前二者数量更多，主要是半年以上流动人口出入大。

五是来源广。外来人口主要来自全国15个省、自治区、直辖市，港澳台地区、外籍居民也不在少数。在外来人口中，省内最多的来自盐城市，占比高达26%，达170万人；省外最多的来自安徽，其次来自河南；在昆山集聚的台胞号称10万之众；外籍居民、少数民族居民均有数万之多。

六是差异大。户籍居民与外来人口之间差异明显：收入水平不同。外来务工人员收入较低，大多数集宿或租房；本地人收入高且来源多，户均拥有一套以上住房。教育程度不同。80%外来务工人员的文化程度为初高中以下，子女尚有一定比例在自办学校就读；本地人的子女义务教育阶段均在较好的公办学校上学，进入高中的超过80%可以进入大学。

七是老龄化。2020年全市65岁以上的老人占比12.44%，较2010年上升3.94%。2021年60岁以上户籍老人已占户籍总人口的26%。随着外地年轻人流入的减少和本地生育率进一步下降，老年人口逐渐扩大的趋势明显加快。三孩放开后，户籍人口出生率没有明显变化，少子化加剧老龄化。

三、苏州人口资源管理中存在的问题

改革开放后，城乡劳动力市场化促进了人口区域流动，特别是农民工进城成为标志性事件。苏州凭借区位优势和敢为人先的开拓精神，创造性激活了本地经济增长活力，为外来务工人员提供了实现梦想的巨大空间。与此同时，急速膨胀的城市人口也带来了诸多挑战，应对策略在系统性、长期性方面明显不足。

一是政策落实偏差。国家鼓励外来人口多的城市加快"市民化"进程，在"人地钱"政策上予以倾斜，但实际操作路径不多、兑现困难。苏州仅为一般地级市，习惯上不能称为"特大城市"（即使城区人口超过500万，也没有权威部门宣布特大城市类别），因此在人口入户政策上按国家发改委新型城镇化重点任务要求是不能设限的。2020年，江苏省明确南京、苏州可以实行积分入户政策。苏州的县级市与市区自主开展户口统迁改革，事实上县级市也适用积分入户办法。苏州与上海通勤最为紧密，安居乐业条件好，社会保障水平高，户籍的含金量比较诱人，在没有补偿性配套政策的前提下，突然放开入户限制具有较大的不可控风险。

二是公共服务设施建设滞后。苏州市人口集聚多，而公共资源供给少，92项基本公共服务事项中有88项实现了常住人口普惠共享，但公共服务设施不足的问题短期内无法解决。医院、学校、幼儿园、养老机构、保障房在资金渠道、土地指标、人员编制等方面并非地方政府能够自行运作。2021年，苏州卫生机构床位数每千人6.04张，低于全国6.77张、上海6.49张；每千名老人拥有机构养老床位42.5张，比无锡少近5张；义务教育缺少10多万学

位,仅昆山市就需新建幼儿园48所、小学15所、初中13所;公交出行分担率不足35%。

三是阶层流动不畅。低收入群体、外来流动人口大多数在制造业流水线、餐饮住宿零售、环卫绿化、协管、公交、农贸市场、房屋中介、家政服务等岗位就业;高收入群体、本地户籍大多数就职于机关事业单位、公共组织、金融证券保险机构、市场服务中介、国企。随着利益固化,不同阶层之间的流动相对减弱,同质化代际传承进一步增强。

四是文化融合困难。碍于语言、餐饮、生活习惯等差异性,外地人的社交常源于同乡、同学或亲属,民间相互交流融合很少,特别是江南文化内核特征鲜明,形式上的一致未必得到本地人的认同。这可能引发文化隔阂或相互鄙视,为社会秩序和谐埋下隐患。

五是人口素质相对较低。2020年,苏州大专以上受教育人口占常住人口的24.55%,在全国常住人口超千万的城市中排名12位;15岁以上平均受教育年限10.07年,比最高的北京低近2年,甚至比石家庄更低。原因关键在于流动人口仍以初高中文化程度劳动力为主,占总流动人口的60.5%。这与传统的产业结构、外贸代工方式密切关联,苏州劳动密集型企业居多,钢铁、化工、纺织、电器等流水线岗位多但技能要求不高。

四、优化人口政策的路径选择建议

每个城市都希望享受劳动力年轻化、高素质的更多红利,而尽可能减少承担劳动力再生产与维护的必要成本,随着城市外延扩张模式的终结,这条粗放式高速增长之路已经走到了尽头。以人为核心的高质量城市建设和新型城镇化要求对人口资源发展进行系统化规划、科学化调节、精细化服务,将人的全面发展作为一切工作的出发点和归宿点,不遗余力地提高人民的获得感、幸福感和安全感。针对苏州实际,建议人口政策优化应从如下途径入手:

一是把握大势,逐步放宽入户限制门槛。城市人口的净流入,说明它的承载力强,实现梦想的机会多,但这不是永远不变的,逆转发生的概率为50%。近年来苏州人口增长放缓发出了信号。充足优质的人口资源是城市繁荣的基本前提,应先保证有人,再谈提高素质。国家新型城镇化年度重点任务中反复强调加快"市民化"进程,除少数超大、特大城市外,绝大多数城市必须取消入户限制。苏州沿用特大城市积分入户办法只是过渡的权宜之计,留人、要人或许成为今后人口发展的重大议题。据问卷调查,在苏州5年以上的外来务工人员及其家庭愿意长期定居的占总流动常住人口的近40%,这部分人口不管是持有居住证还是户籍，事实上已是苏州永久居民，可考虑安置入户。

二是争取支持，探索城市人口承载力与资源配置能力协调先行改革。苏州城市能级较低，在行政化配置公共资源的管理体制下，吸纳流动人口入户的自主积极性不大，"小马拉大车"的格局一时难以改变。目前要素市场化改革正在加速推进，有能力集聚人口的城市将会得到更多支持，有关政策已经处于调研制定之中，比如对流入地与流出地的建设用地指标、行政事业编制、财政奖补政策、项目审批权限等区别对待，科学处置农村宅基地、承包地、集体资产权益，从公平正义与共同富裕的高度，彻底化解流动人口带来的社会矛盾。苏州要及早谋划流动人口本地化对策，在力所能及的范围内率先改革，体现城市温度与包容的发展姿态。

三是自觉行动，实施新苏州人融入工程。给予外来人口同城化待遇要系统、管用、实在，切忌"挤牙膏"。扩大公办幼儿园、学校规模，让外来务工人员子女应入尽入，实现"幼有所学，学有所教"。平等对待外来老人，使他们尽可能享受户籍养老待遇。健全与经济社会发展水平相适应的医疗保障体系，户籍与非户籍人员一视同仁，切实增强劳动者和居民的获得感、幸福感。建立健全"以证管人、以业管人、以房管人"相结合的流动人口管理制度，推进流动人口集中居住、集中服务、集中管理的新模式，促进人口有序流动、合理分布和社会融合。支持外来人口集中的开发区建设公寓楼、集体宿舍等，探索将符合准入条件的外来务工人员纳入住房优先保障对象，多途径解决外来务工人员住房需求。通过成立共治议事会、搭建多种类型的交流平台、开办社区大学等方式，为外来人员提供优质、普惠的公共服务，引导他们参与社区治理，交流互鉴文化习俗，实现与本地居民共融。

四是图强制造，激发创新人才集聚活力。以先进制造业为基础，吸引高端人力资源配置其中，形成"人到苏州必有为"的品牌效应。2021年，苏州规模以上工业企业总产值突破4万亿元，其中电子信息、装备制造分别过万亿；全市制造业新兴产业产值、高新技术产业产值占规模以上工业总产值比重分别达54.0%和52.5%；新一代信息技术、生物医药、纳米技术、人工智能等四大先导产业产值9 623.1亿元，占规模以上工业总产值的23.3%；工业机器人、新能源汽车、集成电路产量分别比上年增长44.8%、39.4%、38.4%。利用好现有工业基础，强化企业创新主体地位，建设更多的企业技术中心、工程技术研究中心、工程中心（实验室）、产业创新中心和新型研发机构，在苏州实验室、国家重点实验室创建方面形成独特优势，人性化造就英才用武之地。争取到 2025 年，高新技术企业超过 2 万家，全社会科研与试验发展经费投入 4% 以上，人才总量突破 400 万（其中高层次达 10%）。

五是完善功能，营造城市高品质生活环境。城市就是让生活更美好，苏州要进一步夯实"人间天堂"的美誉度。坚持以人为本，着力推动城市功能品质内涵提升，建立健全覆盖城乡、均等化、多层次的优质基本公共服务体系，结合城市历史文化资源挖掘，塑造城市品牌与形象，彰显城市特质，构建多元融合的社区生活圈，营建更有魅力、更有活力、更有温度的宜居、宜业环境。按照城镇基本公共服务常住人口全覆盖的要求，围绕"幼有所育、学有所教、劳有所得、病有所医、老有所养、逝有所安、住有所居、弱有所扶、行有所畅、环境有改善、优军服务有保障、文体服务有保障、公共安全有保障"目标，综合配套建设"一刻钟"便民生活服务圈。首先，打响"就在苏州"就业、创业品牌，使乐业成为落地生根的最大前提。岗位不分高低，老板没有大小，只要靠本事生存与发展，就无可非议地可以过有尊严的生活。其次，针对"一老一小"等突出问题开展补短板、强弱项行动计划。老龄化社会须构建完善的养老服务体系，少子化趋势要通过强有力的生育、养育、教育保障来扭转。居家、社区、机构等养老设施布局、运作机制建设、经费筹措不可偏废，婴幼儿托护、妇女育儿待遇要有系统化的推进措施。再次，提升城市基础设施配套规划、建设和管理水平以及住房保障能力和生态环境质量，使安居苏州成为品质生活的荣耀。硬件设施功能完善，软件服务周到细致，城市生活才会有品质。最后，倡导文化融合，营造海纳百川的和谐氛围。让"农民工""外地人"等字眼成为历史，作为城市的建设者、贡献者，流动人口在打拼的地方安居乐业为天经地义之事。

（居闲，东吴智库特约研究员）

关于应对苏州人口净流入和人才净流入双重瓶颈的建议

中共苏州市委党校　　秦天程　李静会
中共苏州市委市情研究基地

受老龄化加剧、适龄劳动人口供不应求、劳动力成本上升等因素影响，重点城市创新转型和高质量发展越来越面临人力资源的约束。不断升级的各地"抢人大战"，就是创新型城市对人力资源的需求无法得到充分满足的体现。就苏州而言，所承受的人力资源压力更大。

一、苏州面临人口净流入和人才净流入的双重瓶颈

在各地争相引聚人才的背景下，苏州有两种趋势性现象，并不乐观。

其一，苏州处于人口净流入的不活跃期。从各地公布的 2017—2019 年人口数据来看，苏州年常住人口增加量分别为 5.83 万人、3.81 万人和 2.82 万人，人口净流入呈现明显的逐年下降的趋势。同期，杭州和宁波保持了人口净流入的强劲增长，其中，2019 年杭州常住人口同比增加量达 55.4 万人，是 2019 年国内常住人口净增加最多的城市。其他主要城市除深圳外，常住人口年增量相对平稳。2019 年，苏州常住人口已达到 1 074.99 万人，如果以常住人口净增加量衡量人口净流入程度，苏州的确处于人口净流入趋缓的不活跃状态（表1）。

表 1　主要城市 2017—2019 年常住人口增加量

单位：万人

城市	2017 年常住人口 同比增加量	2018 年常住人口 同比增加量	2019 年常住人口 同比增加量
杭州	28	33.8	55.4
深圳	61.99	49.83	41.22
广州	45.49	40.6	40.15
宁波	13	19.7	34

续表

城市	2017年常住人口同比增加量	2018年常住人口同比增加量	2019年常住人口同比增加量
成都	12.67	28.53	25.1
长沙	27.29	23.66	23.98
南京	6.5	10.12	6.93
苏州	5.83	3.81	2.82

数据来源：各地统计局

其二，苏州的人才净流入率和主要城市存在较大差距。智联招聘和恒大研究院联合发布的《中国城市人才吸引力排名2020》报告显示，苏州2019年人才吸引力指数为37.3，在国内人才吸引力百强城市中位列第九；上海的人才吸引力指数为100，排名第一，苏州与上海存在显著差距。决定人才吸引力最重要的是人才流入占比和人才净流入占比两个指标，分别体现了一个城市引得来和留得住人才的能力。2019年，苏州人才净流入占比为0.3%，在人才吸引力前十强城市中，大大低于同为长三角地区的杭州（1.4%）、南京（0.9%）和上海（0.5%）；苏州人才流入占比为2.2%，也明显低于上述三地，在前十强城市中和济南并列末位（表2）。

表2 2019年主要城市人才吸引力指标数据

序号	城市	人才吸引力指数	人才流入占比	人才净流入占比
1	上海	100	5.2%	0.5%
2	深圳	85.3	4.7%	0.2%
3	北京	78.7	6.3%	-3.9%
4	广州	75.1	3.9%	0.6%
5	杭州	69.5	3.4%	1.4%
6	南京	53.2	2.8%	0.9%
7	成都	46.9	2.9%	-0.7%
8	济南	39.4	2.2%	0.6%
9	苏州	37.3	2.2%	0.3%
10	天津	35.9	2.3%	-0.1%

资料来源：智联招聘、恒大研究院

从以上数据可以看出苏州和主要对标城市存在的差距。总体看，苏州在人口净流入和人才净流入方面均落下风，这种双重瓶颈必将对进一步实现传统制造业的智能化改造和数字化转型等形成制约。

对此，在引进和集聚人才资源和人力资源方面，苏州也积极出台并完善了相关政策，特别是2020年12月18日发布《关于进一步推动非户籍人口在城市落户的实施意见》（以下简称《意见》），不但是落实中央关于租购同权、以人的城镇化为核心深化户籍制度改革要求的重要举措，其中租赁房屋常住人口在社区公共户落户，与南京居住证、社保年限互认等政策也有利于更大限度地为各类人才进入苏州、获得均等化的公共服务消除限制和壁垒。《意见》的出台已走出了关键的一步，但还应有更充分的后续措施，不断积累苏州在人力资源方面的优势。

二、对我市人才引聚、常住人口社会融入的对策建议

笔者认为，当前应从全局上进一步畅通人才引聚的途径，争取苏州人口净流入和人才净流入的同步均衡上升，为城市能级的提升贡献可靠和持久的人才红利。具体建议如下。

（一）打造有全国影响力的苏州人才工作品牌

苏州近几年不断提高人才引进的规格和力度，取得了显著成效，但尚未形成有全国影响力的苏州人才工作品牌是一大短板，而一些重点城市都已创出了独树一帜的城市人才工作品牌，这方面，成都值得借鉴。成都"蓉漂"人才计划不但注重引才、留才，还专门成立成都蓉漂人才发展学院负责人才培育和储备，并通过"蓉漂+"的衍生产品为外来人才持续向上发展提供良好空间。

苏州应以对来苏人才的成长关怀为核心，以"创业者乐园、创新者天堂"的服务理念助力人才的成长，打造人才工作品牌。具体地说：

一是鼓励、支持来苏就业创业人员提升技能。制订技能提升专项计划，成立市级专门机构，加强对来苏就业创业人员的技能培训，扩大技能提升和培训补贴范围。

二是为大学生等青年就业创业人才、产业技能人才在苏州的成长提供更大支持。他们可以并且必将在更长的周期和更大的范围内为苏州产业创新转型做出不可或缺的重要贡献，理应给予更多的政策关怀和支持。应完善"成长服务＋政务服务＋生活服务"全环节人性化的青年人才服务链，使苏州成为他们个人奋斗和成功的"圆梦"地，而不是职业选择的"试错"地。

三是加大对苏州人才成长工作品牌的宣传。这方面，不但要大力推介苏

州的人才成长计划、政策,更要通过各种媒体,包括影视作品,讲好新苏州人的故事,寓苏州人才工作品牌于身边人物的实例中,达到潜移默化扩大人才工作品牌影响力、吸引各方人才关注的效果。

(二) 加强在长三角城市群内部人才资源的同城化互动与合作

当前,城市群的发展和城市群内部的紧密联系催生了人才跨城市流动意愿降低而城市群内部流动率提高的趋势,而疫情更强化了这种趋势。也就是说,换个城市工作,但不出所在的城市群成为常态。因此,年轻人第一份工作落在哪里变得更加重要。据BOSS直聘研究院发布的人才资本趋势报告,从2017年下半年"抢人大战"开始到2020年,京津冀、长三角和珠三角三大城市群的人才内部流动率从85%左右提高到了95%以上,其中长三角城市群的区域内人才流动率超过97%,内部流动率和提升幅度在三大城市群中都是最高的。

在这种趋势下,应以长三角城市群为重点区域,实现苏州以产业优势集聚人才,以人才增强产业优势的相互促进效应。一是创新沪苏同城化的人才资源互补和创新双赢途径。据《中国城市人才吸引力排名:2020》报告,2019年,苏州以5.6%的比例,仅次于北京,成为上海人才的第二大来源地;以5.9%的比例排在北京、杭州之后,成为上海人才流出的第三大去向地,体现了沪苏两地人才紧密的互动性。对此,应探索人才管理、技术资源利用的沪苏同城化模式,借助沪苏同城化的有利条件,在人才双向流动中进一步促进两地产业优势和创新要素的互补,提升两地创新和错位发展的协同度。二是与长三角的其他城市开展深层次的人才合作。推进与长三角其他城市围绕重点产业技术项目开展更高级别的研发合作和技术攻关,实现技术、人才资源的高效开发、共享,扩大人力资本的溢出效应,争取"1+1>2"的互惠互利结果。

(三) 培育本地"现象级"公司,引领城市人才生态建设

当前,重点城市都非常重视人才生态建设,以更好满足人才创业创新所需的营商环境、科创生态、生活安居等。一个城市人才生态的优劣决定了其对各类人才的吸引力和集聚能力。从人才最关心的科创生态上看,我市近年来的智能化改造和数字化转型不但取得了显著成效,而且优化了科创环境。生物医药、纳米技术、新能源、新材料、智能电网等新兴产业产值占比超过一半,已形成以技术密集型产业为主体的产业结构。科创板上市企业数量在全国仅次于北京、上海,这使得对技术人员、研发人员的需求稳中有升,也抵消了一些外企由于国际市场低迷、产业转移等因素关闭在苏工厂引发的裁

员影响。苏州虽然在智能制造以及人工智能、工业互联网等数字智能产业都形成了产业集聚的规模,但无论是制造业还是数字科技领域都缺少全国领先的生态级企业。而杭州的海康威视、阿里云、吉利控股,深圳的华为、腾讯云、比亚迪、大疆创新等一系列堪称数字科技领域的现象级公司不断崛起,带动了产业的发展,同时也在融聚各方人才资源和创新要素、优化提升两地人才生态方面起到了主导作用。

苏州虽有三家民营企业上榜《财富》世界500强,但尚未出现能够引领本地科创格局的现象级公司。为此,还应持续壮大本土科技领军企业实力,培育苏州的现象级公司、生态级企业,发挥其引领科创生态发展,引聚人才、造就人才的规模经济效应,为更多的技术工人开启向技术工匠升级的通道,将我市的人才生态提升到更高量级。

(四)提升常住人口在本地公共事务和社会文化生活中的融入度

这是实现各类人才特别是外来常住人口存量稳定的主要途径。特别要确保农业转移人口的融入和市民身份认同。

对于新生代农民工和其他外来务工人员,获得苏州市户籍,名义上和户籍人口平权,只是第一步,还需要真正融入所在社区,融入社会人文环境中,实现和户籍人口同权同利。当前,影响该群体社会融合的物质、制度障碍越来越小,真正的障碍来自精神文化、社会参与等因素,这就需要加大对其精神文化权益的保障力度,达到和落户同步的市民参与和文化融入,实现这些外来人口无差别的市民化。具体地说,一是增进外来人口与本地人的彼此接纳。通过构建多元化的社区互动平台,拓展外来务工人员和农民工的社交网络,加深他们与本市居民的接触、交流和沟通,增进相互接纳和彼此认同。二是扶助农民工等外来打工者参与城市治理及所在社区公共事务,不但为他们提供有效的利益表达途径和诉求渠道,而且通过参与治理,行使有关权利,增强其与苏州城市发展的关联性,提高其权利意识和对城市公共事务的关注度和认同感。三是切实保障他们的精神文化权益。实行涵盖农民工等群体的更大范围的普惠性文化福利制度,推进公共文化设施资源向外来打工者同等开放。通过组织重大文化宣传活动,展示新生代农民工的精神风貌。还应创造各种便利条件,引导、帮助他们及时获取信息,积极主动利用公共文化资源,实现和本市居民同等的精神文化权益。

(秦天程,苏州市职业大学副教授、石湖智库研究员;李静会,中共苏州市委党校副教授)

关于做好疫情后上海高端人才承接准备的几点建议

中共苏州市委党校
中共苏州市委市情研究基地   苏州市委党校课题组

伴随着5月16日上海开始分阶段有序开放社会活动，不少民众通过铁路、机场、汽运离沪返乡，离沪潮是否会随后而来，不仅是上海应该高度关注的问题，也是苏州需要密切关注的大事。因为，这势必会导致久居、临居于上海的高端人才流动迁徙，甚至会出现高端人才的外溢，这为苏州抢抓高端人才引进提供了可能。苏州有必要早做部署，提前做好疫情后上海高端人才外溢的承接准备工作，这对于推进苏州人才强市战略具有重大的现实意义。

一、新时代中高端人才流动趋势分析

当前，伴随着我国社会进入新发展阶段，中高端人才流动在人口流动的一般性规律下，同步呈现出四大现实态势。

趋势一：加速向重点都市圈与城市群靠拢汇流。据人民论坛网调查分析，2017—2020年人才跨域求职数据显示，60%以上人才流向长三角、珠三角、京津冀、中部宁汉、西部成渝等五大城市群。其中，长三角、珠三角、成渝地区人才净流入占比分别为6.4%、3.8%、0.1%，两大"三角"地区成为人才流入的集中区域。在发展建设的新阶段，都市圈将不断提升资源汇聚力，为居民生活提供更多的选择、机遇与保障，因而成为人才流动中的"热门选项"。

趋势二：环境成为激发域内城市间竞争烈度的一个重要因素。伴随着上述趋势的蔓延，除一线城市外，成都、杭州、重庆、武汉、苏州、西安、长沙等新一线城市成为我国流动人口"大面积落地"的多所新巢。其中，中高端人才（尤其是高端人才）拥有更多的自主选择权，他们越来越将自身价值呈现度、个人事业上升度、专业就业匹配度、城市居住舒适度、交通出行便捷度等要素作为去留的重要选项。经济发展环境与社会生活工作环境在很大程度上激发了域内城市间的竞争烈度,成为诸多新一线城市"抢人大战"必须考虑的显著因素。

趋势三:青年成为中高端人才流动群体的主力。近年来各大城市将青年作为"人才新政"主要政策的适用对象之一。2017 年武汉市启动"百万大学生留汉创业就业工程"、成都市为青年人才打造"蓉漂"品牌产品矩阵、2021 年杭州发布《杭州建设人才生态最优城市打造人才创新高地行动方案》等。这恰恰证明:青年人才是驱动创新发展战略、促进城市经济高质量发展的主力军。他们有创意、有知识、有能力,思想前卫、朝气向上,对事业发展和个人进步有着强烈的主观意志,会择优而动、择良木而栖。

趋势四:人才流动趋向行业跨界拓土纳新。伴随着我国愈加重视科技创新,"突出培养造就创新型科技人才"理念推动城市人才内涵聚焦于高精尖科教方位、城市人才吸纳重心落于传统经济产业研发领域。在新科技革命与后疫情时代语境下,城市人才在行业流动层面将趋向"守正创新""拓土纳新"。城市"新经济"领域"虹吸"高端人才,新技术使得城市产业从相互区隔的状态日趋转向融合。随着城市能级的不断提升,社会治理事务的多元性、复杂性将不断深化,全方位、多领域引入社区社会工作人才,成为城市社会发展的重要方向。

二、苏州承接上海高端人才溢出的明显优势

苏州不仅是经济大市,也是制造大市,经济体量大、产业规模大、高端产业配套较为齐全,相较其他新一线城市承接上海高端人才溢出更具优势,集中体现在以下方面。

一是苏州自身优越的地理位置和处于第一方阵的人才首选地。苏州东连上海,西接南京,南通杭州和宁波,是长三角城市群的中心城市,地理位置极其优越,交通十分便利,而且身为长三角城市群的重要城市,苏州本身就处于人才流动趋势的第一选项的城市群即长三角城市群中,根据以任泽平团队为首的智联招聘课题组专家研究成果,苏州位列"2021 年中国最具人才吸引力城市"第 7 位,对新时代高端人才具有较大的吸引力。

二是苏州拥有与上海高度匹配的宏大产业布局。上海作为我国老牌工业城市,已经形成了非常完善的制造业产业,优势产业主要有汽车制造业、钢铁制造、集成电路、生物医药、专用设备制造业、高端装备制造业、电气机械和器材制造业等。苏州作为制造业大市,制造业门类广,优势产业主要包括装备制造业、电子信息产业、化工、钢铁制造、轻工、纺织等,同时在新

一代信息技术、生物医药、纳米技术、人工智能、工业机器人、新能源汽车、集成电路、光电子器等产业领域也具备很强的竞争力，与上海的产业匹配度高。横向对比处于珠三角的深圳，其制造业优势集中体现在计算机、通信和其他电子设备制造，以及新能源汽车、5G、集成电路、工业机器人、智能手机、3D打印设备、高端装备制造、绿色低碳、新材料、生物医药、可穿戴设备等方面。相较深圳而言，苏州在承接上海高端人才溢出的匹配度方面更具优势。

三是苏州"不求所有、但求所用"的特色用才理念和完善的人才配套政策极具吸引力。围绕"打造国家级人才平台，建设中国人才发展现代化强市"的目标，苏州市全面打响了"人到苏州必有为"人才工作品牌。2020年7月发布人才新政4.0版《关于加快人才国际化引领产业高端化发展若干政策措施》，从人才政策体系、人才发展模式、创新创业生态三个层面优化人才整体发展环境。同年10月面向青年人才发布了《姑苏人才"青春无忧"计划》，从"落户无忧""乐居无忧""研习无忧""就业无忧""创业无忧""生活无忧"六大板块，精准对接青年人才各层面的发展需求，为其营造"归属感"。

四是苏州拥有深厚的历史人文底蕴和宜居创业的城市精神。历史上苏州人文荟萃，现实中人才在苏州得到高度尊重，这赋予了苏州深厚的人文底蕴，也让苏州迈向未来底气十足。自2021年起，每年的4月28日是"苏州工匠日"，这也是江苏省首个设立的"工匠日"。作为全国首批历史文化名城，苏州"崇文睿智、开放包容、争先创优、和谐致远"的城市精神，体现了苏州融合发展的鲜明特色和建设和谐幸福美丽新家园的精神追求。这种软实力，成为吸引中高端人才的重要支撑。

三、承接上海疫情过后高端人才溢出的对策建议

结合上述分析，针对上海疫情过后高端人才溢出的大概率事件，需要苏州提前筹划，做好相关的工作部署，建议如下。

一是要聚焦理念创新，有针对性地进一步强化"上海所有、苏州所用"的人才使用理念。进一步推进长三角一体化战略，深入推进沪苏同城化，与此同时积极推进区域人才一体化。建议突出"不求所有、但求所用"的人才平台建设导向，撕开上海高端人才溢出出口，确保苏州成为上海高端人才溢出首选之地。

二是要聚焦政策配套，深化苏州市关于高端人才的激励资金、住房、子女教育等政策。建议加快研究制定《关于加快人才国际化引领产业高端化发展若干政策措施》人才新政5.0版本，以苏州"能给上海高端人才什么"为

主线扩大《姑苏人才"青春无忧"计划》外延政策,充分满足上海高端人才的第一需求。

三是要聚焦人才宣传,创新宣传方式方法,做到政策宣传的有的放矢。有针对性地加大对上海人才的宣传力度,例如在全国和上海的电视、电台、大型商超的电子广告牌等上面加大苏州形象、苏州产业、苏州人才政策的宣传片投放;在沪苏毗邻区(太仓、昆山、吴江等地)增设人才政策宣传牌,加大对苏州人才吸引度宣传、城市人文关怀宣传、产业人才需求宣传等内容的宣传力度;积极推广"苏周到"APP,扩大"苏州人才发布"公众号影响力,多方位、全角度地加大苏州宣传力度。

四是要聚焦赋权于企,将引才、育才、激才、评才的主动权赋予企业。在人才政策制定及运作中要突出企业主体功能作用,以搭建人才资源信息共享平台等方式为企业引才拓宽渠道,通过赋权与增能于企业,充分释放企业人才"虹吸效应",让市场在人力资源配置中发挥决定性作用。

五是聚焦城市治理,推进社会治理精细化、科学化、人文化,提升城市工作生活适宜性。通过在城市建设与发展中的各环节、各领域进行精细化、精准化治理,为人才群体提供全方位、多样化服务,提高人才的生活适宜度,回应其对良好宜居环境的需求与期待,从而引得来人才,更留得住、用得好人才。

(课题组成员:刘建芳、王海鹏、杨征征、全洛平;执笔人:王海鹏、刘建芳)

对苏州市低龄老年人力资源再开发的几点建议

中共苏州市委党校
中共苏州市委市情研究基地　夏海力　徐科慧

截至 2020 年年底，苏州市 60 岁以上的老年人口占比已经达到 25.32%，人口老龄化的趋势十分明显。人口老龄化程度的加深给苏州经济社会发展以及养老、社保服务等带来了一系列的问题与挑战。但苏州市许多老年人尤其是 60～69 岁的低龄老年人，在医疗技术与卫生服务不断发展的情况下，仍然拥有着充沛的精力与强健的体魄，具有许多年轻人尚未具备的丰富工作经验与技能，能够成为苏州市经济社会发展的推动力而不仅仅是社会需要帮扶的对象。合理开发低龄老年人力资源不仅有助于破解苏州市人口老龄化带来的各种现实问题，而且能够更好地实现"积极老龄化"理念，转变"居家养老"的传统观念，让苏州市老年人通过继续就业来更多地获得建设社会的参与感与成就感。

一、苏州市低龄老年人力资源开发存在的问题

此次调研针对苏州市低龄老年人再就业情况进行了调查与分析，主要选择菜市场、老年活动中心以及各类有夜间广场舞活动的场所展开调研访谈，共发放 267 份问卷，回收有效问卷 190 份。调研对象中学历为初中及以下、高中、专科、本科及以上的人数分别为 127、41、22、0 人。退休前从事管理类工作的有 41 人，占比为 21.58%；从事教育类工作的有 41 人，占比为 21.58%；从事技术类工作的有 37 人，占比为 19.47%；军人有 6 人，占比为 3.16%；从事其他类型工作的有 65 人，占比 34.21%。样本的基本信息如表 1 所示。

表 1　低龄老年人样本基本信息表

条目	选项	人数	比例
性别	男	98	51.58%
	女	92	48.42%
继续就业	已就业	52	27.37%
	未就业	138	82.63%
学历	初中及以下	127	66.84%
	高中	41	21.58%
	专科	22	11.58%
	本科及以上	0	0.00%
健康状况	良好	117	61.58%
	一般	61	32.11%
	较差	12	6.32%
退休前工作	管理类	41	21.58%
	教育类	41	21.58%
	军人	6	3.16%
	技术人员	37	19.47%
	其他	65	34.21%

一是再就业率较低，存在大量潜在人力资源。

调查样本中健康状况良好与健康状况一般的低龄老年人分别占到 61.58% 与 32.11%，身体状况较差的老年人仅有 6.32%（图 1）。其中表示愿意继续就业的老人占到被试样本总数的 83.16%。可见，苏州市相当一部分低龄老年人的身体条件完全能够适应继续就业的需要，并且有着相当强烈的就业意愿。

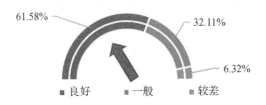

图 1　健康状况分布图

调查结果显示，样本中低龄老年人的就业率仅仅只有 27.37%，这与老年人普遍希望继续就业的情况相违背，反映出苏州市低龄老年人力资源所拥有的开发可能性、开发必要性以及开发潜力。

二是受教育程度普遍不高，缺乏创新导向。

由图2可知，拥有初中及以下学历的低龄老年人占到总样本数的66.84%，高中及专科学历分别占到21.58%与11.58%。另外在调研问题"选择继续就业的原因"中，选择以"赚钱""自给自足"为主要目的的样本占到继续就业人数的73%，可见当前苏州市低龄老年人就业意愿的导向。

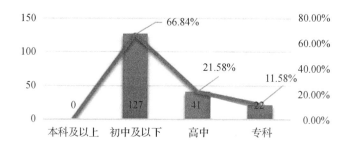

图2　样本学历分布图

同时，通过对比样本的当前职业与其退休前职业后发现，极少数低龄老年人希望选择之前并未接触过的工作岗位或者是愿意尝试一些新兴事物，但普遍认为自己能力不足不能胜任，缺乏相应的就业自信与创新导向。

三是再就业渠道较少，缺少就业平台。

调查结果显示，在"您现在了解的老年人再就业渠道有哪些"这一条目的选择中，"亲戚朋友介绍"这一项目的选择率达到了100%，而"网络招聘"与"社区公告"两个项目虽然被部分老年人熟知，但在真正的继续就业情况中，多数老年人还是会选择熟人介绍或者自己寻找，许多老年人并不能熟练使用网上招聘软件或者是根本不会使用智能工具。

这一情况也在调研条目"您觉得老年人继续就业最困难的原因是什么"的数据中有体现，其中有52.11%的低龄老年人认为当前影响老年人继续就业的主要原因是缺少相关就业平台。可见，当前苏州市老年人再就业的机会较少、低龄老年人力资源再开发的渠道受限。

四是独立意愿较强，但工作机会受限。

调研结果显示，苏州市低龄老年人在选择自己更加偏好的养老方式时，普遍选择了"自己或夫妻两个人料理"或"与子女共同生活"，而对于"住养老院"这一养老方式的选择人数为零。其中选择"自己或夫妻两个人料理"的老年人占58.42%，一定程度上显示出当前苏州市低龄老年人较为强烈的独立意愿,这也就与当前苏州市老年人普遍希望继续就业的调查结果相对应。

同时,在"您身边的老年人都在从事什么工作"这一条目的选择中,"照看子女"这一项目的选择占比最高,其次是"家政服务"和"社会志愿活动",由此可知,当前老年人不仅就业选择十分有限,缺少可供他们就业的工作岗位与工作平台,同时也会因为照顾子女而不能选择继续就业,因此很大程度上限制了对苏州市老年人力资源的开发。

二、苏州市低龄老年人力资源开发工作存在的难点

一是缺乏正确的老龄化观念。当前苏州市许多老年人,甚至是青年人群都不能很好地或是正确地了解"积极老龄化"概念,老年群体被认为与作为社会主流群体的青壮年群体有着根本差别,被静态地视为是需要帮助的、不具有生产力的社会负担人口。多数老年人都会在退休之后选择远离社会生活,在家操持家务、照看孙辈等,缺少与外界的接触。实际上,部分低龄老年人如能够在退休后成为一种特殊的劳动力再次进入劳动力市场,重新参与社会运作,是有利于他们的身心健康的,也有助于实现积极老龄化和健康老龄化。

二是缺乏相关的政策体系与服务支持。逐年增加的老年人口对苏州市的养老体系、养老服务等提出了巨大的挑战。但目前苏州市对低龄老年人再就业缺乏政策法规的支持与实践指导,一些具体的老年人力资源再开发项目也难以落实。苏州市应该进一步完善与改进相关政策法规和服务支持,推进苏州市低龄老年人力资源再开发。

三是低龄老年人口的劳动素质有待提高。受到当时社会大环境的影响,当前苏州市低龄老年人口的学历普遍不高,经历过完整高等教育的老年人仅占少数。而且,老年人会出现思维迟钝、智力退化、记忆力减退等现象。因此在苏州市低龄老年人力资源开发的过程中,大部分的老年人都需要进行一定时间的教育培训、技能训练,其中耗费的人力、物力很可能会高于其他的劳动力资源。

三、关于苏州市低龄老年人力资源再开发的对策和建议

一是积极宣传引导,树立积极老龄观。2002年,联合国世界老龄大会提出积极老龄化战略,指出老年人应以积极、健康的姿态参与社会发展,各个国家应在此基础上积极探索老年人力资源的开发途径与方法,对于有劳动能力的人来讲,获得劳动条件并且在劳动中建立一定的社会关系是构成一个人健康的重要因素。

目前，苏州市对于老龄化的应对方案仍旧侧重于"老有所养"，忽视了老年人在退休后的成就期望，即"老有所为"。在新的社会环境与发展形势下，建议苏州市各级政府部门应认识到"老龄化"既是挑战也是机遇，应该及时更新观念，引导公众正确认识老年人力资源的价值，认可积极老龄化概念。建议在充分考虑老年个人的就业意愿与身体条件后，对苏州市低龄老年人力资源开发做出合理的组织规划。

二要健全政策法规与服务体系。目前苏州市的各项政策法规中，极少有适用于老年人口继续就业的条款，主要涉及老年赡养、社会优待、社会医疗保障等几个方面，即侧重于对老年人口基本生活方面的保护。建议苏州市相关部门结合苏州实际制定相关的政策法规，完善健全低龄老年人再就业的服务保障机制。另外，相关部门可以对一些积极录用退休老年人的用工单位给予适当的优惠政策，从而提高用工单位雇佣低龄老年人的积极性。同时，苏州市各社区、村委会等应加强对于老年人再就业的公益宣传，设立帮助低龄老年人口再就业的帮扶机构，从而降低老年人继续就业的难度。鼓励有条件的用人单位设立一些具有弹性工作时间的岗位，或者借助相应的平台让一些工作内容相似的低龄老年人在不同单位之间进行轮值，搭建企业间的用工桥梁，实现灵活用工。

三是建设低龄老年人就业信息共享平台。苏州市是一个经济与教育都十分发达的城市，拥有许多高校教师、医生、工程师等退休知识分子。他们可以有效地弥补当前苏州市人力资源市场上的劳动力结构性短缺，提高人力资源利用效率。设立低龄老年人就业信息共享平台可以为当前的老年人力资源再开发提供便利。建议苏州市相关政府部门与相关企业合作，建设苏州市低龄老年人就业信息共享平台，搭建用人单位和低龄老年人的沟通桥梁。

四是拓展老年教育内容，提高教育质量。目前苏州市老年教育内容、教育资源的供需主要偏重于文娱内容，不能满足现实的老年人力资源再开发的需要。建议苏州市相关机构及部门拓展老年教育的培训内容，针对性地增加专业技能培训课程、智能软件学习课程、网络操作应用课程以及心理健康课程等。同时鼓励相关高校参与老年教育，拓宽苏州市老年人口学习的资源和途径，从而提升低龄老年人力资源质量。

（夏海力，苏州科技大学商学院教授、中共苏州市委市情研究基地特聘专家；徐科慧，苏州科技大学商学院学生）

关于职业院校培养海外技能人才服务企业"走出去"的建议

中共苏州市委党校
中共苏州市委市情研究基地   汤晓军

企业"走出去"是对外开放的重大举措,也是构建国内国际双循环新发展格局的重要路径。近年来,随着"一带一路"倡议的深入推进,越来越多的苏州企业"走出去"发展。通过对亨通集团、通祐电梯、苏福马机械等"走出去"企业进行调研后发现,上述企业普遍缺乏一线岗位的操作技能人才。苏州现有高职院校17所、中职院校25所、技工院校13所,开设的专业涵盖先进制造、建筑技术、农业、交通运输等诸多国民经济重要生产领域,目前有6所高职院校开展了服务企业"走出去"技能人才培养项目,占高职院校总数比为35.3%,3所高职院校开展了服务企业"走出去"目的国技能人才培养项目,占高职院校总数比为17.6%。作为开放型城市,苏州对外投资已经连续17年保持全省第一。苏州职业院校在培养技能人才、服务企业海外业务发展上空间广阔,大有可为。为此,针对如何培养"走出去"企业急需的目的国技能人才,提升职业教育服务苏州企业"走出去"能力,本文做了专题研究。

一、苏州"走出去"企业面临人才困境的原因

调研显示,"走出去"企业面临的困难之一是目的国劳动力技能水平低、劳动生产率低导致生产成本居高不下,主要原因有以下三个方面。

(一)目的国产业人才供给少

企业输出的产业在目的国属于不发达产业,员工技能水平低,行动力弱,且不熟悉我国企业的文化、管理制度、岗位操作规范等,企业在目的国境内开展本土员工的职业技能培训投入大、风险高,收益难以预估。以亨通集团为例,集团在全球设有11个海外产业基地,其中在南非有光电缆公司2家、

工厂3家,是非洲地区光电缆行业领军企业。集团非洲区业务负责人表示,由于非洲通信类产业不发达,相关人才储备少,很难招到成熟的技术人员和操作工,且本土员工需要较长的时间适应中国企业文化。

(二)中国员工派遣成本高

国内员工输出须遵从行业准入、劳动与雇佣、签证、跨境税务等多领域的规则,程序繁杂,人员派出成本大。据统计,企业使用国内员工的成本比使用目的国员工的成本高出5倍左右,且国内员工会遇到不易融入目的国文化习俗、生活习惯等诸多问题。

(三)目的国雇佣外籍劳工要求严

目的国法律对外资企业在外籍劳工雇佣上有着严格的规定。如南非对重要技能工作签证实行配额管理,原则上一个就业岗位只要有合适的南非籍劳工人选,就不允许招募外国人;泰国实行劳工雇佣比,即外资企业每雇佣1名外籍劳工须解决一定数量本国居民的就业;坦桑尼亚规定雇佣外籍劳工的外资企业须承担培训本国居民的义务;等等。

二、目前职业院校人才培养服务苏州企业"走出去"存在的不足

(一)校企沟通平台欠缺

职业院校和"走出去"企业之间缺乏沟通合作需求的平台,学校对企业"走出去"的需求认识不足,企业对学校是否能提供人才、技术、管理等方面的支持了解不深。职业院校"走出去"项目多采取与目的国院校合作的模式,缺乏政府或企业的介入,项目质量难以保障,项目建设可持续性差。

(二)人才培养机制不完善

未建立"源头—过程—目标"机制,即覆盖对接企业需求、校企共同培育、就业技能导向的人才培养机制,院校在"源头"上对"走出去"企业海外人才需求调研不足,人才培养目标不准确,培养过程中产教融合不深,人才就业匹配度差。此外,校企合作保障机制不完善,双方面临着成本分担、利益共享、信息互通等诸多问题,影响合作的积极性与育人成效。

(三)师资国际化育人能力不强

相较本科来华留学教育,职业院校教师海外研修体量不大,未形成完善的国际化师资队伍建设体系,教师普遍存在国际化视野不够、先进教学理念掌握不足、双语教学能力不强等问题,教师队伍不能满足专业建设和人才培

养国际化的要求。此外,企业技术专家和院校高层次科研、技术人才互动不足,校企人才优势未能实时转化成生产力。

三、职业教育培养海外技能人才服务苏州企业"走出去"的建议

企业"走出去"迫切需要职业教育的及时跟进和服务,职业教育要主动发掘和服务"走出去"企业需求,加快培养企业急需的人才。

(一)加强组织协调,链接校企需求

一是加强组织领导。市教育部门统筹协调全市职业教育对外交流工作,各区教育局、各职业学校制订推进职业教育对外交流的工作规划和方案,明确服务企业"走出去"任务和职责,将服务企业"走出去"纳入市级职业教育对外交流工作评价指标体系,重点考察项目对企业的贡献度和社会影响力等方面。二是搭建校企信息沟通平台。搭建由市商务部门指导,行业协会、"走出去"企业、职业院校共同参与的"走出去"信息平台,政、行、校、企四方信息共享。定期开展四方交流活动,推广"走出去"先进经验和模式,实现产教良性互动,校企优势互补,提高服务效能。三是打造职业教育国际化办学品牌。效仿"鲁班工坊"做法,推动本市办学实力强、有"走出去"基础和经验的职业院校深化"走出去"办学,在企业海外业务相对集中的国家建设"郑和学院""蒯祥工坊",培养企业急需的技能人才及开展海外员工培训等。引导一般职业院校依据自身办学特色,重点选择"一带一路"沿线相对固定的区域搭建援外教育平台,开展稳定合作。

(二)建立协同机制,搭建育人平台

一是指导校企建立相关工作机制。包括建立育人运行机制,明确校企在海外人才培养中的功能定位和角色任务;建立信息共享机制,搭建"走出去"信息交换和风险管理平台;建立文化推广机制,发挥教育领域交流具有的基础性和先导性优势,开展中外人文交流和中国文化"走出去"活动。二是指导校企成立海外技能人才培养指导委员会。委员会以服务来华留学人才职业发展、目的国产业发展、"走出去"企业海外发展为宗旨,深入调研"走出去"企业对海外技能人才的需求、目的国劳动力供需状况和相关政府部门、院校的合作意愿,明确技能人才培养目标,制订人才培养方案、课程标准,消除人才培养目标规格与企业需求之间存在的偏差。三是搭建校企育人平台。鼓励职业院校依据"走出去"企业的业务领域,分区域、分国别搭建校企育人平台,校企共赴目的国招生,开展"订单班""学徒班"等项目。推动校

企通过提供先进经验、智力支持、联合创新、标准输出等多种方式,为埃塞俄比亚东方工业园、印尼吉打邦农业生态产业园等境外经贸合作区提供苏州职业教育方案。

(三)聚焦国际能力,打造一流师资

一是加大研修力度。提升职业院校领导、教师、项目管理人员出国进修和开展合作研究的力度。积极选派师资赴海外任教和研修,培养一批具有较高外语水平,具备国际视野、国际素养的管理和教育教学队伍,提高我市具有国(境)外学历及学习工作经历教师的比例。二是推动校企师资共享。企业技术专家"传帮带"院校教师,帮助教师掌握行业发展前沿、先进技术技能,提升从企业视角剖析职业教育问题的能力。院校专家助力企业开展应用技术开发和推广工作,推动产业数字化转型升级;对企业员工开展外语、目的国文化、外事安全管理等培训,提升员工的国际化工作能力。三是打造混编教师团队。鼓励职业院校打造由中外教师、企业专家、技能大师、地方文化研究人员组成的混编教师团队。聘请海外优秀专家学者和研究团队到苏州从事职业教育教学、科研活动,引进国际知名职业教育专家参与教育管理等工作,提升师资队伍专业化国际化视野。

(四)强化经费保障,加大舆论宣传

一是统筹经费保障。职业教育对外交流合作工作所需经费由市、区两级教育行政部门纳入部门预算统筹安排和管理。设立职业教育国际化专项经费,向"走出去"职业院校适度倾斜。探索多方融资渠道,争取有教育需求的"走出去"企业对职业教育的资金支持。二是建立涵盖校企国际合作的职业教育对外交流合作公共信息数据平台。鼓励民间中介机构参与职业教育对外交流合作,建立和完善与国际接轨的服务体系。三是强化舆论宣传。大力宣传各类职业院校积极推进职业教育对外交流合作的先进经验和典型案例,完善院校英文信息平台,加强与媒体沟通合作,营造推进职业教育对外交流合作的良好氛围。

(汤晓军,苏州市职业大学国际学院副院长、石湖智库研究员)

做强技工教育
提升苏州高技能人才培养水平

中共苏州市委党校
中共苏州市委市情研究基地　　方向阳　沈中彦

国以才立，业以才兴，工业强国都是技师技工的大国。高技能人才是建设制造强国的重要基石，是我国人才队伍的重要组成部分。相关数据表明，我国高技能人才严重短缺，且已成为制约我国制造业高质量发展的瓶颈。据人社部统计，我国技能劳动者约1.65亿人，占就业人员总量的21.3%，其中高技能人才只有4 791万人，仅占就业人员总量的6.2%。2020年，苏州技能人才310万人，其中高技能人才72.75万人；深圳技能人才600万人，其中高技能人才133.8万人；上海技能人才331.1万人，其中高技能人才116万人。苏州在高技能人才数量上远远落后于深圳、上海，高技能人才培养能力不足是主因。加大高技能人才培养力度是把苏州打造成制造业强市的必备手段和途径。

一、苏州技工教育现状

苏州技工教育的现状突出表现为如下四点。一是技工教育体系基本形成但支撑能力不足。全市基本形成以技师学院为龙头，国家级、省级重点技工学校为骨干，直属和行业企业联办相结合的技工教育培养体系，但该体系对苏州经济高质量发展的支撑能力明显不足。目前全市共有技工院校13所，在校生2.6万余人，每年向社会开展职业技能培训3万余人，毕业生当年就业率保持在99%以上，但仍无法满足行业需求。据苏州高新区人才市场企业抽样调查显示：2021年上半年，高新区33家企业用工缺口有7 164余人，其中普通工人缺口5 940余人，技术工人缺口1 110余人，技能人才缺口占比18.39%。二是内涵建设成果丰硕但后继乏力。全市技工院校共有6个校企联合实训中心、4个历史经典产业特色班、9个示范专业、17个重点专业、8个特色专业、24个精品课程、2所改革发展示范校，取得了较为丰富的内涵建设成果。但近年来，高层次人才入职技工院校的比例并不高，技工院校内涵建设的人才队伍储备不足，发展乏力，影响技工教育的长足发展。三是政策环境不断优化但经费投入不足。江苏省委、省政府相继出台了加强职业培训促进就业、建立现代职业教育体系、提高技术工人待遇等政策文件，有关部门共同出台了优化职业教育资源配置、推进落实技工院校毕业生待遇、岗位设置、教师招聘、生均拨款等"八项举措"，为技工教育发展营造了良好环境。调查显示，近三年全市技工院校累计获得政府对学校建设及重大项目的资金支持2.9亿元，仅为同等教育系统一所学校一年的投入。四是技能竞赛取得连续突破但毕业生待遇落实困难。在第44届、45届世界技能大赛中，苏州选手赢得1枚金牌、1枚银牌、1枚铜牌、1个优胜奖，实现江苏世赛金牌零的突破。在首届全国技能大赛上，苏州选手获得了3枚金牌、3枚银牌、7个优胜奖，奖牌数全省第一；9名选手入选国家集训队，建立世界技能大赛中国国家队集训基地4个。调查显示，政府层面虽在落实技工院校毕业生享受事业单位招聘、职称评定等同等学力待遇方面有所推进，但技师学院毕业生的技师资格法定地位认可依然缺乏，企业也未积极落实同等学力待遇问题。

二、补齐苏州技工教育短板的建议

（一）创新扶持政策，做"强"技工教育

按照长三角一体化建设规划和江苏省、苏州市"十四五"规划有关要求，研制出台《苏州技工教育现代化2035》，根据苏州经济社会高质量发展的现实需要，定位技工教育的使命，将技工教育的改革发展放到全市人力资源开发的战略规划和部署中。根据苏州经济发展对高技能人才的需求，进一步优化技工院校布局，将技工院校布局纳入各区（市）区域发展、产业发展、重大生产力布局规划，参照职业院校相应标准在土地划拨、经费投入、编制配备等方面加大支持力度。一是公办高级技工学校、技师学院，参照苏州市属中、高职院校同等标准安排生均财政拨款，并建立生均拨款标准动态调整机制。对纳入产教融合型企业建设培育范围的试点企业，直接或间接参与技工院校办学的，可按照投资额的30%抵免企业当年应缴教育费附加和地方教育附加。社会力量兴办技工院校、职业技能培训机构，可按规定通过分期缴纳土地出让金、长期租赁、先租后让、租让结合等方式予以支持。二是将普通技工学校招生同步纳入苏州中职招生平台，实现同一平台、同一频道、统一招生宣传、统筹招生管理，将技工学校毕业生信息纳入中职毕业生信息查询

平台。三是建立支持企业在招聘录用技工院校毕业生及定岗定薪等方面的相关税费减免机制，不断提升技能人才的职业获得感和社会认同度。四是坚持公益导向，着力构建覆盖多个领域的民办技工教育扶持政策。成立民办技工教育专项扶持资金，引导民办学校提高质量、办出特色，实施民办学校教职工年金制度，提升民办学校教师收入水平。五是鼓励和支持设立技工教育研究机构，开展技工教育政策研究、教学改革、学术探讨，承接交流活动，举办研修和教育培训，推动资智、企智对接。

（二）深化校企合作，做"特"技工教育

一是立足苏州产业发展，整合苏州企业资源，逐步建立技工院校与大企业合作办学的价值分享机制，共享发展红利，拓展技工院校的发展空间。以服务苏州产业发展为导向，在产教融合的实践中助推技工教育，形成产业集聚技能人才、技能人才引领产业的良好局面，助推形成一批产业链完整、创新能力强的产业集聚区。建立以校企共建联合实训中心、技能大师校园工作站、教师企业实践基地、技术研发中心等为主要内容的产教融合、校企合作新实践基地，打造省内一流、全国有影响力的产教融合创新园。二是以培养知识型、技能型、创新型劳动者为目标，采取"产教融合、企校合作、企校双制、工学一体"的培养模式，全面推行以"招工即招生、入企即入校、企校双师联合培养"为主要内容的企业新型学徒制。三是按照专业设置与产业需求相对接、课程内容与职业标准相对接、教育过程与生产过程相对接"三对接"要求，充分发挥校企合作办学优势，实现专业共设、师资共组、人才共培、基地共建"四融通"。

（三）优化人才环境，做"大"技工教育

苏州13所技工院校在校2.6万人的规模，难以满足苏州产业对技能人才的需求，急需扩大苏州技工教育规模。一是打通技能人才发展通道。建立职业资格、职业技能等级与相应专业技术职称比照认定制度。技工院校全日制中级工班毕业生比照中专学历、全日制高级工班毕业生比照大专学历、全日制预备技师班毕业生比照应用型本科学历，在公务员招录、事业单位公开招聘、专业技术资格考试、执业资格考试、企业人力资源招聘及工资薪酬等方面享受同等待遇（国家有统一规定的除外）。二是大规模开展职业技能培训。以现有技工教育体系为基础，以政府购买的方式，鼓励企业推荐员工参加技能培训，推广线上培训与线下实训相结合的新模式。支持规模以上企业参照职业培训机构标准条件设立企业职工培训中心，开展企业职工技能培训，并按规定给予职业培训补贴,争取"十四五"期间完成职业技能等级认定10万人次以上。三是试点企业技能人才自主评价。除准入类职业(工种)外,支持企业参照国家职业标准,自主开展或委托社会组织、人才评价机构制定企业岗位规范,实施技能人才自主评价,核发职业技能等级证书并兑现政策待遇。鼓励企业增加技能人才的技能等级内部层次,设立技能专家、首席技师、特级技师等岗位,拓展技能人才成长空间。

(四)开展技能竞赛,做"亮"技工教育

我国自2010年加入世界技能组织以来,已参加5届世界技能大赛,并连续两届登上金牌榜、奖牌榜双榜首,苏州也取得了1金1银1优胜的好成绩,世赛正成为苏州培养和展示高技能人才的重要平台。一是以赛促训。支持企业以赛代训提高职工技能水平,建立行业企业冠名、赞助技能竞赛机制,推动技能竞赛良性发展,形成各级各类竞赛相互融通,各部门、行业、企业共同参与的职业技能竞赛体系。二是以赛促培。以世赛标准为引领,通过把世赛项目转化成培训内容、为行业企业开发技术标准,推进国际化合作与培训,更好地促进校企合作和国际合作。三是以赛促宣。人社部对在第45届世界技能大赛中获得金牌的人员予以人民币30万元(免税)奖励,并晋升高级技师职业资格或高级技师职业技能等级。借大赛奖励的东风,出台苏州市《关于提高技术工人待遇的实施意见》,明确技能人才工资结构,如岗位工资、绩效工资、其他津补贴等模块;明确技能人才正常薪酬增长机制,可参考机关事业单位,根据经济水平,实现合理增长。充分发挥新闻媒体、行业组织、产业园区、企业服务机构等的作用,扩大政策宣传覆盖面和知晓度,让广大技术技能人才知晓有什么政策、能享受到什么政策以及该如何享受这些政策,使技能成才、技能致富、技能强国的观念深入人心。

(方向阳,苏州市职业大学教授、石湖智库特约研究员;沈中彦,苏州市职业大学讲师)

加快推进苏州建设高铁新城高品质人才社区的对策建议

中共苏州市委党校
中共苏州市委市情研究基地　　王世文　郑作龙　王红马

党的二十大报告提出"强化现代化建设人才支撑，聚天下英才而用之，加快建设世界重要人才中心和创新高地"。当前，苏州正围绕"人到苏州必有为"工作思路，加快建成一批全国领先的高品质人才社区。苏州高铁新城处于虹桥国际开放枢纽北向拓展带的关键节点，具有"沟通南北、联动东西"的独特纽带功能，对使苏州加快成为长三角区域枢纽中心城市意义重大。推进高铁新城高品质人才社区建设，实现"高铁流量"转化为"资源留量"，在借鉴先进城市经验做法的基础上，还需坚持底线战略思维与现实推进相结合，更大力度发挥科创资源、数字化第一区、生态底色等特色优势，形成高品质人才社区与产业创新集群相融共生、螺旋递进，助力苏州加快成为长三角区域枢纽中心城市。

一、"人才社区"的源起及国内外的典型做法

（一）创新城区——一种取代"硅谷模式"的人才社区理论

随着科技创新驱动新经济与新产业的涌现，世界各国城市纷纷开始探索新经济空间，引起全球创新创业空间布局发生显著性变革。创新创业者对生活品质的提升变得更加关注，让自己的工作、家庭以及社交和娱乐的有机融合成为一种主导范式。"创新城区"（Innovation districts），一种被视为取代"硅谷模式"的创新生活一体化新经济空间开始兴起，它具有新城市特质：主要由新能源、大数据等支撑，便利的交通设施贯穿整个区域，居住、办公与休闲娱乐功能混合。"创新城区"概念内涵由美国著名智库布鲁金斯学会在《创新城区的崛起：美国创新地理的新趋势》研究报告中提出，是指那些汇聚技术领先的"锚机构"（Anchor institutions）、企业集群以及初创企业、企业孵

化器和加速器的地理区域,这些街区呈现为空间紧凑、交通便利、通信发达,科技研发中心、创业企业、新型科企孵化器、加速器等高度聚集,并拥有办公大厦、商业公寓、居民住宅、零售中心等配套设施,创新创业活动频繁,无明显空间边界,体现出当前人群和企业位置偏好集聚的变化趋势。

（二）国内外人才社区的典型做法

1. 埃因霍温"产城融合"人才社区的典范

荷兰埃因霍温是世界著名的制造业重镇,拥有荷兰46%的专利,专利强度达每10 000名居民22.6项,超越美国硅谷,位居世界第一位,被誉为"全世界最具创新精神的城市、世界级的创意硅谷"。"产城融合"是埃因霍温人才社区建设的主要做法,总结经验如下：首先是政府政策先行,塑造企业创新转型、追求高附加值的持续性创新环境,如通过对大学研发的投资,获得专利技术开源共享的"软实力",帮助转型企业跳过技术壁垒,大幅减少其科研的资金压力；二是企业同步,聚焦走"隐性冠军"创新之路,代表性企业有阿斯麦、恩智浦半导体等；三是企业（如飞利浦）牵头创建科技园、联合体,"埃因霍温高科技产业园"已成为"欧洲最智慧1平方千米",聚集了150多家科创企业和1万多名创新人才；四是院校协同,实现"科研即应用""校园即孵化器"等模式,推动一批"开放性"实验室落地。

2. 北京率先建设"国际化"人才社区

北京于2016年率先提出建设"首都国际人才社区",确定朝阳望京、中关村科学城、未来科学城、新首钢4个首批试点,2019年新增通州、顺义、怀柔科学城和经济技术开发区4个建设区。"国际化"是北京人才社区建设的主要做法,总结经验如下：提升人才工作国际化水平,如增加"外专短期项目""战略科学家""海外院士专家工作站"等人才项目；构筑国际化创新创业生态,包括引入中国工业互联网研究院、鲲鹏联合创新中心、大疆北京研发创新中心等新型国际科创资源,举办"未来科学大奖"、海外学人创业大赛、"国际创业聚"等活动；健全国际化生活配套,建设国际人才公寓、国际学校、国际医院、未来论坛等海外配套设施。

3. 深圳发布《国际人才街区评价指南》

深圳2020年开始积极推进"国际人才街区"建设,首先设立了招商街道、蛇口街道、香蜜湖街道等13个"国际人才街区创建点"。2021年11月,深圳正式发布《国际人才街区评价指南》,成为全国首部人才社区地方建设标准。标准驱动是深圳人才社区建设的主要做法,总结经验如下：一是旨在打造粤港澳大湾区高水平人才高地,营造宜居、宜业、宜创的国际人才发展环境;二是将国际人才街区进行细分,包括居住生活型、商务办公型、创新创业型、专业服务型四种类型;三是按照不同类型特点,在基础设施、人才服务、组织管理、宣传推广等方面,引导各街区发挥自身独特优势,打造街区发展内涵与特色;四是重视周到、暖心服务,提升国际人才吸引集聚能力,让国际人才愿意来、留得住、融得进。

二、加快推进高铁新城人才社区建设的思路与对策

（一）苏州高铁新城人才社区建设思路——坚持标杆示范引路、由点及面辐射全域建设

基于"创新城区"内涵视角,高品质人才社区融合生产、生活、生态三维基本要素,建设本身是一项复杂的系统工程。综合调研与分析,苏州高铁新城具有特色优势和显著现状基础,高品质人才社区建设需坚持"标杆示范引路、由点及面辐射全域"思路。一是打造长三角国际研发社区、青苔科学家村两个"示范点",充分释放重大科创载体、重要科创平台以及先进材料、数字金融、智能网联汽车优势产业,推进数字经济时代产业创新集群发展,高水平打造苏州高铁新城高品质人才综合社区标杆。二是以标杆示范引领,进一步由点及面辐射全域,打造元和塘国家文化产业园、黄埭生物医药谷、太湖临空科创港等若干人才特色社区。未来,苏州高铁新城高品质社区还需充分发挥区位的独特纽带优势,实现"高铁流量"转化为"资源留量",服务国家战略科技力量和国家级人才平台建设,打造苏州乃至长三角高品质人才社区建设标杆和标准,加快推动苏州成为长三角区域枢纽中心城市。

（二）苏州高铁新城人才社区建设的对策建议

1. 坚持底线战略思维,以高能级特色科创载体平台持续厚植高品质人才社区的根基内核

高能级事业平台是人才集聚的先决前提,高品质人才社区还需坚持底线战略思维,持续不断地夯实引才聚才的核心竞争力。① 高铁新城拥有长三角先进材料研究院、量子科技长三角产业创新中心、先进技术成果长三角转化中心以及东南大学长三角碳中和战略发展（苏州）研究院创新平台,还需重点针对用才机制、配套服务、互动场景和机构联动方面探索人才社区机制体制创新,加快发挥这些重大科创载体平台聚才的潜在效能。② 加快创新联合体、新型研发机构等建设步伐,努力争创技术创新中心、产业创新中心、制

造业创新中心等国家级创新平台,持续引进国际组织、跨国企业、外资研发中心等在人才社区设立分支机构、地区总部或合作共建研发机构。③ 借助高铁新城中日(苏州)地方合作发展示范区、中荷离岸协同创新中心、中荷(苏州)科技创新港,加快落户一批国际产业创新合作示范项目,面向全球引进、培育紧缺高层次创新创业人才,加速融入全球创新创业网络。④ 充分发挥中国计算机学会(CCF)业务总部和学术交流中心、苏州国际会议酒店等综合交流平台功能,定期举办全球高端学术会议和产业交流活动,实现国际人才交流运行项目常态化,促进全球有影响力的科技产业论坛、创新品牌活动永久落地,打造具有国际影响力的人才活动品牌。

2. 创新人才工作机制,以"引进+激活"打造高品质人才社区国际化智慧高地

① 推动重点人才加速集聚。面向数字金融、智能车联网、先进材料等核心产业领域,优先支持人才社区建设科学家工作室、定制式实验室以及量身创设新型研发机构,允许"一人一策、特事特办",加快引进战略科学家、科技领军人才和创新团队。② 实施海外人才精准导航。依托高校院所、高端智库,实时动态绘制全球高端人才地图,把握重点领域全球高层次人才分布情况和最新动态;加快建立国际化引才机构,加大力度通过市场化、社会化力量寻访国际人才,定期发布人才社区"需求清单",以定制化方式开展海外精准引才。③ 优化人才发现机制和项目团队遴选机制,对人才社区内通过"揭榜挂帅""赛马"机制攻关成功的、符合基本条件的,给予优先立项资助。④ 面向重点项目、重大平台需要,特别是针对产业创新集群"卡脖子"难题,允许人才跨领域、跨部门、跨区域一体化配置,促进区域人才市场化合理流动;构建跨界创新创业交流网络与平台,通过举办人才沙龙、伙伴行动计划,开设私董会、兴趣俱乐部等,推动人才交流、碰撞机会,激发创新、跨界合作。⑤ 探索在人才社区率先实行企业创新积分制,对创新能力突出的用人主体在项目申报、职称评审、人才举荐、资金扶持等方面给予倾斜支持,例如可支持积极争取"姑苏人才计划"举荐认定权限。

3. 服务窗口前置,构建"一体化+一站式"人才服务系统

坚持政策先行作为,推动服务窗口前置以及精简、高效办事流程,是打造高品质人才社区优质生态的关键举措。① 打造"一站式"舒心服务。率先聚焦科创载体平台、创新联合体、新型研发机构等多元需求,探索"办成事"专班、专窗、专员服务前置,"一站式"解决包括落户、入学、社保、租房和证明开具等综合业务。② 开设外国人才工作居留"单一窗口",实施工作许

可和居留许可"并联办理",探索从居留向永久居留的转化衔接机制;争取将人才社区纳入长三角外国高端人才工作许可,提升人才社区显示度和影响力。③ 开展相关审批权限下放试点,简化申报流程,允许容缺受理,提供便捷高效办理服务;加快服务数字化创新,优化人才政策计算器,提供精准、精细的"不见面"服务体验,构建一体化智能人才服务平台。④ 鼓励多元参与共治模式,积极探索购买服务,培育一批专业社工机构,开展专业社会服务;组建社区志愿者队伍,加强涉外服务、政策、语言等培训,提升国际服务能力和水平;积极引入公益组织和志愿者团体,吸纳外籍人士广泛参与,共同组织开展教育文体、环保公益等社区活动;鼓励国际人才参与社区治理,引导社区建立邻里公约、社群组织,打造形式多样的邻里服务和交往空间。

4. 提升"类海外"生活品质

① 前瞻性研制人才社区基础规划,借鉴"生产、生活、生态"全球标杆经验,完善区域内产业、居住、教育、医疗、商业、休闲、文体等融合功能设施,全面打造"类海外"社区品质。② 对标重大项目条件标准,探索走绿色通道审批流程,提升人才社区"类海外"项目建设速度;探索鼓励社会资本进入,包括社会化服务、品牌商家、国际教育与医疗等领域,积极参与人才社区"类海外"公共产品和服务供给。③ 充分考虑国际人才生活习惯,高标准规划、高品质设计、高精准配套,打造国际特色人才公寓、科学家小镇、高端住宅等多样化居住区,按照就近便利原则进行配套,引进若干家具有国际影响力的星级酒店。④ 引入专业化物业服务公司,配备双语社区工作人员,为人才社区提供高品质物业服务;构建线上线下融合型数字化平台,实现人才公寓配租签约、入驻办理、退租管理线上办理等功能,为国际人才提供智能化、便利化、可靠性服务。⑤ 积极探索推行国际医疗保险直付系统,在定点医院实现与国际医疗保险结算体系的直接衔接,便利外籍人才就医;鼓励用人主体为外籍高层次人才及其配偶建立补充医疗保险和补充养老保险。

(王世文,苏州科技大学商学院教授、苏州专家咨询团成员、苏州市大数据与信息服务重点实验室研究员;郑作龙,苏州科技大学商学院副教授、苏州上声电子股份有限公司博士后科研工作站—清华大学工商管理博士后流动站在站博士后;王红马,中共苏州市相城区委党校规划发展处处长)

第八篇

共同富裕与苏州城市治理

拓宽苏州共同富裕之路的八点建议

中共苏州市委党校
中共苏州市委市情研究基地　方世南

苏州在共同富裕方面虽然取得了显著成效，但是，其中存在的不平衡、不充分问题依然存在，亟须以习近平总书记关于共同富裕的重要论述为指导，从苏州现阶段的实际出发，补短板、强弱项、提质量，谱写苏州共同富裕新篇章。为此，本文提出八点主要建议。

第一，建议将低保对象、特困人员、低保边缘家庭、支出型困难家庭、其他困难家庭这五类低收入人口作为苏州推进共同富裕的重点对象。进一步加强低收入人口救助帮扶。为此，一要强化主动发现，切实找准、摸清低收入人口底数。健全统一的城乡低收入群体精准识别机制。二要强化动态监测，及时预警低收入人口潜在风险。三要拓展救助保障覆盖面，强化分层分类救助。健全最低生活保障标准动态调整机制，逐步与城乡居民人均消费支出挂钩，增幅不低于人均可支配收入增幅，完善社会救助和保障标准与物价上涨挂钩的联动机制。农保作为对农业人口的保险，目前每人每月只有160元多一点，难以维持生计。苏州农村还有少量经济困难户，他们无法投入对于他们而言数额较为巨大的城保和医保，一旦生病更是雪上加霜。建议以更为具体的举措推进城乡区域基本公共服务朝着更加普惠、均等、可及发展，稳步提高保障标准和服务水平。

第二，建议将苏州推进共同富裕的重点、难点放在进一步解决好"三农"问题上。要紧紧围绕苏州2022年率先基本实现农业农村现代化的目标，切实贯彻落实好习近平总书记关于乡村"五个振兴"的要求，推动乡村产业振兴、人才振兴、文化振兴、生态振兴和组织振兴紧密结合起来，形成一个有机体系，夯实乡村振兴的根基。要将坚持农业农村优先发展进一步落实到实践中，通过加大举措深化农业供给侧结构性改革，推动农村第一、二、三产业融合发展，以更大的力度促进乡村产业发展质量变革、效率变革、动力变革。加快构建具有苏州特色的乡村产业体系，促进产业兴旺和农民增收致富，推动农业全面升级、农村全面进步、农民全面增加收入和全面发展。

第三，建议适时制定地方性物权平等保护法规，为共同富裕保驾护航。要实现共同富裕，就既不能让国有资产和集体资产流失，也不能侵犯劳动和创造所得。苏南模式以集体经济和民营经济相得益彰而见长，将两者更好地协调起来，推进共同富裕，在苏州地方性法规上应该有所规定，以创新之举走在全国前列。只有从协调利益关系和法治保障着手，才能为实现共同富裕提供法治保障，营造良好的法治环境，才能激励社会各界人士更加积极地创业、创新、创优，创造更多的就业岗位和更多的社会财富，推动全体人民共同富裕。

第四，建议将提高技能人才的收入作为推动共同富裕的重要内容。在苏州350万产业工人当中，有211万技能人才，但85%以上都是初中及高中文化，其收入水平还有待提高，其精神文化生活也有待进一步丰富发展。要将提高技能人才的收入、丰富其精神文化生活，作为苏州扩大中等收入群体的重要行动计划，以此激励他们在苏州产业发展中的积极性，在苏州高质量的产业发展中做出更大的贡献。同时，此举也有助于进一步扩大物质消费和精神文化消费，推动经济社会高质量发展。

第五，建议将关注苏州老龄社会的到来作为推进共同富裕不可忽视的内容。老年人的精神文化需求整体上较以往有大幅增长。许多老年人身体较健康，物质条件也较优裕，追求高质量精神文化生活的意愿强烈。因此，公共文化场所、设施以及产品如何进行适老化设计与改造，是一件值得高度关注的事情。以信息化为例，苏州老人在使用智能产品或服务过程中，46.4%感到步骤烦琐，54.6%表示记不住使用方法，如何聚焦老年人特色化需求，提升老年人数字化技能，支持适合老年人的智能化产品、健康管理设备、健康养老移动应用软件等设计开发，助推老年人生活便利化和丰富化，是苏州推进共同富裕不可忽视的重要任务。

第六，建议结合"江南文化"品牌建设，努力做好精神文化生活共同富裕的文章。要深挖"江南文化"传统资源，促进江南文化的社会化、大众化、产业化，把传统文化的传承保护与推进社会文明建设紧密结合起来，把对"江南文化"的解读、宣传与公共文化服务体系建设紧密结合起来，进一步促进人们对"江南文化"的价值认同、情感认同。要实施重大文化设施建设工程，打造具有国际影响力的影视文化创新中心和数字文化产业集群，提供更多的优秀文艺作品、优秀文化产品和优质旅游产品，更好地满足人民群众的文化需求。

第七，建议注重从促进人与自然和谐共生的视角推进共同富裕。要深化生态文明体制改革，实行最严格的生态环境保护制度，健全明晰高效的自然资源资产产权制度。坚持山水林田湖草系统治理，全面提升生物多样性保护水平。要继续打好蓝天、碧水、净土保卫战，强化多污染物协同控制和区域协同治理，促进绿色生产和绿色消费，推进生态环境持续改善，将推进长江、太湖生态治理和促进城市生态空间优化，让人民群众呼吸上更清新的空气、喝上更干净的水、吃上更安全放心的食品，作为实现共同富裕的重要内容。

第八，建议进一步畅通社会各方面参与慈善和社会救助的渠道。苏州慈善历史悠久，素有"好义之名"，范氏义庄是我国第一个非宗教性民间慈善组织，苏州市社会福利总院的前身普济堂是我国现存时间最长的社会福利机构。要将个人化、道德式的"积德行善"扩展提升为社会建设的制度性安排；要大力提升各种基金会的国际化、专业化、社会化程度；要积极探索各类新型捐赠方式，鼓励设立慈善信托；要加强对慈善组织和活动的监督管理，提高公信力和透明度；要落实公益性捐赠税收优惠政策，完善慈善褒奖制度。通过促进苏州慈善和社会救助事业发展，助推共同富裕。

（方世南，苏州大学东吴智库首席专家，苏州专家咨询团专家，苏州大学中国特色城镇化研究中心教授、博士生导师）

以城乡文明一体化 拓宽共同富裕之路
——对太仓推进城乡文明一体化的调研

中共苏州市委党校
中共苏州市委市情研究基地　方世南

党的十八大以来，太仓市认真贯彻落实习近平总书记关于"城乡发展不平衡不协调，是我国经济社会发展存在的突出矛盾，是全面建成小康社会、加快推进社会主义现代化必须解决的重大问题"[①]的重要指示精神，聚焦以人为核心的新型城镇化，将推进城乡文明一体化融合发展作为解决城乡发展不平衡不协调的重要任务，不断拓宽共同富裕之路，形成了城乡之间各美其美、美美与共的文明互促、共同繁荣的一体化文明发展新格局，谱写了以富有特色的城乡文明一体化融合发展推进共同富裕的新篇章。

一、以城乡物质文明一体化拓宽物质生活的共同富裕之路

城乡文明一体化是文明发展的时代要求和必然趋势。城乡一体化也意味着城乡文明一体化。城乡文明一体化，必然会改变过去将城市文明和乡村文明分离看待的做法，而是要大力促进城乡文明在联动与对接中相互影响和相互促进，形成城乡之间文明互促、共同繁荣的一体化文明融合发展，推动共同富裕实现的新格局。太仓将城乡一体化文明作为新时代推进城乡一体化的重要内容，把城市文明建设与乡村文明建设、城市居民文明素质提升与乡村居民文明素质提升作为一个有机整体，统筹谋划，综合施策，通过体制机制改革和方针政策的调整，形成统一的城乡文明一体化建设规划、建设方略、建设格局、建设成果，极大地改变了城乡文明的二元结构，促进在城乡文明协调均衡高质量发展中实现共同富裕。近年来，太仓统筹城乡一体化提升，着力加快城乡融合，乡村振兴取得了不平凡的成果，有效地促进了农村居民

---

① 习近平：《关于〈中共中央关于全面深化改革若干重大问题的决定〉的说明》，《人民日报》2013年11月16日，第1版。

收入的较快增长，城乡居民收入比持续缩小，共同富裕扎实有效。太仓农村农业发展全国领先，是首批全国农村幸福社区建设示范县、全国农村集体"三资"管理示范县。新型职业农民定向委培模式被国家列为"全国十大培训模式"之一。获评省级农产品质量安全县、粮食生产全程机械化示范县，连续3年成为中央农作物秸秆综合利用示范县。2021年，太仓城乡居民收入比缩小至1.851∶1，保持比全国2.504∶1、全省2.155∶1和苏州1.853∶1低的标准。太仓因此而成为全国城乡居民收入差距最小、农民收入最高的城市之一。2020年，太仓人均预期寿命达84.7岁，成为全国首个富裕型长寿之乡。2021年，太仓位列中国县级市基本现代化指数第五位、中国县域高质量发展百强第六位。

二、以城乡政治文明一体化拓宽政治生活的共同富裕之路

太仓以城乡文明一体化拓宽共同富裕之路的政治考量，就是通过城乡文明一体化的民主和法治建设促进人们提高政治参与的主动性，推进全过程民主和加强法治建设，为共同富裕赋予新内涵和提供强有力的政治保障。一方面，太仓在城乡文明一体化中注重以乡风文明岗位制扩大城乡居民参与度。由太仓浏河镇闸北村农民群众自己创造、自发组织的农村精神文明建设的创新之举——"乡风文明岗"自创设以来，一大批有能力、有作为、有影响力、热心公益的群众积极认岗，已在所有行政村、农村社区实现全覆盖，参与农民超过10万人，其经验已经在全市推广。另一方面，太仓在城乡文明一体化中注重以政社互动的基层全过程人民民主制提升城乡文明程度。太仓很早就进行了基层自治的探索，形成了以法治为保障、以自治为根本、以共治为基础的"政社互动"特色。近年来，太仓把"文明"与"社会治理"有机融合，以社会协同为理念、以群众需求为导向，搭建协商议事会、"HUI"法官工作室、"慧·家"家事服务等社会组织服务平台，充分构建人人有责、人人尽责、人人享有的村庄治理共同体，为城乡文明一体化奠定了良好基础。太仓还注重在城乡文明一体化过程中以乡贤议事厅制推进城乡社会治理水平。乡贤及其组织参与社会治理，发挥着教化乡民、反哺桑梓、泽被乡里的积极作用。将村（社区）的优秀基层干部、经济文化能人、退休干部职工及道德模范等群体纳入乡贤体系，发挥乡贤群体社会民意的代表作用，助推城乡社区治理和精神文明建设。在城乡文明一体化中注重以构建"法律明白人"梯队制促进城乡法治建设。积极深入基层一线，全面遴选村（社区）的"法律明白人"，从实际出发，综合考虑性别、年龄、文化程度、工作经历等因素，

将其余较为合适的"普法积极分子"及"普法志愿者"作为补充力量,按照"1+2+N"的格局,初步建立起了一支结构合理、充满活力的"法律明白人"梯队。先后发放可插U盘的乡音收音机1 000余台,依托乡音收音机这一载体,构建"庭院课堂",打造"5分钟学习圈",确保9 000余名农村老党员全覆盖。

三、以城乡精神文明一体化拓宽精神生活的共同富裕之路

城乡文明一体化的主题词是"文明",是城乡人的文明素质提升。实现共同富裕,必须着眼于人的文明素质提升。共同富裕既有物质生活的共同富裕,又有精神文化生活的共同富裕,也就是要做到"既要富口袋又要富脑袋",两者有着紧密的联系,在实践中相辅相成、缺一不可。物质生活富裕是精神富足的基础,能够为精神文明建设提供物质条件;反过来看,更高水平的精神文明建设,可以为物质文明建设提供精神动力。太仓在城乡文明一体化中注重以诚信积分制播撒城乡文明新风尚,用积分量化文明元素,将抽象的文明乡风、村规民约具体化,全面激发家庭这个社会细胞在文明共建中的积极性和能动性,涌现出一大批孝老爱亲、兄友弟恭、妯娌和谐、克勤克俭、好学明理的优秀家庭。作为全国文明村,璜泾镇雅鹿村首设家庭诚信积分体系并大力推广,将文明新风通过一个个家庭外化成一个村、一个镇、一个城市的风范,进一步擦亮了太仓"全国文明城市"的金字招牌。太仓在城乡文明一体化中注重以乡风文明岗位制扩大城乡居民参与度。雅鹿村"乡风文明主题公园"集聚了法治科普、村规民约、善行义举、治家格言、文明宣教等特色板块;孟河村"贤德文化园"以"文化人贤、德润人和"为精髓的乡村文化建设蒸蒸日上;长洲村"拾德文化园"给建筑物、道路、景观嵌入道德文化,不但村民在园地漫步之时能抬头见德、随手拾德,而且也强有力地影响和促进了城市文明建设。

四、以城乡社会文明一体化拓宽社会生活的共同富裕之路

恩格斯说:"文明是实践的事情,是一种社会品质。"文明作为一种社会品质,是通过全社会整体性文明发展的实践淬炼出来的。城乡文明一体化也是在社会文明一体化进程中推动社会生活的共同富裕实现的。太仓城乡文明一体化发展与公共服务均等化、社会治理现代化取得的成就是紧密关联的。太仓公共服务均等化的多项创新经验向全国推广。全民大病再保险成为国家医保新政蓝本,公共法律服务均等化向全国推广。办学标准城乡统一,率先

成为"全国义务教育发展基本均衡县(市、区)"。2020年,由民政部编写的《县域养老——太仓养老服务透视》正式出版,该书向全国推荐了太仓养老经验。太仓注重基层自治管理,社会治理成为全国样板。20世纪90年代,太仓第一批获评江苏省全国"村民自治示范县"。村民委员会换届选举"两个直接"的办法,被写进《村民委员会组织法》。2008年以来,太仓开展的"政社互动""三社联动"创新实践,先后获评"中国法治政府奖""中国社区治理十大创新成果",核心举措被写入国家《关于加强和完善城乡社区治理的意见》。

五、以城乡生态文明一体化拓宽宜居生活的共同富裕之路

太仓以习近平生态文明思想为指导,将推进人与自然和谐共生的现代化作为实现共同富裕的重要内容,将打造"现代田园城"作为推进城乡生态文明一体化的重要工程。积极开展农村人居环境整治工作,累计建成苏州市级特色康居乡村275个、特色康居示范区6个,创成苏州市级特色田园乡村6个,获评"2019年度全国村庄清洁行动先进县",获得2020年国务院开展农村人居环境整治成效明显的地方督查激励。乡村生态文明吸引着城里人前来观光和享受。获评"全国村庄清洁行动先进县""四好农村路"全国示范县。市民公园、七浦塘生态公园、娄江新城滨河公园建成开放,新增公园绿地面积100万平方米,"一心两湖三环四园"城市生态体系基本形成。污染防治攻坚战、长江大保护全面推进。单位地区生产总值能耗下降18%。PM2.5浓度下降36.6%。获评国家生态园林城市、国家生态文明建设示范市、中国民间文化艺术之乡、省级全域旅游示范区。城乡生态文明一体化推进,以自然之美、生态之美、宜居之美助推绿色生产方式、绿色生活方式、绿色消费方式成为城乡居民的新时尚。

(方世南,苏州大学东吴智库首席专家,苏州专家咨询团专家,苏州大学中国特色城镇化研究中心教授、博士生导师)

优化苏州社会保障体系建设 织密共同富裕安全网

中共苏州市委党校
中共苏州市委市情研究基地　石庆龄

共同富裕是社会主义的本质要求，是中国式现代化的基本特征，也是推动经济社会发展的根本目的。在全面建设社会主义现代化国家新征程中，健全多层次社会保障体系，为全体人民提供更全面、更可靠、更高水平的社会保障，是实现共同富裕的必要条件。苏州通过制度建设、机制创新和资源投入，构建了高水平的社会保障，增强了人民群众的获得感、幸福感与安全感。在社会主义现代化强市建设过程中，苏州仍需进一步构建更完善的社会保障体系，为共同富裕织密、扎牢社会保障"安全网"。

一、社会保障体系现状

苏州按照国家和江苏省相关政策部署，积极推进社会保障制度建设和政策落实，坚持民生优先，不断满足人民群众对美好生活的热切期盼，在社会保险、社会福利和社会救助等领域取得了显著成效。

（一）社会保险惠民成果可感

近年来，苏州不断深化社会保险体制机制改革并加大投入，提升社保待遇水平，扩大保障范围，推进市级统筹，为共同富裕奠定了坚实的基础。

1. 市级统筹稳步推进

2020年，苏州印发《苏州市基本医疗保险和生育保险市级统筹实施意见》，明确指出从2020年开始实施基本政策、待遇标准、基金管理、经办管理、定点管理、信息系统"六统一"的基本医疗保险和生育保险市级统筹制度，并于2022年年底前全面实现。同年，印发《关于工伤保险市区统筹的实施意见》，实施工伤保险市区统筹，市本级（含姑苏区、苏州高新区）、吴江区、吴中区、相城区和苏州工业园区纳入市区统筹管理。

2. 参保范围有序扩大

优化灵活就业参保办法,适度放开保障范围,实现常住人口应保尽保。苏州市灵活就业人员参加基本养老保险,江苏省内户籍完全放开,江苏省外户籍限制适度放开,并将港澳台地区人员纳入参保范围。灵活就业人员参加基本医疗保险无户籍参保限制;另外,未参加企业职工基本养老保险的灵活就业人员,也可单独参加职工医保。

3. 社保待遇不断提高

2022年,基础养老金进一步提高,苏州市区城乡居民基础养老金增至630元/月,继续实施高龄倾斜政策。2021年7月起,苏州全市在职、退休、灵活就业参保人员在二级医疗机构门诊统筹报销比例分别提高至75%、85%、75%,较之前提高15个百分点;失业保险金最低标准从1 568元/月升至1 643元/月,最高标准从2 020元/月升至2 280元/月。2020年医疗保险与生育保险合并后,上调了产前检查待遇和单病种定额给付标准,并于2021年7月起,将生育保险一次性营养补助由2 112元上调至2 275元。

(二) 社会福利量质有序提升

从享受对象来看,社会福利包括公共福利、老年福利、妇女儿童福利等,是旨在保证一定生活水平和尽可能提高生活质量的资金和服务的社会制度安排。

1. 公共福利

一是基本公共服务更为均等化。苏州持续完善基本公共服务体系,提升公共服务共建能力和共享水平,为常住人口均等化享受公共服务奠定了基础,促进共同富裕的实现。二是公共福利受益人群有序扩大。例如,2019年起,可办理苏州园林年卡的人群由市区常住居民扩展至苏州全域。

2. 老年福利

一是以尊老卡整合老年福利。2021年,苏州发放尊老卡192.4万张,苏州户籍相应年龄段的老年人可通过尊老卡领取对应年龄段的尊老金。另外,通过尊老卡可享受乘车、旅游等相关优待,以及合作门店消费等专属优惠。二是开展老年特色服务项目。2022年,苏州将推动10 000户老年人家庭实施适老化改造,凡居住在苏州市的60周岁及以上老年人均可自愿申请。

3. 妇女儿童福利

一是免费医疗服务和疫苗接种服务。苏州市提供婚前医学检查、孕前优生健康检查、孕妇产前筛查、新生儿疾病筛查、妇女"两癌"筛查等免费服务；儿童享受11种免费疫苗接种服务。二是完善3岁以下婴幼儿照护服务。通过编印科学育儿指导服务手册，开设"社区优育课堂"等，强化家庭科学育儿指导。同时，完善婴幼儿照护服务等相关政策文件，并将"新增普惠性托育机构60家"列入2022年苏州市民生实事项目。

（三）社会救助兜底更有力度

社会救助事关困难群众基本生活，是保障基本民生、促进社会公平、维护社会稳定的兜底性、基础性制度安排，是共同富裕中再分配的重要体现。

1. 提高各类救助金标准

2021年7月起，苏州市城乡居民最低生活保障标准由1 045元/月提高至1 095元/月，依据分类施保原则，对老年人等特殊对象救助标准提高20%。特困人员基本生活标准由1 463元/月提高至1 533元/月。2020年，苏州对困难群众实行的物价上涨动态补贴标准从两档增加为三档，当月CPI或SCPI涨幅超过3%（含3%）时，发放一次性物价补贴。

2. 全面推行精准救助模式

苏州在全省率先建立因病致贫家庭生活救助长效机制和低收入人口登记制度，成立苏州市家庭经济状况核对服务中心和覆盖全域中资银行的申请救助家庭经济状况信息核对平台，并完善相应的日常走访、随机抽查、数据比对等监督管理制度，实行动态管理和分类管理。

3. 完善社会救助制度建设

强化基本生活、教育、养老、医疗等全方位保障。苏州残疾人基本社会保险保障实现全覆盖，在册困境儿童全部纳入政府保障体系。另外，低保、特困人员、低保边缘家庭、支出型困难家庭和其他困难家庭资格在全市民政、教育、人社、住建、医保、妇联、残联等相关部门实现共享互认，为全方位、多元化综合救助格局的形成提供了支撑。

二、面临的问题与挑战

对照新时代社会主要矛盾变化和人民对美好生活的需要，苏州社会保障体系建设仍然存在一些结构性问题和新的挑战，一定程度上阻碍了共同富裕的实现。

（一）多层次社会保障体系尚待完善

社会保障体系是国家从中央到地方、由上至下编织的安全网。国家"十四五"规划纲要明确提出，我国应着力健全多层次社会保障体系，切实提高社会保障全民覆盖质量,大力深化基本保险制度改革,发展补充保障,强化社会保障体系运行支撑,等等。目前,我国相关政策渐成体系,但实践效果有待提升,市场主体、社会组织虽有积极性但发育仍待完善。苏州也存在这一共性问题,比如在社会保险领域中的补充养老保险,除机关事业单位职业年金进展较快外,企业年金仍然只有少数企业与个人参与;在养老服务领域,虽然社会资本有意投身养老服务领域的日益增多,但从已有实践来看,有兴趣建高档养老公寓者偏多,满足中等收入及以下老年人需要的偏少,从而形成了供需不匹配的现状。儿童福利过分重视市场化,基础性的儿童福利事业发展稍显不足,比如托育服务等。

(二) 非户籍常住人口对社会保障体系建设带来的压力

根据第七次人口普查数据,2020年,苏州常住人口达1 274.83万,是全省唯一超千万的城市,非户籍常住人口占比达42%。随着外来常住人口"市民化",基本民生保障覆盖面将进一步扩大,精准救助、分类施救、托底保障的投入和压力明显增大。而非户籍常住人口的增加在为苏州带来劳动力的同时,也对省内甚至全国的社保流转提出更高要求,完善经办管理体制,优化经办服务,提升公共服务信息化、智慧化水平仍需努力。近年来,新技术、新产业、新业态、新模式蓬勃发展,平台经济、共享经济迅速崛起,各种新就业形态不断涌现,创造了大量就业机会,吸引了大量流动人口来苏工作,然而相关从业者的社会保险问题突出,类似快递员、送餐员、网约车司机等群体对社会保险的险种、缴费比例、缴费基数、缴费方式以及经办服务提出了新要求,构建适应多类型就业形态的社会保障体系任重道远。

(三) 人口结构变化对社会保障体系建设带来的挑战

根据第七次人口普查数据,2020年,苏州65岁以上常住老年人口占比12.44%,处于"老龄化社会"阶段(根据联合国新标准,65岁以上老人占总人口比重在7%~14%的,该地区被视为进入"老龄化社会")。在初婚年龄推迟、生育意愿低下等因素影响下,2021年苏州户籍人口出生率为7.08‰,比上年下降1.93个千分点,低于全国水平(7.52‰);2020年苏州户籍人口总和生育率为0.89%,比上年下降0.23个百分点,低于全国水平(1.3%),低于国际社会通常认为的1.5%警戒线,远低于2.1%(人口世代更替水平)。叠加新冠疫情下苏州劳动力市场发展的不确定性,以及苏州人口抚养比由10年前的0.21上升至0.35(每10名劳动年龄人口抚养非劳动年龄人口数量由2.1名上升至3.5名),意味着苏州劳动力人口负担加重,对现收现付制的养老金给付有着较大影响。积极性人口政策的实施和人口老龄化的加重,对养老服务、儿童和残疾福利服务要求更高,供给与需求之间的矛盾与日俱增。

三、对策建议

苏州依托本地实际和人民对美好生活的现实需求,实行了一系列的创新举措,积累了行之有效的经验。然而,面对日益复杂的形势,苏州仍需继续贯彻落实社会保障相关政策部署,并针对自身特点积极探索创新,以构建更完善的社会保障体系,织牢安全网,更好发挥社会保障促进共同富裕的作用。

(一)提高社会保障统筹层次

按照实现共同富裕的要求,不断满足人民群众多层次、多样化需求,健全覆盖全民、统筹城乡、公平统一、可持续的多层次社会保障体系。推进基本养老保险全国统筹,一方面,将因人口流动而未参保人群纳入进来,实现全覆盖;另一方面,破解人口流动导致的地区间养老保险不公平、不均衡的状态,实现公平统一。作为人口净流入城市,苏州应在基本养老保险全国统筹制度的改革中做出应有的贡献。同时,推动基本医疗保险、失业保险、工伤保险省级统筹,提升统筹层次,增强互助共济的层次范围,提升社会保险制度运行的可持续性。有序扩大企业年金、职业年金的覆盖范围,发展多层次、多支柱养老保险体系。

(二)完善重点人群社会保障内容

普遍性与选择性相结合是社会保障的重要原则,也是共同富裕的重要体现。具体而言,一是推动基本保障制度覆盖至全部劳动力人群。苏州应在非全日制从业人员参加工伤保险等制度创新基础上,尽快摸清适龄人口的就业状况和职业特性,继续探索农民工、灵活就业人员、新业态就业人员参加社会保险的体制机制,增强社会保障制度弹性和适应性。二是适时调整面向特定群体的社会保障覆盖面及内容。苏州的社会救助覆盖面已从户籍人口扩展至常住人口,将贫困线下以及有急难救助需求的城乡居民悉数纳入并施以援助。为顺应人口结构变化、满足人民福利诉求,增加或调整社会保障项目,如根据人口老龄化探索建立长期护理保险制度,根据增进儿童福祉和促进人口长期均衡增长的目标发展普惠托育服务体系等。

(三)增强社会保障调节再分配力度

坚持社会保障的正向分配原则,发挥再分配调节作用,是社会保障促进共同富裕的关键所在。完善城镇职工基本养老金合理调整机制，逐步提高城乡居民基础养老金标准，在总体待遇保障随着经济社会水平提升的同时，合理降低两类养老保险制度待遇水平差异，实现制度公平性与可持续性的统一。以城乡低保对象、特殊困难人员、低收入家庭为重点，健全社会救助、社会福利对象精准认定机制，完善分层分类的社会救助体系。健全基本生活救助制度和医疗、教育、住房、就业、受灾人员等专项救助制度，完善救助标准和救助对象动态调整机制。按照区域经济发展水平，有序提升社会救助待遇水平，坚决防止各种"返贫"现象对实现共同富裕的干扰。

（四）优化社会保障运行机制和服务水平

在多层次社会保障体系的结构及功能定位下，需准确把握社会保障各个方面之间、社会保障领域和其他相关领域之间的联系，完善社会保障运行机制，提高统筹谋划和协调推进能力，确保改革形成整体合力。社会保障是基础性的公共产品，在提升待遇水平的同时，提高公共服务水平，提供更便利、更周到的服务。苏州应继续提升技术服务水平，有效对接全国统一的社会保险公共服务平台，坚持"一网通办"，深入推进社保经办数字化转型。继续完善社会保障管理体系和服务网络，提高管理精细化程度和服务水平，尤其是应坚持传统服务方式和智能化服务创新并行，针对老年人、残疾人等群体的特点提供暖心、贴心服务。

（石庆龄，苏州市发展规划研究院）

国内城市数字政府建设经验及其对苏州的启示

中共苏州市委党校
中共苏州市委市情研究基地　康佳

党的十九届五中全会强调，加强数字社会、数字政府建设，提升公共服务、社会治理等数字化、智能化水平。《中华人民共和国国民经济和社会发展第十四个五年规划和2035年远景目标纲要》指出，要"将数字技术广泛应用于政府管理服务，推动政府治理流程再造和模式优化，不断提高决策科学性和服务效率"。随着大数据、物联网等信息技术应用的快速发展，数字政府的功能作用日益明显，越来越成为创新行政管理方式、提高行政效能、建设服务型政府的重要路径。本文通过对国内其他城市数字政府建设经验的分析，提出发展建议，供相关决策参考。

一、国内部分先进城市的特色做法

（一）上海："两张网"开启全方位城市治理变革

第一，打造"网购型"政务服务城市。一是扩大"一网通办"总门户覆盖范围。升级"一网通办"总门户PC端、随申办APP以及支付宝、微信小程序等"四端"，推出老年亲属码功能，完善特殊群体及境外人员的实名注册认证机制，同时还推出"一网通办"国际版。二是不断拓展场景应用。按照"应上尽上"的原则，各区、各部门行政权力事项和公共服务事项已全部接入"一网通办"；强化群众主页、企业专属网页主动提醒及精准推送的服务功能；围绕"医、食、住、行、文、教、旅"，拓展个人事项服务场景应用；围绕企业经营的全周期、产业发展的全链条，拓展企业经营全周期服务场景应用。三是力求"企业群众评价像网购评价一样管用"。深化政务服务绩效由企业和群众来评判的"好差评"制度，健全整改、反馈、监督工作机制。截至2021年3月，评价总量达1 838万条，差评已整改2 854条，实名差评回访整改率达到100%，倒逼各级政务服务部门不断改进工作。

第二,像绣花一样精细管理城市。一是加快部署城市治理"绣花针"。成立"一网统管"市域物联网运营中心,加快智能传感器布设,第一批接入近百类超过510万个可共享数据的物联感知设备,每日产生数据超过3 400万条。二是加强数据汇集、系统整合、功能融合。截至2020年年底,"一网统管"的"三级平台、五级应用"架构基本形成,整合信息系统1 182个,归集公共数据超过390亿条。三是不断创新数字治理新理念与新方法。如成立"一网统管"轻应用开发及赋能中心,上线"低代码轻应用"平台,基层单位可要求"量身定做"小程序;重新定义"城市最小管理单元",以"一栋楼"为城市最小管理单元,打造大楼的"数字孪生系统"。

(二)深圳:优化创新"数字政府"建设路径

第一,制度先行,加强法治保障。2020年12月,深圳市六届人大常委会第四十六次会议首次审议了《深圳经济特区数据暂行条例(草案)》。这是我国首部数据领域的综合性专门立法,重点关注数据要素市场培育,以及公共数据管理和应用,提出建立公共数据共享负面清单制度。通过一系列创新规定,打破信息孤岛,推动公共数据深度开放、全面共享,促进数据资源要素依法自由流通。

第二,以小切口、微创新实现政务服务大变革。一是推出"秒报秒批一体化"政务服务新模式。在业务申报环节实行"秒报",在受理审批环节实行"秒批",打造全流程不见面、零跑动、全自动的政务服务新模式。二是推进"一件事一次办"。对相关政府部门的服务事项进行打包组合。三是推出"容缺办理"创新服务。首创容缺事项和材料动态管理动态发布,非主审要件暂缺的均可适用容缺受理。四是推进政务服务"免证办"改革。能通过信息共享、数据比对获取的审批信息不再要求申请人提交申请材料,能通过电子证照替代的不再要求申请人提交实体证照。

(三)杭州:全社会共建、共治、共享数字城市

第一,以人为本,让城市更有"情商"。2021年1月,杭州在推动城市大脑应用场景提质扩面过程中,提出除了要有"全域感知、深度思考、快速行动、确保安全"的硬实力,还要有"知冷知暖"的软关怀。"知冷知暖"是坚持问题导向、换位思考,最大程度提升群众的获得感、幸福感、安全感。如杭州打造"信用就医",在全国率先实施"先看病后付费""医后最多付一次";率先创设"数字公园卡",实现"20秒进入公园,30秒入住酒店";提出"零纸质""零人工""零时限""零跑次"的"无感智慧审批"等。

第二，市场参与，持续激发数字新动能。杭州充分发挥优秀骨干企业的技术优势、渠道优势和专业运营服务能力，推动政府与企业、高校、智库深层次合作，共同参与数字政府建设。如设立了云栖工程院、城市大脑研究院等开放性平台；由来自阿里巴巴、清华大学、一汽集团等学界及产业界人士发起的"数字化发展委员会"也在积极筹建中。

二、苏州加快数字政府建设的几点建议

近年来，苏州抢抓数字化、网络化、智能化发展机遇，将数字政府建设作为实现公共服务便利化、社会治理精准化和经济决策科学化的重要手段，深化场景建设，赋能数字治理，服务疫情防控和经济社会发展，取得了不错的成绩。但与国内先进城市相比，仍存在一些不足之处。一是对数字政府的认知亟待加强。数字政府建设因涉及许多新概念、新技术、新方法、新体制，一些部门和地方认识不足、学习不够，容易造成执行过程中的偏差。二是标准规范的制定与贯彻亟待加强。在数据开放、GIS 底图、软件运维费用、监管对象库等方面，存在缺乏标准或标准不统一的问题。三是数据共享与开放的体制机制亟待创新。虽然各地各部门数据共享与开放的意识越来越强烈，但是数据获取难、数据对接难、数据使用难等体制机制问题仍然存在。四是专业人才的培养和引进亟待加强。随着数字政府建设工作量的快速增长，信息化专业人才紧缺问题突出，部分政府信息化从业人员以临时抽调人员为主，存在流动性大、专业性不强的问题。对此，应借鉴先进经验，加快补齐短板，放大苏州特色，夯实治理体系和治理能力现代化的数字基础。

（一）完善数字政府体制机制

一是强化苏州市推进数字经济和数字化发展工作领导小组抓总职能。建立健全统筹协调和推进机制，做好重大政策举措的统筹推进和考核评估，构建上下衔接、统筹有力的组织体系和协调机制。二是建立健全专家咨询机制。加强对数字政府顶层设计和重大项目方案的指导、论证、评估。三是深化产、学、研联动。依托知名高校、科研机构、行业协会、龙头企业，建立数字政府开放性研究平台，加强技术设计咨询。四是强化各部门推进业务领域数字化建设的主体责任。重塑数字化意识，营造鼓励数字化创新的浓厚氛围。五是完善数字政府相关政策、制度和标准。如建立数据开放标准、健全运维体制机制等，为数字政府建设提供制度保障。

（二）加大数据治理力度

一是着力打破"数据孤岛"。探索推行"无条件归集"的原则，通过开

展数据共享交换绩效评价,在制度上促进市直各部门共享数据鲜活更新。二是出台政务数据质量管理相关制度。基于全生命周期视角,建立健全统一的数据采集和管理标准规范,保障数据的完整性、同源性、时效性和可用性。三是加快推动板块间公共基础数据库的互通互认。进一步完善人口、法人、自然资源和空间地理、电子证照、社会信用信息等基础库,为政务服务、社会治理、市场监管等各领域应用提供支撑。四是建立数据使用反馈机制。加强政务数据使用全过程管理,打通数据的产生、采集、使用和校核环节。

（三）重塑政务服务流程

一是建立政务服务流程优化再造工作推进机制。加大服务模式改革创新力度,完善"好差评"和内部考核机制,推动政府以数据驱动流程再造。二是加快政府履职方式方法系统性数字化重塑。提升平台能力,支撑政府机关相关职能,形成全市政府职能部门核心业务全覆盖、横向纵向全贯通的全方位数字化工作体系,实现内部效率提高、效能优化、合理化、简单化等目标。三是站在公众的维度,构建适用于大数据应用的政务服务流程。逐步形成移动优先、个人固定端辅助、自助端补充、实体大厅端兜底的政务服务模式。

（四）迭代公共服务应用场景

一是深化基础民生服务的数字化改造。以数字化推动公共卫生、健康、教育、养老、就业、社保等基本民生保障更均衡、更精准、更充分,推出智慧医院、数字校园、"社区生活服务超市"等一批数字化应用场景。二是引导全社会共建、共治、共享数字城市。引导企业群众提升数字时代的认知能力与思维模式,从企业群众和城市运行高频急难的问题难点中发现数字化转型的应用场景,探索通过举办创意应用开发大赛、优秀应用案例评选等方式,优选出一批针对难题、切合场景、有效可用的数字化场景应用项目。三是激发市场活力。出台激励政策吸引优秀企业参与公共服务数字化转型,推进商业、文娱、体育、出行、旅游等民生服务数字化新模式、新业态的健康发展。

（五）加快建立数据要素市场

一是探索出台苏州数据开放共享地方性法规。为"数据权"立法,探索数据产权保护和利用新机制,奠定数据流通交易基础。二是健全数据要素市场交易体系。引导与鼓励社会各类创新主体加快对数据交易流通相关技术的研发应用,制定数据交易应用相关标准规范,强化技术保障,支撑数据要素跨行业、跨地域流通。三是营造安全可信、管理可控的数据交易环境。完善法规政策及监管体系,确保数据交易流通健康有序,并采取有效措施保护个人隐私、商业秘密和重要数据。

（六）加强人才引进和培育机制

一是建立人才引进激励机制。加大政府的数字化专业人才引进力度，制订数字人才培养计划，加快建立数字政府领域高层次、复合型人才培育机制。二是健全政府部门技术型人才的职业发展体系。探索建立多元化的职业晋升激励机制。三是加大数字技能培训与考核。建立政府数字化培训课程体系，制订领导干部和政府相关工作人员的学习培训计划，持续推动公务人员的数字化素养提升。

（康佳，苏州市发展规划研究院）

关于加快推进苏州新型智慧城市建设的建议

中共苏州市委党校　　黄丹荔　曹毓民
中共苏州市委市情研究基地

智慧城市概念最早源于20世纪90年代的"新城市主义"和"精明增长"运动，目的是解决城市蔓延带来的诸多问题。2008年，"智慧城市"首次由IBM公司提出，标志着智慧城市概念的诞生，全球智慧城市步入快速发展阶段。从2016年开始，浙江杭州的"城市大脑"建设开启了智慧城市建设的新范式，这也使得中国智慧城市从1.0进入2.0，智慧城市的"智慧性"开始真正凸显。根据德勤发布的《超级智慧城市报告》，截至2021年年末，全球已启动或在建的智慧城市已达1 000多个，中国所有副省级以上城市、89%地级以上城市、47%县级以上城市都提出建设智慧城市。2022年是"十四五"开篇布局的第二年，也是新基建重点持续发力之年。5G、物联网、工业互联网等新一代信息技术的广泛应用，正引领相关综合解决方案朝着走深向实、协同布局、社会与生态共赢的方向发展，为加快推进苏州智慧城市建设带来了新的机遇。

一、苏州智慧城市的起源与发展：先行示范，创新顶层设计

苏州智慧城市系统的雏形可追溯至2015年《苏州工业园区信息化建设发展"十三五"规划》时提出的"智心—智脑"概念。近年来，苏州通过构建城市大数据，利用人工智能等技术构建智慧城市模型，推动跨部门协同和城市协同治理。苏州在全国率先实施"一码通"工程，建设"一人一码一库""一企一码一库"，不断推动数据整合共享，凭借科创实力、研发投入及人才综合竞争力，位列省内智慧城市首席。主要表现在以下几个方面。

第一，电子政务方面。苏州建成了省辖市第一个覆盖全市各级党政机关和社会团体的电子政务外网。三大通信运营商与华为强强结合，共同建设和运营苏州市政务云项目，率先打破长期形成的各部门信息化自建方式。采用集约化的建设思路，提高资源利用率，利用政务云强大的承载和扩展能力开

展信息资源共享和业务协同,从而适应政务服务不断调整和变化的需求,促进数据和业务系统与承载的环境分离,使政府信息化水平跨越式发展。"苏州政府门户网站"连续三年获得全国地级市绩效评估第一名。

第二,企业信息化方面。作为工业大市,苏州大力推进两化融合"333"工程,据苏州市工信局统计,目前全市智能化改造和数字化转型具体项目共3 669个,年度预计总投资410亿元。其中智能化改造项目1 325个,企业上云项目667个,示范标杆项目316个,智能制造管理基础能力提升项目320个,智能制造诊断项目1 041个。此外,苏州不但设立了企业信息化服务中心,实施"万家企业信息化推广应用计划",还上线了苏州企业服务云平台,实现了政策发布"一张网",企业服务"一站式",解决方案"一揽子",诉求反映"一个环",部门合作"一盘棋"。在构建一流营商环境,进一步加强和改善企业服务,统筹归集各类惠企政策和各类专业企业服务机构等资源,推动苏州非涉审企业服务的各个方面迈上了新台阶。

第三,社会民生方面。苏州在实施智慧城市总体行动计划的同时,不断推进"智慧教育""智慧医疗""智慧交通"等具体领域实践,结合地理信息和人工智能等信息技术应用,将建筑、街道、管网、环境、交通、人口、经济等领域运行情况通过数据进行实时反馈,进而涌现出了一批政务、教育、就业、社保、养老、医疗和文化的创新服务模式,可以提供便捷化、一体化、主动化的公共服务。比如,"数字苏州"已建成苏州市基础地理信息平台、苏州数字城市三维基础平台及"数字城管"系统等各类数字化信息系统近百个。在教育信息化方面,实现了"班班通",已建成苏州市教育门户网等五大教育信息化平台。在医疗卫生信息化方面,120急救系统与110接警系统实现并网运行,医疗一卡通工程已经上线运行,"健康苏州网"已为市民服务。在社会保障信息化方面,社保基金中心已经和苏州市260家定点医疗机构、定点药店以及各区社保经办机构、市财政进行了实时联网;"五险合一"的社会保险管理系统已投入运行。在农村信息化方面,建成开通农业(农林、水产)门户网站9个、市级专业网站3个,实现农业信息化网络"镇镇通",并且大部分上网乡镇都达到了农业农村部规定的乡镇农业信息服务站"五个一"标准。

二、苏州智慧城市的可提升之处:打破数据壁垒,通向全场景智慧苏州

苏州的智慧城市发展水平与北京、上海、深圳、杭州等城市相比,仍存在一定差距,与当前苏州的城市经济地位、GDP总量不相符。苏州的智慧城

市建设与发展应关注以下三方面。

一是顶层设计仍需完善。顶层设计是以政府拥有最顶端的战略视角开展工作，负有引领方向、统筹全局、引导协调的职责。政府须明确自身在智慧城市建设中的权责分工和角色定位，并在顶层设计工作中清晰地体现出来。目前苏州对智慧城市的顶层设计仍需优化，城市运营和管理体系各部门之间的协调力度不够，部门分治、资源分散的局面和条块分裂问题仍未解决，流程环节尚未完全打通，跨部门信息共享和业务协同缺乏统一体制机制的支持，数据烟囱、信息孤岛等影响城市运行效率的因素未从根本上得以消除。

二是智慧城市产业未形成聚集效应。深圳的北斗太空大数据包括大数据系统、通信系统以及产业链系统，它通过基于数据模型的整合、处理，来服务"一带一路""经济全球化""粤港澳大湾区""智慧城市"等应用体系。苏州的智慧城市产业虽然已形成了产业生态基础，但尚未建立产业生态聚集区，行业内部竞争激烈，在技术研发、产品、方案等方面重复投入浪费严重，宣传拓展不能形成整体合力。

三是智慧城市安全体系仍待完善。智慧城市建设是城市高质量发展的"智慧防线"和有力支撑。上海市"雪亮工程"通过部署物联网（IoT）设备、边缘计算服务器和集中存储中心，合作建立了系统平台（PaaS）和大屏监控中心，以智能物联网构建"全域覆盖、全网共享、随时可控、立体布局"的社会治安防控网，全方位维护公共安全，实现一"屏"观天下，一网"管"全城，让城市即使面对疫情等突发状况，也能从容、智慧地应对。苏州虽已与360集团围绕安全城市建设签订了战略合作协议，但是在应对网络攻击的组织化、产业化态势，以及安全运营体系建设失衡、网络安全人才匮乏等问题上仍力度不足，需要在未来进一步夯实智慧城市安全运营体系，并进行持续优化。

三、苏州智慧城市的未来展望：从"城市数字化"到"数字化城市"

一是从完善顶层设计入手，共建智慧城市的信息共享体系。智慧城市建立在信息网络基础设施上，通过建立开放、包容的共享平台，推动信息集成共享与网络融合，促进城市不同部门、系统之间的信息共享和协同作业，进而实现及时、科学的决策和预测，从根本上解决苏州"信息孤岛"现象。一方面，要提升整个社会的信息共享意识，信息集成共享应该软件、硬件并驾齐驱。另一方面，健全信息资源共享的相关标准体系，协调统筹信息资源。

实践证明，信息和数据只有流动起来才会产生效益。智慧城市是信息化城市发展的高级阶段，信息是城市智慧化的基础，而信息协同则是打造智慧城市的重要特征之一。实现各部门的信息集成与共享，有助于最大限度发挥信息资源的经济社会价值。为此，苏州首先要不断加快政府信息化和社会信息化工程的建设进程，促进各部门信息公开化、透明化，从技术标准等方面实现数据互通。尽快推动智慧城市建设标准化体系，建立统一的智慧城市数据标准，从平台接口、数据口径等方面进行统一，实现数据的顺畅流通，降低因此带来的摩擦成本。其次，要探索建立部门之间的信息共享机制，努力打破各系统独立建设、条块分割的局面，通过连点成面的方式对医疗、教育、金融、农林、水利、环保、交通、市政、公安等部门的信息进行整合。最后，要积极实施智慧技术标准化战略，加快制定物联网、智能电网、云计算等技术领域的地区标准，为各领域、各部门的信息兼容共享提供技术支持。

二是带动数字产业发展集群化，集中攻克关键核心技术。通过"智慧城市"的建设，结合发展实际，聚焦产业重大需求和"卡脖子"问题，采用多元化支持方式，以链主型、生态引领型企业为中心，推动数字智能产业产、学、研、用共创平台建设，促进产业发展和企业聚集，形成龙头企业、领军企业、高精尖专特新企业和小微企业梯队发展的数字智能产业生态，联合创新生态圈研究单元共同开展攻关，支撑和促进城市数字经济发展。具体来说，首先，要加快建立新型体制攻坚机制，打造关键核心技术突破的苏州样板。实施关键核心技术和产品突破计划，围绕5G、集成电路、云计算、生物医药等领域，建设一批重大创新载体，开展基础研究和应用基础研究，提升产业创新策源能力，夯实产业安全基础。积极参与中央财政科技计划项目、国家自然科学基金区域创新发展联合基金项目等。其次，要探索建立"科技产业创新链长制"，针对苏州的新一代信息技术、高端装备制造、新材料、软件和集成电路、新能源和节能环保等重点行业领域，采取政府下达指令性任务等方式，以龙头骨干企业为"链长"，组建若干从基础研究到技术开发的闭环研发组织，突破技术难点、卡点。最后，要充分重视发展的第一资源——人才的重要性。探索完善引才用才机制，探索"柔性引才""团队引进"模式，支持行业领军企业积极引进高水平创新团队，与科研院所、高等院校力量整合共建企业联合创新中心和创新联合体，探索协同攻关模式，推动产业需求与技术研发精准对接，提供产业技术整体解决方案。

三是成立苏州市智慧城市研究会和苏州市智慧城市产业协会，积极参与智慧城市国家标准制定，增强苏州市智慧城市治理在全国的影响力与话语权。

在此方面，建议参考深圳的做法。2013年3月18日成立的深圳市智慧城市研究会和深圳市智慧城市建设协会是专注于智慧城市建设和智慧产业创新发展的平台。深圳市智慧城市研究会聚集了600多家智慧城市行业领域的优秀企业和200多位智慧城市行业专家，引领深圳一百多家会员单位和IT企业发展，共同为提升深圳企业和智慧城市产业的竞争力做贡献。苏州应充分利用企业在智慧城市建设领域的核心专利技术、成功案例和实践经验，采取以政府引导、企业为主的自下而上的方式，建立智慧城市企业标准联盟，鼓励本地高校、科研院所、智库和企业积极参与国家智慧城市行业相关标准的制定。

（黄丹荔，苏州市职业大学商学院副教授；曹毓民，苏州市职业大学校长）

城市：从精细化管理走向品质化设计

——上海完善城市家具的经验与启示

中共苏州市委党校
中共苏州市委市情研究基地　朱　琳

建设宜居、宜业城市需要高水平规划设计。苏州"十四五"规划提出："要提升城市功能品质，开展美丽宜居城市试点建设，提升城市设计水平。"城市家具是城市设计的重要载体，如何通过城市家具建设，推动打造美丽宜居城市，值得深入研究。

一、加快推进城市家具建设的必要性

城市家具是城市景观的基本元素。"城市家具"的概念源于20世纪60年代的欧洲，是指设置在开放性街道、广场、公园、生活社区等城市公共空间中供人们使用的设施和道具，涵盖城市公共空间的各类交通管理设施、照明设施、路面铺砖设施、信息服务设施、公共交通设施、公共服务设施等。我国往往以城市设施、公共设施、环境设施等词汇来表示，但"设施"的概念无法传达出其背后的人文关怀，缺少对人与物、人与城市、人与环境之间关系的思考。在苏州深入推进绿化景观提升工程的背景下，加快推进城市家具建设十分迫切。前不久，苏州博物馆庭院中百年紫藤花下安放两个垃圾桶的新闻报道引发社会关注，折射出加强城市家具规划设计的必要性。

一是有助于提升城市品质和形象。城市家具既是城市的"面子"，也是城市的"里子"。城市家具的设计、摆放、维护和管理既能提供便捷舒心的公共服务，又能给人审美愉悦，还体现了城市的建设管理水平。

二是有助于弘扬城市精神。城市家具传递着城市历史文化底蕴和现代城市精神。苏州2 500多年历史文化、"三大法宝"精神等都可通过城市家具充分展示。

三是有助于改善营商环境。城市家具是隐性的营商环境，在服务市民生活的同时，能吸引并留住人才，吸引旅游观光，从而带来城市人气聚集、创

新活力迸发，成为推动经济社会发展的一支不可小视的重要力量。

二、值得学习借鉴的上海经验

城市家具体现系统性思维，具有四个鲜明的特点：一是系统关联性，二是环境共生性，三是内涵人文性，四是管理整体性。上海近年来实施"一江一河"公共空间贯通工程，精心打造城市家具，成效明显。其主要做法如下。

（一）注重城市设计以人为本

上海在"一江一河"建设规划中，把最好的岸线资源留给人民，市民游客都可使用公共空间，一览美景，享用设施，于细节处体现人性温度。一方面，城市设计凸显人性化，既提供生活便利，又满足审美享受。如苏州河沿岸桥洞植入运动健身、儿童乐园等功能，为周边市民提供更多休闲场所；设置大面积无障碍通道，其走向、坡度、扶手等体现对老人、儿童、残障人士的关照；公共座椅的空间距离、摆放位置、数量、造型、材料、舒适度、周边环境协调性等都有讲究。另一方面，让群众参与城市规划管理，充分听取群众意见，激发群众参与的积极性、主动性。在"还河于民"的过程中，建设部门主动与居民沟通，听取公众意见、优化设计方案，升级小区沿河门禁系统，确保居民安全。

（二）注重城市家具系统性和差异化

一方面，因地制宜打造区域亮点，以城市景观激发提升与创新创业活力。黄浦区建成九子公园段、河口段的"最美加油站""新介亭"等景观节点，虹口区上海大厦前的江河景观平台有望成为"一江一河"最佳摄影景点之一，普陀区重塑了河滨香景园、创享塔等生活亲水岸线和活力空间示范区。另一方面，以数据美学为指导，推进城市家具系统化建设。武康大楼实施架空线入地和合杆整治工程，根据武康大楼的道路环境，采用了视距空间大而长的上下单臂型合杆，合杆的横杆件上端与下端比例关系符合黄金比例，并且无论是合杆的高低、粗细还是部件区域布置都是以数据美学为依据来设计的。苏州河静安段"摩登花街"与周边建筑风格相呼应，花坛的设计融合了华侨城建筑立面的色彩元素，花池用玫瑰金色挡板勾勒，铺装用复古马赛克点缀，与周边环境浑然天成。

（三）注重城市功能品质提升

上海不断优化环境品质，提升服务水平，增加空间价值。一方面，加强生态修复，提升空间含绿量。苏州河实施环境综合整治，对荒废的水景进行再造,增进居民与苏州河的亲近感,利用绿道把公园、绿地、河道与社区串联,连点成线贯通可居可游的绿色开放空间。杨浦滨江公共空间的建设与科研院所合作建立"鸟类指数",调查评估公共空间的生物多样性。另一方面,通过吸引高端创新要素,推动产业功能集聚,提升空间含金量。随着黄浦江两岸的转型发展,区域的金融、贸易、航运、文化、科创核心功能加速集聚。

(四)注重展示城市历史文化底蕴

上海的城市建设,不搞大拆大建,而是通过新材料、新设备、新空间向路人展示历史文化。一是将历史遗存打造成新景观。设计师将道路断面改造为亲水漫步道、骑行道、人行道,在建筑前庭留有人行空间,做到充分尊重历史文化的同时,营造出舒适怀旧的慢行感受。二是善于从旧空间中挖掘新功能。中石化上海石油"第一加油站"通过改造打开空间,开辟沿河观景平台,增设咖啡厅,从封闭到开放,从单一功能到复合功能,成为苏州河黄浦段亮丽的风景线。三是利用新技术实现景观多感表达。苏州河静安段"光音栈桥"通过亮灯调动触感,播放音乐调动听觉,扫座椅二维码听经典诗词朗读增强历史感,防汛墙顶面刻建筑物铭牌和盲文增强触摸感。

(五)注重加强城市家具维护和管理

一方面,加强部门统筹协调,理顺管理体制。上海于2019年将"上海市黄浦江两岸开发工作领导小组"更名为"上海市一江一河工作领导小组",将黄浦江、苏州河纳入统一管理。在原先住建、规划、水务等建设部门的基础上,还新增商业、文旅体育等部门,做大、做强苏州河的文旅体育品牌。另一方面,加强城市公共空间立法。自2016年"一江一河"贯通工程启动以来,上海先后制定《黄浦江两岸地区公共空间建设设计导则》《黄浦江两岸滨江公共空间综合管理适用标准的指导意见》《苏州河两岸公共空间市容环境治理方案》等,规范滨水区的空间环境品质、公共秩序、公共活动、环境卫生、市容景观等。上海正在加快推进"一江一河"公共空间立法工作,城市更新和"一江一河"立法已经纳入2021年上海市人大立法计划。

三、上海经验对苏州完善城市家具的启示

对照上海经验做法,苏州对城市家具的理解认识还有待提升,正处于从城市设施向城市家具提档升级的关键时期。当前,苏州要积极借鉴上海做法,加快城市家具升级改造,着力解决城市家具"标准缺失、管理缺位、功能不全、颜值不高"等问题。

（一）坚持城市设计以人为本，强化群众参与

2021年，时任江苏省委常委、苏州市委书记许昆林在调研自然资源和规划工作时强调："在各类规划编制实施中充分考虑以人的需求为导向的公共服务、交通市政等一系列配套要求。"因此，推进城市规划设计，一方面，要重视不同群体的不同需求，既要考虑普遍人群需求，更要考虑老年人、儿童、残障人士等群体的特殊需求；既要考虑使用需求，更要考虑审美需求；既要考虑百姓生活需求，更要考虑企业创新创业需求。另一方面，城市规划管理是一项涉及面广的系统工程，因此，苏州要借鉴上海做法，发动群众积极参与城市规划管理，建立民众沟通机制，充分吸取设计师、居民、基层单位等各方面意见，实现"人民城市人民建"的理念和要求。

（二）以系统性思维提升城市家具的实用性和颜值

苏州提出，"十四五"期间要推动高颜值城市展现更美形态，高水平开展城市规划建设，建设美丽苏州、幸福家园。围绕这一建设目标，一方面，要在重点区域打造差异化城市家具。要加强市级层面的统筹设计，以窗口地区、特色街区、网红打卡地及其周边背街小巷、主街背面和城郊接合部、轨交车站出入口周边为建设重点，进一步美化城市景观，避免千篇一律或风格迥异。另一方面，要重视城市家具造型设计的美观性和协调性。目前，苏州市架空线入地整治工作主要从市容市貌管理角度推进，关注干净整洁，缺少对美观性、艺术性的充分考量。在接下来的中心城区架空线整治入地五年行动中，不仅要考虑市容市貌管理，更要考虑合杆的美观实用。特别是随着智慧城市和新基建的大力推进，在设计安装5G基站、监控摄像头等智能设施设备时要兼顾功能和外观。要加强公共座椅、景观照明灯等城市家具的设计建设，考虑造型、材质、摆放位置、色调等因素，更好地满足群众审美需求，以城市家具的微更新展示城市之美。

（三）加强城市生态环境建设，全力提升城市空间供给能力

2021年苏州市政府工作报告中指出，要"坚持高水平规划、高质量建设、精细化管理，丰富底蕴、涵养品质，不断提升城市的综合承载力和辐射带动力"。对此，一方面，建议通过发挥绿地、河道、行道树、花坛、屋顶绿化等生态资源优势，加强统筹规划，持续提升城市绿化水平，让绿地公园、健身步道、生态廊道遍布市民家门口，形成三步一景、五步一园、处处见绿、步步见景的城市绿化新格局，实现空间资源利用最大化和效益最大化。另一方面，全力提升城市空间供给能力。实施精准灵活的土地供给保障，确保优质

项目一定有地可供，实现从"项目等空间"到"空间等项目"的根本转变，推动从"项目符合规定"到"规定保障项目"的重大转变。借鉴深圳"先整备后统筹＋房屋征收"的新模式，释放产业用地，以充足的产业空间储备坚定全球优秀企业来苏投资的信心。

（四）进一步通过城市家具展现古城历史文化风貌，提升古城规划设计水平

近年来，苏州推动城市设计向精品化、人文化迈进，并于2017年被住建部纳入首批城市设计试点城市。苏州不少城市家具，如公交车站、垃圾桶、景观照明灯、公共座椅等，体现了浓厚的"苏式味道"，赢得市民游客好评。今后，可学习借鉴上海，加大对工业遗存、桥下、加油站等空间的开发利用，赋予历史建筑更多现代服务功能，开辟儿童游乐设施、商铺等休闲文化场所，增加外观艺术性，打造更多网红打卡地。在城市家具中充分利用信息技术调动市民游客的更多感官体验，既讲述城市历史故事，又发布最新时事资讯，提升城市家具的历史文化感和现代感。

（五）加强部门统筹，一体推进城市家具升级改造

城市家具建设管理牵涉到住建、规划、园林绿化、水务等多个部门，必须坚持系统性思维谋划工作，将过去布局不当、粗放型的城市家具建设整合为温暖的城市客厅。首先，学习借鉴上海做法，市级层面成立领导小组，统筹推动城市绿化、美化、亮化，将城市家具建设作为其中一项重要内容，改变各自为政的建设习惯。其次，进一步加强不同城市家具之间的标准统筹。目前城市家具相关标准是"碎片化"的，之间没有关联，未形成体系，而且这些标准以规划和设计领域为主，关于生产、安装、施工及验收环节的标准规范较少，影响城市家具整体建设管理水平，因此，要制定完善统一的城市家具建设管理标准。2021年4月广州发布《广州市城市家具建设指引》，为13类最常见的城市家具提供有针对性的设计建设指引，努力将其打造成系列、高品质、精细化的城市家具系统，对此，苏州应加以参考借鉴，加快改革步伐。

（朱琳，中共苏州市委党校）

苏州提升城市专业服务功能的几个重点及对策建议

中共苏州市委党校
中共苏州市委市情研究基地 辛 军 朱 琳 王 俊

城市专业服务功能是指围绕某一特定发展目标，为全社会提供某一领域专业服务而呈现出来的城市功能，是城市能级和核心竞争力的重要组成部分。提升城市专业服务功能对于汇聚高端资源要素、提升城市功能形象、构筑战略新优势作用重大、意义深远。

一、提升城市专业服务功能势在必行

有什么样的城市专业服务功能，就能实现什么样的发展。当前，苏州亟须提升城市专业服务功能。

从发展现状看，虽然近几年来苏州的城市专业服务功能有所提高，但是不平衡、不充分的矛盾还比较突出，尤其是缺少骨干品牌服务机构和企业，缺少高端专业人才，专业服务支撑体系依然存在短板和弱项。根据2020年全球化与世界城市研究网络（GaWC）评选的全球城市分级排名，以"高端服务业机构"分布为主要评价指标，苏州仅为三线强城市，在全球城市中居第157位，在大陆城市中列第19位，总体来说，与苏州市经济实力、城市地位不相匹配。

从面临的竞争态势来看，目前全国各地都在提升聚焦专业服务功能的城市能级，尤其是实施强省会城市战略，如上海出台《中共上海市委关于面向全球面向未来提升上海城市能级和核心竞争力的意见》，杭州出台《关于贯彻实施长三角一体化发展国家战略 全面提升城市综合能级和核心竞争力的决定》等。一场以提升城市能级为核心的城市竞争正在展开，作为地级市，苏州面临着巨大的竞争压力。

从发展目标来看，党的十八大，特别是十九届五中全会以来，苏州对今后一个时期发展进行了再谋划，而目前城市的专业服务供给能力仍与高水平建成充分展现"强富美高"新图景的社会主义现代化强市，基本建成创新之城、开放之城、人文之城、生态之城、宜居之城、善治之城不相称，与全力打造"创业者乐园、创新者天堂"，全力打响"苏州制造""江南文化"两个品牌，全力补齐公共服务"硬缺口"等不同步。

二、必须牢牢抓住的重点领域

提升城市专业服务功能是一项历史性系统工程，苏州既要面对现实，又要着眼未来；既要全面展开工作布局，又要明确主攻方向。必须切实紧扣苏州市委、市政府中心工作，着力在强化高端功能、放大个性功能、提升协同功能、升级替补性功能、补齐缺失性功能上聚焦发力。综合前期调研，笔者感到当前必须把握以下重点。

（一）助推区域科技创新中心建设的科技金融与知识产权保护运用等服务功能

科技金融是助推区域科技创新中心建设的核心要素。这就要求苏州必须围绕创新链部署资金链，进一步完善由市场主导的科技金融体系，提高多层次资本市场支撑高新技术产业化的效率。知识产权保护运用是助推区域科创中心建设的软环境支撑，"科技＋产业"的个性特点要求苏州不仅要做好"从0到1"的突破，更要做好"从1到10"的应用创新和"从10到100"的产业创新，将科技创新与产业发展深度融合，提升服务科技成果高效转化的城市功能尤其重要。

（二）体现产城融合要求的会议会展和总部管理等服务功能

会议会展产业链长，产业关联度大，对于城市打造"苏州制造"品牌和加强城市更新、完善服务配套的作用巨大，这要求苏州完善会议会展基础设施，有效整合全市会议会展资源，提升会议会展综合服务能力。总部管理服务给区域经济带来税收供应、产业集聚、消费带动、就业乘数、资本放大等外溢效应。加强总部管理服务功能，要求苏州重点聚焦特色优势产业，构建以高端现代服务业和新一代信息技术、人工智能以及生物医药产业为主导的创新型总部经济集群，打造总部经济集聚高地。

（三）促进"江南文化"品牌打造的交流传播和创意设计等服务功能

加强文化交流传播服务有利于扩大"江南文化"品牌的影响力、辐射力。加强文化交流传播服务功能，要重点打造专门性高端文化传播交流平台，鼓励推动江南文化"走出去"。创意设计是打造"江南文化"品牌、彰显地方文化特质的突破口。加强创意设计服务功能，要求苏州聚焦创意设计跨界融合，大力发展广告视觉设计、时尚和现代手工艺设计、建筑与环境艺术设计等创意产业，支持企业研发苏州传统文化元素与现代时尚符号深度融合的创意设计产品。

（四）推动双循环节点城市建设的法律咨询和跨境金融等服务功能

新发展格局下，法律咨询服务有助于企业维护海外合法权益、推动化解涉外商事纠纷、保障科技自主创新。加强法律咨询服务功能，要求苏州推动法律服务实体平台、热线平台、网络平台融合发展，提供更加便捷高效、智能精准的法律服务，协同放大国际商事法庭、仲裁中心、调解中心的集聚效应。发展跨境金融服务，引进更多国内外优质金融资源参与国内大循环，能为建设双循环节点城市提供巨大动能。加强跨境金融服务功能，要引进更多专业化、有特色的外资金融机构来苏展业，加强与新加坡在金融科技、跨境金融等领域的全方位合作。

（五）强化数字赋能的平台和系统集成等服务功能

平台服务能不断催生新产业、新业态、新模式，加快数字产业化进程。苏州已与华为、阿里巴巴、腾讯、百度、360、京东等头部企业开展相关布局，加强平台服务功能要求我们用好高端平台在苏州集中布局的优势，进一步加大对国家级双跨平台的引进力度，培育壮大本地工业互联网平台。智能制造系统集成服务是推动智能化改造和数字化转型的强力支撑。苏州的智能制造系统集成商还比较缺乏，加强系统集成服务功能要引导企业从产品供应商转向整体解决方案提供商，培育一批综合优势比较显著的系统集成商。

（六）应对重大安全风险的诊断监控和应急处置等服务功能

在防范化解重大安全风险中，预判风险所在是防范风险的前提，把握风险走向是谋求战略主动的关键，其中诊断监控是预判把握风险的基础性工作。加强诊断监测服务功能，要求苏州强化安全隐患排查，紧盯重点区域、重点单位、重点场所以及重点人群，既严密又精准地落实好各项防范措施。应急处置是防范化解重大安全风险的重要组成部分，加强应急处置服务功能要求苏州完善应急响应预案，强化应急物资储备，健全应急响应机制，采取最坚决、最果断、最严格、最有效的措施强化应急处置。

三、落到实处的五点建议

（一）积极推动专业服务沪苏同城化

推进沪苏同城化，其中的一个重要方面就是变上海的专业服务功能为苏州的专业服务功能。一是把专业服务沪苏同城化作为一项重大任务，尤其要将其纳入正在制定的《苏州市推进虹桥国际开放枢纽北向拓展带建设实施方案》，明确主攻方向和推进措施。二是由苏州市委、市政府策划赴上海举办"苏州—上海"专业服务发展交流与合作对接会，推动苏州与上海虹桥国际商务区、浦东新区签订相关战略协议，促成高端服务机构、大型服务企业等高能级主体更多、更快落户苏州。三是组织"上海企业家走进苏州"活动，让上海企业家了解苏州、认知苏州，寻求合作机会，同时也为苏沪企业家搭建交流平台、推介重点项目，促进资源对接、服务对接。

（二）吸引更多国际组织和企业总部落户苏州

国际组织是高端专业服务的代名词，其数量多寡是城市国际化程度的重要标志。目前，北京拥有 27 家国际性社会团体，约占全国总量的四分之三；截至 2019 年年底，北京拥有世界 500 强总部企业数达到 179 家，连续六年位居全球城市首位。上海浦东前滩国际经济组织集聚区已有法国国际商会上海代表处、德国物流联盟上海代表处、新加坡国际仲裁中心上海代表处等十几家国际经济组织。相比之下，苏州国际组织和跨国公司总部不多，亟待引进落户。建议依托苏州自贸片区，加强与东南亚国家联盟的联系，充分利用国际性会议在苏州召开的宝贵机遇，争取与更多国际组织接触了解，推动其落户苏州；借鉴上海浦东做法，规划建设国际组织集聚区，在打造高品质的"类海外"营商环境、总部经济方面给予扶持，在办公空间租金减免、人才公寓或公租房租赁服务、引进海外人才特别服务，以及举办相关国际性会议等方面提供政策支持。

（三）强化品牌服务机构培育

目前，苏州的专业服务机构能级规模有待提升，一方面，机构体量整体偏小，例如，全市共有 378 家律师事务所，百人以上的律师事务所 2 家，50 至 100 人的律师事务所共 10 家，30 人以上规模的律师事务所仅占全市律师事务所总数约 10%；另一方面，业务结构相对单一，大部分会计师事务所业务仍限于传统审计业务，高端市场涉足不深，四大所中仅有毕马威开展企业管理咨询业务。而且，各地都在推动专业服务机构建设，广州每年给予最高 5 000 万元的落户奖励，北京西城区评选专业服务业示范机构，上海静安区推进实施"全球服务商计划"等。面对短板和竞争，苏州要从以下方面加强品牌机构培育。一是支持各类机构拓展潜力大、创新能力强的新业务，如鼓励律师事务所主动拓展国际贸易结算、国际金融、跨境投资、知识产权保护等高端领域。二是积极引导服务机构进行资源整合，通过兼并重组等方式做大、做强，培育一批本土总部企业。三是依托园区境外投资、自贸片区联动创新等平台，推动专业服务机构服务企业"走出去"，拓展外部市场。

（四）实施专业服务人才培育集聚计划

当前，苏州的高端专业服务人才仍比较匮乏，比如在园区律师队伍中，能够从事证券业务、知识产权业务和涉外业务的律师分别仅占园区全行业的4.7%、3.79%和8.65%。在全市的会计师事务所中，专业服务人才比重偏低，年人员流动率普遍超过15%。同时，专项人才政策也有待完善。据了解，目前姑苏人才计划尚未涵盖会计人才培养，苏州尚未出台专项会计人才计划，而上海、南京、无锡等地都已出台支持会计人才培养的专门政策。建议实施专业服务人才培育集聚计划，加大探索国际资质互认、签证便利化等创新举措，建立国际人才引进绿色通道；联合相关机构，加大对专业服务重点领域紧缺人才的专业培训，打造完善的专业教育服务体系；推荐优秀人才参加正高级工程师、正高级经济师、正高级会计师等专业技术资格评审；进一步加大人才政策支持力度，根据行业领域重要性、可持续发展性和行业特点，及时出台专项人才政策。

（五）组建城市专业服务联盟

专业服务跨界融合和一体化发展是形成城市综合服务功能的必然要求。上海于2005年成立上海现代服务业联合会，目前是全国最大的行业组织之一，现有会员单位1 100多家，基本涵盖上海服务业各个行业，下设16个专业委员会。2019年，上海市发改委和静安区政府又推动组建"上海市专业服务业联盟"，这是市区联动推进专业服务业发展的创新举措，有望成为静安区国家服务业综合改革试点的一大亮点。建议苏州借鉴上海做法，整合已有行业协会、中小企业联盟等，推动成立城市专业服务联盟，下设商务服务、科技服务、文化服务等多个行业委员会。建立专业服务数据报送、问题反馈等机制，开展信息交流互动、品牌宣传推介、行业统计分析、服务标准推广等工作。同时加强与上海现代服务业联合会的合作对接，推动两地服务业标准互认，帮助苏州引进知名专业服务机构，提升专业服务水平。

（辛军、朱琳，中共苏州市委党校；王俊，苏州大学东吴商学院）

让民族团结之花在苏州常开长盛

——苏州市民族团结进步促进会的工作实践与启示

中共苏州市委党校
中共苏州市委市情研究基地　陈新林

我国是统一的多民族国家，民族工作地位重要、事关全局。党的十八大以来，习近平总书记高度重视民族工作，提出一系列新思想、新论断、新要求，形成了关于加强和改进民族工作的重要思想，是党的民族工作理论和实践的智慧结晶。2021年12月底，江苏省委召开民族工作会议，提出要奋力开创新时代全省民族工作高质量发展新局面。近年来，苏州市民族团结进步促进会（以下简称"苏州民促会"）深入学习贯彻习近平总书记关于民族工作的重要论述和指示精神，坚持铸牢中华民族共同体意识，充分发挥功能作用，积极构建各民族在苏州生活、工作、学习的共同精神家园，助力各民族共同繁荣发展和社会和谐稳定，打造了新时代民族团结进步工作的"苏州样板"。

一、根植于思想深处的使命担当

苏州民促会前身为苏州市少数民族联谊会，于1993年10月注册登记，是在苏州市委、市政府的领导下，以少数民族代表为主体，由社会各界致力于民族团结进步事业的各族人士组成的社会团体，是党和政府联系少数民族群众的桥梁和纽带，是协助和配合党和政府贯彻落实民族政策、切实维护少数民族合法权益的参谋和助手。2017年，苏州民促会被国家民委授予"全国民族团结进步创建示范单位"荣誉称号。透过苏州民促会的发展历程，我们看到了他们根植于思想和灵魂深处的强烈使命感、责任感。

（一）苏州民促会认识到，促进民族团结关键是要坚定正确的政治方向

苏州是开放大市，外来人口多，特别是来自中西部地区的人口中，很多都是少数民族，包括蒙古族、维吾尔族、土家族、藏族、满族等。如何发挥苏州民促会的桥梁和纽带作用，把少数民族同胞紧紧团结在一起，为苏州经

济发展和社会稳定贡献力量？苏州民促会认识到，必须以习近平新时代中国特色社会主义思想为指导，特别是深入学习贯彻习近平总书记关于加强和改进民族工作的重要思想，捍卫"两个确立"、做到"两个维护"，心怀"国之大者"，坚持新时代党的民族工作方针政策，牢牢抓住铸牢中华民族共同体意识这一民族工作之"纲"。他们的这种认识，保证了各项工作沿着正确的方向不断前行。

（二）苏州民促会认识到，促进民族团结重点是要摒弃社会团体作用弱小的落后意识

苏州民促会作为苏州众多社会团体中的一员，其性质是非营利性社会组织，即不以营利为目的、主要开展志愿性的公益或互益性活动的非政府社会组织。苏州民促会认识到，虽然他们是社团组织，但是绝对不能以一个普通社团的标准来审视自己，而是必须放在苏州、江苏甚至全国的大局中来看待。一方面，苏州的经济总量、人口规模、市场主体数量等都位居全省第一，因此苏州民促会的工作也要在全省名列前茅。另一方面，苏州是"最强地级市"，地区生产总值居全国城市前列。苏州民促会的工作也要体现苏州水平、苏州标准，在全国占据一席之地。他们的这种认识，有利于提高站位，开展工作，有利于激发生机活力。

（三）苏州民促会认识到，促进民族团结根本是要探索共同繁荣发展的实现路径

当前，苏州正在建设社会主义现代化强市，扛起"争当表率、争做示范、走在前列"的使命担当，聚焦共同富裕，增进民生福祉，不断增强群众的获得感、幸福感、安全感。苏州民促会认识到，要在苏州建设社会主义现代化强市中发挥好作用，关键是要围绕中心、服务大局，紧扣市委工作部署，特别是要在推进共同富裕中贡献力量。做到紧扣三个"环节"：其一，团结带领会员，共同为创造美好生活努力，通过组织会员技能培训、帮助会员创业、开展济困送温暖等举措，共同发展；其二，充分发挥苏州民促会平台作用，为苏州各民族同胞增收、维权、教育、医疗等做好服务，让在苏州的少数民族同胞都能有获得感；其三，积极开展东西扶贫协作，通过建学校、培训老师、关爱留守儿童、送物资等方式，帮助中西部贫困地区少数民族发展。他们的这种认识，让苏州民促会在促进经济社会发展和各民族共同繁荣发展中发挥着积极作用。

二、彰显亮点特色的融合之路

三十年风雨兼程，三十年辉煌历程。回顾苏州民促会的发展历程，我们发现，虽然领导班子成员都为兼职，有企业家、教师、政府机关人员等，会员规模也不算大，但却在苏州民族团结进步中发挥着重要作用。关键在于他们坚持铸牢中华民族共同体意识，紧紧围绕"促进融合、推动融合、强化融合"理念，形成了颇具自身亮点特色的创新做法。

（一）紧扣交往、交流、交融，精心打造"三大品牌"

1. 创新开展"红石榴伙伴"行动，打造对口帮扶新品牌

苏州民促会创新开展"红石榴伙伴"行动，赢得了社会各界的广泛赞誉。"红石榴伙伴"行动自2016年实施至今，坚持以促进各民族交往、交流、交融为宗旨，通过众筹的方式汇聚苏州社会各界爱心，分别邀请贵州省铜仁市、湖北省宜昌市超150位优秀小学教师来苏州进行为期一周的免费交流活动，同时向铜仁的5所小学校捐资超30万元，赠送"红石榴伙伴'班班通'"电教设备，向湖北省宜昌市长阳县火烧坪小学捐资350万元建宿舍和食堂，向长阳县资丘镇红军小学捐赠价值12万元的电脑等。"红石榴伙伴"行动获得苏州市政府授予的第四届"苏州市慈善奖""最具影响力慈善项目"荣誉称号。

2. 持续开办"国家通用语言文字培训班"，打造文化认同新品牌

铸牢中华民族共同体意识，普及汉语很关键。苏州民促会以被苏州市民族宗教事务局选定为"苏州市少数民族流动人员语言文化政策培训教育基地"为契机，通过开展少数民族流动人员语言文化政策培训班，不断强化少数民族对中华文化的认同感。在培训班中，一方面以教授汉语为主要任务，普及汉语，另一方面在新疆籍学员中开展"中华民族共同体意识"教育活动。比如，通过组织新疆籍学员举行升国旗仪式、参观苏州革命博物馆，增强他们的爱国、爱党意识；又如，组织学员参观工业园区展示中心、苏州园林等，让学员了解苏州，激发他们对苏州第二故乡的自豪感；再如，开设"中华民族一家亲"及相关的民族政策法律法规讲座，增强自我认同感。

3. 深入推进"示范拉面店"创建活动，打造和谐共进新品牌

拉面是深受百姓喜爱的美食，也是生活在苏州的青海民族同胞重要的增收渠道。2018年至今，苏州民促会与苏州市伊斯兰教协会在拉面店业主中联合开展了创建"示范拉面店"活动，以"经营者舒心、消费者放心、管理者

称心"为创建目标,得到了广大拉面店业主的广泛响应。苏州民促会把"331"整治活动中对餐饮小企业的经营要求作为"示范拉面店"的一票否决标准,以保证"示范拉面店"都符合整治活动要求。提倡"亮",即:环境要敞亮,门头要漂亮,且店堂要达到一定的面积。鼓励"善",鼓励做善事,凡参加公益活动和得到相关部门表彰的,在"示范拉面店"创建中都给予加分。创建"示范拉面店"活动有效改善了在苏拉面店的形象,促进了店主、务工人员与周围商家和居民的和谐相处,也为拉面店赢得了更多顾客。

(二)围绕铸就共同体意识,广泛开展"三进活动"

1. 开展民族团结教育进校园活动,把"爱我中华"的种子埋在孩子的心灵深处

铸牢中华民族共同体意识,要从学生抓起,让共同体意识浸润心灵、生根发芽。苏州民促会积极协助苏州市民族宗教事务局推进民族团结教育进校园工作,取得了积极成效。比如,胥江实验中学编写民族团结教育校本教材,开展"七彩五月,唱响胥江"民族歌曲大合唱比赛;振华中学结合历史课、地理课、美术课讲授民族团结教育内容,并要求全校每个班级开设一学年4次的民族团结小微课;田家炳初级中学开展读一本民族英雄书籍、开展一次民族知识讲座等"四个一"活动。丰富多彩的民族团结教育文娱活动,培养了学生的爱国、爱党热情和维护民族团结的高尚品德,帮助学生树立正确的人生观、道德观、价值观,使传统民族文化精髓内化于心、外化于行。

2. 开展民族团结文化进社区活动,在构建各民族相互嵌入式社区中增强群众幸福感

苏州民促会坚持把社区作为民族团结进步的重要阵地,紧扣苏州少数民族流动性强的特点,多措并举,积极开展促进各族群众交流、融洽感情的工作,推动形成密不可分的共同体。开展富有特色的群众性交流活动,打造"中华民族一家亲"活动平台。比如,在高新区狮山街道馨泰社区开展的以"少数民族风俗大讲堂,互赠自制香囊迎重阳"为主题的各民族共度重阳节活动,在常熟市虞山镇洪泾里社区和绿源社区举办的"三胞眷属少数民族中秋联谊会",等等。苏州民促会通过推动民族团结进步工作向纵深拓展,把重心下沉到社区,在基层微细胞中搭建促进各民族沟通的文化桥梁,以社会主义先进文化引领促进各民族文化传承发展,推动了中华民族共同体意识的进一步铸牢。

3. 开展民族宣传教育进企业活动，凝聚起企业各民族职工共同团结拼搏的强大合力

苏州少数民族同胞在企业务工的占比较大，因此，苏州的民族团结工作的重点之一就是加强企业少数民族同胞的团结教育。苏州民促会把企业作为宣传教育的重点，通过开展讲座、发放宣传册、举办文艺活动等方式，让在苏州的少数民族同胞感受到了关怀和温暖，进一步营造民族团结、和谐共处、共同发展的良好氛围。每年开展民族团结进步宣传进企业活动，比如，2021年6月举行了"团结一心跟党走，同心共筑中国梦"民族团结进步宣传进企业活动暨江苏永钢集团"红石榴籽"拔河友谊赛。同时，利用自身资源，积极宣传苏州民族团结进步事业的显著成效和自身开展民族团结进步的典型经验，传播苏州民族团结进步好声音、好故事。苏州民促会的探索做法进一步强化了企业各民族职工的情感交流，增进了企业内部的民族团结。

（三）立足自身职能作用，有力做到"三个发挥"

1. 充分发挥宣传作用，为营造全社会支持民族团结进步工作贡献力量

积极充当"宣传员"，紧扣"铸牢中华民族共同体意识"目标，所有工作向此聚焦，推进各族群众团结一心。举办以"中华民族一家亲，同心共筑中国梦"为主题的群众性文化体育活动，传播好民族团结进步的苏州声音，讲好民族团结进步的苏州故事。比如，承办苏州市第二届少数民族文艺汇演。此外，以讲台为平台，传播党的民族政策，比如，苏州民促会领导为姑苏区平江街道统战理论讲座讲授民族政策知识。通过开展宣传活动，进一步拓宽民族团结进步宣传广度，提高人民群众对民族团结进步创建工作重要性的认识，营造各民族平等、团结、互助、和谐的良好社会氛围。

2. 充分发挥桥梁作用，为提升少数民族同胞各方面能力贡献力量

积极充当"服务员"，想方设法为苏州少数民族同胞就业、创收、工作、生活提供各种技能帮助。苏州民促会以"最大限度地激发人的创造潜能"为目标，培育少数民族同胞成长的"肥沃土壤"，不断开拓民族和谐发展的新空间。一方面，注重培养、挖掘和宣传少数民族先进典型，组织会员参加"苏州市民族工作干部、少数民族代表人士培训班"，提升会员素质。另一方面，积极为少数民族同胞施展才能营造优良的环境，特别是为少数民族同胞自主创业拓展空间，及时地帮助他们解决创业过程中的困难。比如，组织会员走出去学习和交流，拓宽思路，赴甘肃省张掖市、敦煌市考察学习，重点考察了张掖市甘州区东方宫中国兰州牛肉拉面店，学习先进经验。

3. 充分发挥组织作用,为新冠疫情防控贡献力量

积极充当"战斗员",在新冠疫情防控中坚持冲锋在前,发扬不怕苦、不怕累精神,团结苏州少数民族同胞手携手、肩并肩,积极协助党委政府做好疫情防控各项工作。比如,2022年苏州疫情防控期间,姑苏区的10名少数民族党员参与志愿服务106人次、服务755小时,7名少数民族人大代表、政协委员服务280小时。苏州民促会还发动少数民族同胞纷纷捐款捐物,唱响"一方有难、八方支援"的友爱之歌。比如,中亿丰控股集团党委书记、董事长宫长义(满族)向武汉市慈善总会捐赠300万元人民币,2022年向苏州疫情捐赠1 000多顶帐篷;千江月车业总经理蓝瀚(畲族)先后累计捐赠350个移动充电暖手宝;苏州锐柯得汽车服务有限公司董事长马思元(回族)在本公司内开设核酸检测点,为公司、周边企业员工以及少数民族同胞提供便捷的核酸检测服务。

三、铸牢"中华民族共同体意识"的启示建议

苏州民促会的探索实践是丰富而生动的,在苏州的广袤大地上谱写了促进各民族团结的动人篇章。2022年5月,苏州市委召开民族工作会议,指出要始终坚持正确方向、不断优化政策举措、持续提升工作水平,确保党中央、江苏省委各项部署要求在苏州落地生根,推动全市民族工作不断取得新的进步。苏州民促会的实践为民族团结进步工作提供了三方面有益启示。

(一) 必须坚持思想引领、文化育人

苏州民促会的实践证明,搞好民族团结,必须以习近平新时代中国特色社会主义思想为指导,特别是贯彻总书记关于加强和改进民族工作的重要思想,以中华优秀传统文化浸润人、教育人,推动将其融入少数民族同胞生产生活各个方面。建议进一步把中央、江苏省委民族工作会议精神落到实处,紧扣苏州市委民族工作会议要求,紧密结合本地实际,坚持问题导向,制定任务清单,一项项落实到位。坚持开展广泛宣传教育,线上线下融合,充分利用传统媒介,以及"引力播""看苏州"等APP,进行"地毯式"宣传,让各族群众参与进来,打通贯彻落实"最后一公里",让每一位苏州人都成为铸牢中华民族共同体意识的建设者、受益者。

(二) 必须坚持凝聚人心、促进发展

苏州民促会的实践证明,搞好民族团结,最管用的是凝聚人心。凝聚人心,根本的一条是要增强发展的普惠性、包容性,让各族群众都过上好日子,

让各族群众的获得感、幸福感、安全感更加充实、更有保障、更可持续。建议在推进共同富裕进程中，要牢牢坚持少数民族同胞一个都不能少，特别是聚焦少数民族困难群体，充分发挥经济发达的优势，帮助少数民族同胞安居、创业，奋进共富路。可实施"齐富工程"，通过民族团结进步专项贷款，强化创业资金支持，帮助少数民族同胞更好地在苏州安居、就业、创业，推动苏州"各族一家亲，奔富并肩行"。强化社会保障兜底，加大教育投入，办好少数民族班，特别是解决好少数民族务工人员子女的就学问题。支持少数民族同胞创业，对少数民族同胞申报姑苏领军人才、江苏省"双创"和国家重大人才工程的，给予大力支持。鼓励少数民族同胞积极参与产业创新集群建设，特别是对积极投身"环太湖科创圈""吴淞江科创带"建设并有贡献的少数民族同胞给予大力奖励。把民族事务纳入共建、共治、共享的社会治理新格局，做好少数民族流动人口服务管理工作，让少数民族群众享受到同等市民的待遇，更好地融入城市生活。

（三）必须坚持建强组织、领导有力

苏州民促会的实践证明，搞好民族团结，必须组织有力，有一个运行高效、指挥有力、团结协作的组织机构，要能充当民族团结的"宣传者""推动者""捍卫者"。同时要有政治素质高、业务能力强的"主心骨""领头雁""带头人"，必须具有使命担当、服务情怀、奉献精神。建议一方面，要充分发挥社会团体的积极性，激活功能作用，给予办公场所、活动开展、经费保障等方面的大力支持；选优配强班子，班子成员政治要过硬，要对民族工作充满感情，坚持做到像爱护自己的眼睛一样爱护民族团结，像珍视自己的生命一样珍视民族团结。另一方面，要持续发挥好社会团体的"领头雁"作用，强化业务培训，为其开展工作提供便利，不断激发工作积极性、创造性。

（陈新林，苏州市民族团结进步促进会会员）